he
osophie

Gilles

Deleuze

Nietzsche et la philosophie

QUADRIGE

puf

DU MÊME AUTEUR
AUX PRESSES UNIVERSITAIRES DE FRANCE

La philosophie critique de Kant, coll. « Le Philosophe », réédition coll. « Quadrige », n° 236.
Le bergsonisme, coll. « Le Philosophe », réédition coll. « Quadrige », n° 238.
Nietzsche, coll. « Philosophes », 11e éd., 1997.
Nietzsche et la philosophie, coll. « BPC », réédition coll. « Quadrige », n° 237.
Différence et répétition, coll. « Épiméthée », 8e éd., 1996.
Proust et les signes, coll. « Perspectives critiques », réédition coll. « Quadrige », n° 219.
Empirisme et subjectivité, coll. « Épiméthée », 5e éd., 1993.

ISBN 978-2-13-063028-9
ISSN 0291-0489

Dépôt légal — 1re édition : 1962
7e édition « Quadrige » : 2014, février
8e tirage : 2026, février

« Bibliothèque de Philosophie contemporaine »
6, avenue Reille, 75014 Paris

Abréviations utilisées dans les notes

A	*Aurore*
AC	*L'Antéchrist*
BM	*Par-delà le Bien et le Mal*
DD	*Dithyrambes dionysiaques*
EH	*Ecce Homo*
GS	*Le Gai Savoir*
GM	*Généalogie de la morale*
HH	*Humain, trop humain*
NP	*La Naissance de la Philosophie*
NW	*Nietzsche contre Wagner*
OT	*Les Origines de la tragédie*
VO	*Le Voyageur et son ombre*
VP	*La Volonté de puissance*
Z	*Ainsi parlait Zarathoustra*

Chapitre premier

Le tragique

1. LE CONCEPT DE GÉNÉALOGIE

Le projet le plus général de Nietzsche consiste en ceci : introduire en philosophie les concepts de sens et de valeur. Il est évident que la philosophie moderne, en grande partie, a vécu et vit encore de Nietzsche. Mais non pas peut-être à la manière dont il l'eût souhaité. Nietzsche n'a jamais caché que la philosophie du sens et des valeurs dût être une critique. Que Kant n'a pas mené la vraie critique, parce qu'il n'a pas su en poser le problème en termes de valeurs, tel est même un des mobiles principaux de l'œuvre de Nietzsche. Or il est arrivé dans la philosophie moderne que la théorie des valeurs engendrât un nouveau conformisme et de nouvelles soumissions. Même la phénoménologie a contribué par son appareil à mettre une inspiration nietzschéenne, souvent présente en elle, au service du conformisme moderne. Mais quand il s'agit de Nietzsche, nous devons au contraire partir du fait suivant : la philosophie des valeurs, telle qu'il l'instaure et la conçoit, est la vraie réalisation de la critique, la seule manière de réaliser la critique totale, c'est-à-dire de faire de la philosophie à « coups de marteau ». La notion de valeur en effet implique un renversement *critique*. D'une part, les valeurs apparaissent ou se donnent comme des principes : une évaluation suppose des valeurs à partir desquelles elle apprécie les phénomènes. Mais, d'autre part et plus profondément, ce sont les valeurs qui supposent des évaluations, des « points de vue d'appréciation », dont dérive leur valeur elle-même. Le problème critique est : la valeur des valeurs, l'évaluation dont procède leur valeur, donc le problème de leur *création*. L'évaluation se définit comme l'élément différentiel des valeurs correspondantes : élément critique et créateur à la fois. Les évaluations, rapportées à leur élément, ne sont pas des valeurs, mais des manières d'être, des modes d'existence de ceux qui jugent et évaluent, servant précisément de principes aux valeurs par rapport auxquelles ils jugent. C'est pourquoi nous avons toujours les croyances, les sentiments, les pensées que nous méritons en fonction de notre manière d'être ou de notre style de vie. Il y a des choses qu'on ne peut dire, sentir ou concevoir, des valeurs auxquelles on ne peut croire qu'à condition d'évaluer « bassement », de vivre et de penser « bassement ». Voilà l'essentiel : *le haut et le bas, le noble et le vil* ne sont pas des valeurs, mais représentent l'élément différentiel dont dérive la valeur des valeurs elles-mêmes.

La philosophie critique a deux mouvements inséparables : rapporter toute chose, et toute origine de quelque valeur, à des valeurs ; mais aussi rapporter ces valeurs à quelque chose qui soit comme leur origine, et qui décide de leur valeur. On reconnaît la double lutte de Nietzsche. Contre ceux qui soustraient les valeurs à la critique, se contentant d'inventorier les valeurs existantes ou de critiquer les choses au nom de valeurs établies : les « ouvriers de la philosophie », Kant, Schopenhauer[1]. Mais aussi contre ceux qui critiquent, ou respectent, les valeurs en

1. *BM*, 211.

les faisant dériver de simples faits, de prétendus faits objectifs : les utilitaristes, les « savants[1] ». Dans les deux cas, la philosophie nage dans l'élément *indifférent* de ce qui vaut en soi ou de ce qui vaut pour tous. Nietzsche se dresse à la fois contre la haute idée de fondement qui laisse les valeurs indifférentes à leur propre origine, et contre l'idée d'une simple dérivation causale ou d'un plat commencement, qui pose une origine indifférente aux valeurs. Nietzsche forme le concept nouveau de généalogie. Le philosophe est un généalogiste, non pas un juge de tribunal à la manière de Kant, ni un mécanicien à la manière utilitariste. Le philosophe est Hésiode. Au principe de l'universalité kantienne, comme au principe de la ressemblance cher aux utilitaristes, Nietzsche substitue le sentiment de différence ou de distance (élément différentiel). « C'est du haut de ce sentiment de distance qu'on s'arroge le droit de créer des valeurs ou de les déterminer : qu'importe l'utilité[2] ? »

Généalogie veut dire à la fois valeur de l'origine et origine des valeurs. Généalogie s'oppose au caractère absolu des valeurs comme à leur caractère relatif ou utilitaire. Généalogie signifie l'élément différentiel des valeurs dont découle leur valeur elle-même. Généalogie veut donc dire origine ou naissance, mais aussi différence ou distance dans l'origine. Généalogie veut dire noblesse et bassesse, noblesse et vilenie, noblesse et décadence dans l'origine. Le noble et le vil, le haut et le bas, tel est l'élément proprement généalogique ou critique. Mais ainsi comprise, la critique est en même temps le plus positif. L'élément différentiel n'est pas critique de la valeur des valeurs, sans être aussi l'élément positif d'une création. C'est pourquoi la critique n'est jamais conçue par Nietzsche comme une *réaction*, mais

1. *BM*, VIe Partie.
2. *GM*, I, 2.

comme une *action*. Nietzsche oppose l'activité de la critique à la vengeance, à la rancune ou au ressentiment. Zarathoustra sera suivi par son « singe », par son « bouffon », par son « démon », d'un bout à l'autre du livre ; mais le singe se distingue de Zarathoustra comme la vengeance et le ressentiment se distinguent de la critique elle-même. Se confondre avec son singe, voilà ce que Zarathoustra sent comme une des affreuses tentations qui lui sont tendues[1]. La critique n'est pas une ré-action du re-sentiment, mais l'expression active d'un mode d'existence actif : l'attaque et non la vengeance, l'agressivité naturelle d'une manière d'être, la méchanceté divine sans laquelle on ne saurait imaginer la perfection[2]. Cette manière d'être est celle du philosophe, parce qu'il se propose précisément de manier l'élément différentiel comme critique et créateur, donc comme un marteau. Ils pensent « bassement », dit Nietzsche de ses adversaires. De cette conception de la généalogie, Nietzsche attend beaucoup de choses : une nouvelle organisation des sciences, une nouvelle organisation de la philosophie, une détermination des valeurs de l'avenir.

2. LE SENS

Nous ne trouverons jamais le sens de quelque chose (phénomène humain, biologique ou même physique), si nous ne savons pas quelle est la force qui s'approprie la chose, qui l'exploite, qui s'en empare ou s'exprime en elle. Un phénomène n'est pas une apparence ni même une apparition, mais un signe, un symptôme qui trouve son sens dans une force actuelle. La philosophie tout entière est une symptomatologie et une séméiologie. Les sciences

1. *Z*, III, « En passant ».
2. *EH*, I, 6-7.

sont un système symptomatologique et séméiologique. À la dualité métaphysique de l'apparence et de l'essence, et aussi à la relation scientifique de l'effet et de la cause, Nietzsche substitue la corrélation du phénomène et du sens. Toute force est appropriation, domination, exploitation d'une quantité de réalité. Même la perception dans ses aspects divers est l'expression de forces qui s'approprient la nature. C'est dire que la nature elle-même a une histoire. L'histoire d'une chose, en général, est la succession des forces qui s'en emparent, et la coexistence des forces qui luttent pour s'en emparer. Un même objet, un même phénomène change de sens suivant la force qui se l'approprie. L'histoire est la variation des sens, c'est-à-dire « la succession des phénomènes d'assujettissement plus ou moins violents, plus ou moins indépendants les uns des autres [1] ». Le sens est donc une notion complexe : il y a toujours une pluralité de sens, une *constellation*, un complexe de successions, mais aussi de coexistences, qui fait de l'interprétation un art. « Toute subjugation, toute domination équivaut à une interprétation nouvelle. »

La philosophie de Nietzsche n'est pas comprise tant que l'on ne tient pas compte de son pluralisme essentiel. Et à vrai dire, le pluralisme (autrement appelé empirisme) ne fait qu'un avec la philosophie elle-même. Le pluralisme est la manière de penser proprement philosophique, inventée par la philosophie : seul garant de la liberté dans l'esprit concret, seul principe d'un violent athéisme. Les Dieux sont morts : mais ils sont morts de rire, en entendant un Dieu dire qu'il était le seul. « N'est-ce pas là précisément la divinité, qu'il y ait des dieux, qu'il n'y ait pas un Dieu [2] ? » Et la mort de ce Dieu-là, qui se disait le seul, est elle-même plurielle : la mort de Dieu est un événement dont le sens est multiple. C'est

1. *GM*, II, 12.
2. *Z*, III, « Des transfuges ».

pourquoi Nietzsche ne croit pas aux « grands événements » bruyants, mais à la pluralité silencieuse des sens de chaque événement[1]. Il n'y a pas un événement, pas un phénomène, pas un mot ni une pensée dont le sens ne soit multiple. Quelque chose est tantôt ceci, tantôt cela, tantôt quelque chose de plus compliqué, suivant les forces (les dieux) qui s'en emparent. Hegel voulut ridiculiser le pluralisme, en l'identifiant à une conscience naïve qui se contenterait de dire « ceci, cela, ici, maintenant » – comme un enfant bégayant ses plus humbles besoins. Dans l'idée pluraliste qu'une chose a plusieurs sens, dans l'idée qu'il y a plusieurs choses, et « ceci et puis cela » pour une même chose, nous voyons la plus haute conquête de la philosophie, la conquête du vrai concept, sa maturité, et non pas son renoncement ni son enfance. Car l'évaluation de ceci et de cela, la délicate pesée des choses et des sens de chacune, l'estimation des forces qui définissent à chaque instant les aspects d'une chose et de ses rapports avec les autres, – tout cela (ou tout ceci) relève de l'art le plus haut de la philosophie, celui de l'interprétation. Interpréter et même évaluer, c'est peser. La notion d'essence ne s'y perd pas, mais prend une nouvelle signification ; car tous les sens ne se valent pas. Une chose a autant de sens qu'il y a de forces capables de s'en emparer. Mais la chose elle-même n'est pas neutre, et se trouve plus ou moins en affinité avec la force qui s'en empare actuellement. Il y a des forces qui ne peuvent s'emparer de quelque chose qu'en lui donnant un sens restrictif et une valeur négative. On appellera essence au contraire, parmi tous les sens d'une chose, celui que lui donne la force qui présente avec elle le plus d'affinité. Ainsi, dans un exemple que Nietzsche aime à citer, la religion n'a pas un sens unique, puisqu'elle sert tour à tour des forces multiples.

1. *Z*, II, « Des grands événements ».

Mais quelle est la force en affinité maxima avec la religion ? Quelle est celle dont on ne sait plus qui domine, elle-même dominant la religion ou la religion la dominant elle-même[1] ? « Cherchez H. » Tout cela pour toutes choses est encore question de pesée, l'art délicat mais rigoureux de la philosophie, l'interprétation pluraliste.

L'interprétation révèle sa complexité si l'on songe qu'une nouvelle force ne peut apparaître et s'approprier un objet qu'en prenant, à ses débuts, le masque des forces précédentes qui l'occupaient déjà. Le masque ou la ruse sont des lois de la nature, donc quelque chose de plus qu'un masque et une ruse. La vie, à ses débuts, doit mimer la matière pour être seulement possible. Une force ne survivrait pas, si d'abord elle n'empruntait le visage des forces précédentes contre lesquelles elle lutte[2]. C'est ainsi que le philosophe ne peut naître et grandir, avec quelque chance de survie, qu'en ayant l'air contemplatif du prêtre, de l'homme ascétique et religieux qui dominait le monde avant son apparition. Qu'une telle nécessité pèse sur nous, n'en témoigne pas seulement l'image ridicule qu'on se fait de la philosophie : l'image du philosophe-sage, ami de la sagesse et de l'ascèse. Mais plus encore, la philosophie elle-même ne jette pas son masque ascétique à mesure qu'elle grandit : elle doit y croire d'une certaine manière, elle ne peut que conquérir son masque, lui donnant un nouveau sens où s'exprime enfin la vraie nature de sa force anti-religieuse[3]. Nous voyons que l'art d'interpréter doit être aussi un art de percer les masques, et de découvrir qui se masque et pourquoi, et dans quel but on conserve un masque en le remodelant. C'est dire que la généalogie

1. Nietzsche demande : quelle est la force qui donne à la religion l'occasion « d'agir souverainement par elle-même » ? (*BM*, 62).
2. *GM*, III, 8, 9 et 10.
3. *GM*, III, 10.

n'apparaît pas au début, et qu'on risque bien des contresens en cherchant, dès la naissance, quel est le père de l'enfant. La différence dans l'origine n'apparaît pas dès l'origine, sauf peut-être pour un œil particulièrement exercé, l'œil qui voit de loin, l'œil du presbyte, du généalogiste. C'est seulement quand la philosophie est devenue grande qu'on peut en saisir l'essence ou la généalogie, et la distinguer de tout ce avec quoi, au début, elle avait trop d'intérêt à se confondre. Il en est ainsi de toutes choses : « *En toute chose*, seuls les degrés supérieurs importent[1]. » Non pas que le problème ne soit pas celui de l'origine, mais parce que l'origine conçue comme généalogie ne peut être déterminée que par rapport aux degrés supérieurs.

Nous n'avons pas à nous demander ce que les Grecs doivent à l'Orient, dit Nietzsche[2]. La philosophie est grecque, dans la mesure où c'est en Grèce qu'elle atteint pour la première fois sa forme supérieure, qu'elle témoigne de sa vraie force et de ses buts, qui ne se confondent pas avec ceux de l'Orient-prêtre, même quand elle les utilise. *Philosophos* ne veut pas dire sage, mais ami de la sagesse. Or, de quelle manière étrange il faut interpréter « ami » : l'ami, dit Zarathoustra, est toujours un tiers entre je et moi, qui me pousse à me surmonter et à être surmonté pour vivre[3]. L'ami de la sagesse est celui qui se réclame de la sagesse, mais comme on se réclame d'un masque dans lequel on ne survivrait pas ; celui qui fait servir la sagesse à de nouvelles fins, bizarres et dangereuses, fort peu sages en vérité. Il veut qu'elle se surmonte et qu'elle soit surmontée. Il est certain que le peuple ne s'y trompe pas toujours ; il pressent l'essence du philosophe, son anti-sagesse, son immoralisme, *sa* conception

1. *NP.*
2. *NP.*
3. *Z*, I, « De l'ami ».

de l'amitié. Humilité, pauvreté, chasteté, devinons le sens que prennent ces vertus sages et ascétiques, quand elles sont reprises par la philosophie comme par une force nouvelle[1].

3. PHILOSOPHIE DE LA VOLONTÉ

La généalogie n'interprète pas seulement, elle évalue. Jusqu'à maintenant, nous avons présenté les choses comme si les différentes forces luttaient et se succédaient par rapport à un objet presque inerte. Mais l'objet lui-même est force, expression d'une force. C'est même pourquoi il y a plus ou moins d'affinité entre l'objet et la force qui s'en empare. Il n'est pas d'objet (phénomène) qui ne soit déjà possédé, puisqu'en lui-même il est non pas une apparence, mais l'apparition d'une force. Toute force est donc dans un rapport essentiel avec une autre force. L'être de la force est le pluriel ; il serait proprement absurde de penser la force au singulier. Une force est domination, mais aussi l'objet sur lequel une domination s'exerce. Une pluralité de forces agissant et pâtissant à distance, la *distance* étant l'élément différentiel compris dans chaque force et par lequel chacune se rapporte à d'autres : tel est le principe de la philosophie de la nature chez Nietzsche. La critique de l'atomisme doit se comprendre à partir de ce principe ; elle consiste à montrer que l'atomisme est une tentative pour prêter à la matière une pluralité et une distance essentielles qui, en fait, n'appartiennent qu'à la force. Seule la force a pour être de se rapporter à une autre force. (Comme dit Marx, quand il interprète l'atomisme : « Les atomes sont à eux-mêmes leur unique objet et ne peuvent se rapporter qu'à eux-mêmes…[2] » Mais la

1. *GM*, III, 8.
2. Marx, *Différence Démocrite-Épicure.*

question est : la notion d'atome dans son essence peut-elle rendre compte de ce rapport essentiel qu'on lui prête ? Le concept ne devient cohérent que si l'on pense force au lieu d'atome. Car la notion d'atome ne peut pas contenir en elle-même la différence nécessaire à l'affirmation d'un tel rapport, différence dans l'essence et selon l'essence. Ainsi l'atomisme serait un masque pour le dynamisme naissant.)

Le concept de force est donc, chez Nietzsche, celui d'une force qui se rapporte à une autre force : sous cet espect, la force s'appelle une volonté. La volonté (volonté de puissance) est l'élément différentiel de la force. Il en résulte une nouvelle conception de la philosophie de la volonté ; car la volonté ne s'exerce pas mystérieusement sur des muscles ou sur des nerfs, encore moins sur une matière en général, mais s'exerce nécessairement sur une autre volonté. Le vrai problème n'est pas dans le rapport du vouloir avec l'involontaire, mais dans le rapport d'une volonté qui commande à une volonté qui obéit, et qui obéit plus ou moins. « La volonté bien entendue ne peut agir que sur une volonté, et non sur une matière (les nerfs, par exemple). Il faut en venir à l'idée que partout où l'on constate des effets, c'est qu'une volonté agit sur une volonté[1]. » La volonté est dite une chose *complexe* parce que, en tant qu'elle veut, elle veut être obéie, mais que seule une volonté peut obéir à ce qui la commande. Ainsi le pluralisme trouve sa confirmation immédiate et son terrain de choix dans la philosophie de la volonté. Et le point sur lequel porte la rupture de Nietzsche avec Schopenhauer est précis : il s'agit justement de savoir si la volonté est une ou multiple. Tout le reste en découle ; en effet, si Schopenhauer est conduit à nier la volonté, c'est d'abord parce qu'il croit à l'unité du vouloir. Parce que la volonté selon Schopenhauer est une dans son essence,

1. *BM*, 36.

il arrive au bourreau de comprendre qu'il ne fait qu'un avec sa propre victime : c'est la conscience de l'identité de la volonté dans toutes ses manifestations qui amène la volonté à se nier, à se supprimer dans la pitié, dans la morale et dans l'ascétisme[1]. Nietzsche découvre ce qui lui semble la mystification proprement schopenhauerienne : on doit nécessairement nier la volonté, quand on en pose l'unité, l'identité.

Nietzsche dénonce l'âme, le moi, l'égoïsme comme les derniers refuges de l'atomisme. L'atomisme psychique ne vaut pas mieux que le physique : « Dans tout vouloir, il s'agit simplement de commander et d'obéir à l'intérieur d'une structure collective complexe, faite de plusieurs âmes[2]. » Quand Nietzsche chante l'égoïsme, c'est toujours d'une manière agressive ou polémique : contre les vertus, contre la vertu de désintéressement[3]. Mais en fait, l'égoïsme est une mauvaise interprétation de la volonté, comme l'atomisme, une mauvaise interprétation de la force. Pour qu'il y ait égoïsme, encore faudrait-il qu'il y ait un *ego*. Que toute force se rapporte à une autre, soit pour commander soit pour obéir, voilà ce qui nous met sur la voie de l'origine : l'origine est la différence dans l'origine, la différence dans l'origine est la *hiérarchie*, c'est-à-dire le rapport d'une force dominante à une force dominée, d'une volonté obéie à une volonté obéissante. La hiérarchie comme inséparable de la généalogie, voilà ce que Nietzsche appelle « notre problème[4] ». La hiérarchie est le fait originaire, l'identité de la différence et de l'origine. Pourquoi le problème de la hiérarchie est précisément le problème des « esprits libres », nous le comprendrons plus tard. Quoi qu'il en soit à cet égard, nous

1. SCHOPENHAUER, *Le monde comme volonté et comme représentation*, liv. IV.
2. *BM*, 19.
3. *Z*, III, « Des trois maux ».
4. *HH*, Préface, 7.

pouvons marquer la progression du sens à la valeur, de l'interprétation à l'évaluation comme tâches de la généalogie : le sens de quelque chose est le rapport de cette chose à la force qui s'en empare, la valeur de quelque chose est la hiérarchie des forces qui s'expriment dans la chose en tant que phénomène complexe.

4. CONTRE LA DIALECTIQUE

Nietzsche est-il « dialecticien » ? Une relation même essentielle entre l'un et l'autre ne suffit pas à former une dialectique : tout dépend du rôle du négatif dans cette relation. Nietzsche dit bien que la force a une autre force pour objet. Mais précisément, c'est avec *d'autres* forces que la force entre en relation. C'est avec une *autre sorte* de vie que la vie entre en lutte. Le pluralisme a parfois des apparences dialectiques ; il en est l'ennemi le plus farouche, le seul ennemi profond. C'est pourquoi nous devons prendre au sérieux le caractère résolument anti-dialectique de la philosophie de Nietzsche. On a dit que Nietzsche ne connaissait pas bien Hegel. Au sens où l'on ne connaît pas bien son adversaire. Nous croyons en revanche que le mouvement hégélien, les différents courants hégéliens lui furent familiers ; comme Marx, il y prit ses têtes de Turc. C'est l'ensemble de la philosophie de Nietzsche qui reste abstraite et peu compréhensible, si l'on ne découvre pas contre qui elle est dirigée. Or, la question « contre qui ? » fait elle-même appel à plusieurs réponses. Mais l'une d'elles, particulièrement importante, est que le surhomme est dirigé contre la conception dialectique de l'homme, et la transvaluation, contre la dialectique de l'appropriation ou de la suppression de l'aliénation. L'anti-hégélianisme traverse l'œuvre de Nietzsche, comme le fil de l'agressivité. Nous pouvons le suivre déjà dans la théorie des forces.

Chez Nietzsche jamais le rapport essentiel d'une force avec une autre n'est conçu comme un élément négatif dans l'essence. Dans son rapport avec l'autre, la force qui se fait obéir ne nie pas l'autre ou ce qu'elle n'est pas, elle affirme sa propre différence et jouit de cette différence. Le négatif n'est pas présent dans l'essence comme ce dont la force tire son activité : au contraire, il résulte de cette activité, de l'existence d'une force active et de l'affirmation de sa différence. Le négatif est un produit de l'existence elle-même : l'agressivité nécessairement liée à une existence active, l'agressivité d'une affirmation. Quant au concept négatif (c'est-à-dire la négation comme concept), « ce n'est qu'un pâle contraste, né tardivement en comparaison du concept fondamental, tout imprégné de vie et de passion [1] ». À l'élément spéculatif de la négation, de l'opposition ou de la contradiction, Nietzsche substitue l'élément pratique de la *différence* : objet d'affirmation et de jouissance. C'est en ce sens qu'il y a un empirisme nietzschéen. La question si fréquente chez Nietzsche : qu'est-ce que veut une volonté, qu'est-ce que veut celui-ci, celui-là ? ne doit pas être comprise comme la recherche d'un but, d'un motif ni d'un objet pour cette volonté. Ce que veut une volonté, c'est affirmer sa différence. Dans son rapport essentiel avec l'autre, une volonté fait de sa différence un objet d'affirmation. « Le plaisir de se savoir différent », la jouissance de la différence [2] : voilà l'élément conceptuel nouveau, agressif et aérien, que l'empirisme substitue aux lourdes notions de la dialectique et surtout, comme dit le dialecticien, au *travail* du négatif. Que la dialectique soit un travail et l'empirisme une jouissance, c'est les caractériser suffisamment. Et qui nous dit qu'il y a plus de pensée dans un travail que dans une jouissance ? La différence est l'objet d'une

1. *GM*, I, 10.
2. *BM*, 260.

affirmation pratique inséparable de l'essence et constitutive de l'existence. Le « oui » de Nietzsche s'oppose au « non » dialectique ; l'affirmation, à la négation dialectique ; la différence, à la contradiction dialectique ; la joie, la jouissance, au travail dialectique ; la légèreté, la danse, à la pesanteur dialectique ; la belle irresponsabilité, aux responsabilités dialectiques. Le sentiment empirique de la différence, bref la hiérarchie, voilà le moteur essentiel du concept plus efficace et plus profond que toute pensée de la contradiction.

Bien plus, nous devons demander : qu'est-ce que veut le dialecticien lui-même ? Qu'est-ce qu'elle veut, cette volonté qui veut la dialectique ? Une force épuisée qui n'a pas la force d'affirmer sa différence, une force qui n'agit plus, mais réagit aux forces qui la dominent : seule une telle force fait passer l'élément négatif au premier plan dans son rapport avec l'autre, elle nie tout ce qu'elle n'est pas et fait de cette négation sa propre essence et le principe de son existence. « Tandis que la morale aristocratique naît d'une triomphale affirmation d'elle-même, la morale des esclaves dès l'abord est un non à ce qui ne fait pas partie d'elle-même, à ce qui est différent d'elle, à ce qui est son non-moi ; et ce non est son acte créateur[1]. » C'est pourquoi Nietzsche présente la dialectique comme la spéculation de la plèbe, comme la manière de penser de l'esclave[2] : la pensée abstraite de la contradiction l'emporte alors sur le sentiment concret de la différence positive, la réaction sur l'action, la vengeance et le ressentiment prennent la place de l'agressivité. Et Nietzsche inversement montre que ce qui est négatif chez le maître est toujours un produit secondaire et

1. *GM*, I, 10.
2. *Cr. Id.*, « Le problème de Socrate », 3-7. – *VP*, I, 70 : « C'est la plèbe qui triomphe dans la dialectique… La dialectique ne peut servir que d'arme défensive. »

dérivé de son existence. Aussi bien, ce n'est pas la relation du maître et de l'esclave qui, en elle-même, est dialectique. Qui est dialecticien, qui dialectise la relation ? C'est l'esclave, le point de vue de l'esclave, la pensée du point de vue de l'esclave. L'aspect dialectique célèbre de la relation maître-esclave, en effet, dépend de ceci : que la puissance y est conçue, non pas comme volonté de puissance, mais comme représentation de la puissance, comme représentation de la supériorité, comme reconnaissance par « l'un » de la supériorité de « l'autre ». Ce que les volontés veulent chez Hegel, c'est faire *reconnaître* leur puissance, *représenter* leur puissance. Or, selon Nietzsche, il y a là une conception totalement erronée de la volonté de puissance et de sa nature. Une telle conception est celle de l'esclave, elle est l'image que l'homme du ressentiment se fait de la puissance. *C'est l'esclave qui ne conçoit la puissance que comme objet d'une récognition, matière d'une représentation, enjeu d'une compétition, et donc qui la fait dépendre, à l'issue d'un combat, d'une simple attribution de valeurs établies*[1]. Si la relation du maître et de l'esclave emprunte aisément la forme dialectique, au point d'être devenue comme un archétype ou une figure d'école pour tout jeune hégélien, c'est parce que le portrait que Hegel nous propose du maître est, dès le début, un portrait fait par l'esclave, un portrait qui représente l'esclave, au moins tel qu'il se rêve, tout au plus un esclave arrivé. Sous l'image hégélienne du maître, c'est toujours l'esclave qui perce.

1. Contre l'idée que la volonté de puissance soit volonté de se faire « reconnaître », donc de se faire attribuer des valeurs en cours : *BM*, 261 ; *A*, 113.

5. LE PROBLÈME DE LA TRAGÉDIE

Le commentateur de Nietzsche doit éviter principalement de « dialectiser » la pensée nietzschéenne sous un prétexte quelconque. Le prétexte est pourtant tout trouvé : c'est celui de la culture tragique de la pensée tragique, de la philosophie tragique qui parcourent l'œuvre de Nietzsche. Mais justement, qu'est-ce que Nietzsche appelle « tragique » ? Il oppose la vision tragique du monde à deux autres visions : dialectique et chrétienne. Ou plutôt, en comptant bien, la tragédie a trois façons de mourir : elle meurt une première fois par la dialectique de Socrate, c'est sa mort « euripidienne ». Elle meurt une seconde fois par le christianisme. Une troisième fois, sous les coups conjugués de la dialectique moderne et de Wagner en personne. Nietzsche insiste sur les points suivants : le caractère fondamentalement chrétien de la dialectique et de la philosophie allemandes[1] ; l'incapacité congénitale du christianisme et de la dialectique à vivre, à comprendre, à penser le tragique. « C'est moi qui ai découvert le tragique », même les Grecs l'ont méconnu[2].

La dialectique propose une certaine conception du tragique : elle lie le tragique au négatif, à l'opposition, à la contradiction. La contradiction de la souffrance et de la vie, du fini et de l'infini dans la vie elle-même, du destin particulier et de l'esprit universel dans l'idée ; le mouvement de la contradiction, et aussi de sa solution : voilà comment le tragique est représenté. Or, si l'on considère l'*Origine de la tragédie*, on voit bien sans doute que Nietzsche n'y est pas dialecticien, mais plutôt disciple de Schopenhauer. On se rappelle aussi que Schopenhauer

1. *AC*, 10.
2. *VP*, IV, 534.

lui-même appréciait peu la dialectique. Et pourtant, dans ce premier livre, le schéma que Nietzsche nous propose, sous l'influence de Schopenhauer, ne se distingue de la dialectique que par la *manière* dont y sont conçues la contradiction et sa solution. Ce qui permet à Nietzsche, plus tard, de dire de l'*Origine de la tragédie* : « Elle sent l'hégélianisme d'une façon assez scabreuse[1]. » Car la contradiction et sa solution jouent encore le rôle de principes essentiels ; « on y voit l'antithèse se transformer en unité ». Nous devons suivre le mouvement de ce livre difficile, pour comprendre comment Nietzsche instaurera par la suite une nouvelle conception du tragique :

1° La contradiction, dans l'*Origine de la tragédie*, est celle de l'unité primitive et de l'individuation, du vouloir et de l'apparence, de la vie et de la souffrance. Cette contradiction « originelle » porte témoignage contre la vie, elle met la vie en accusation : la vie a besoin d'être justifiée, c'est-à-dire rachetée de la souffrance et de la contradiction. L'*Origine de la tragédie* se développe à l'ombre de ces catégories dialectiques chrétiennes : justification, rédemption, réconciliation ;

2° La contradiction se reflète dans l'opposition de Dionysos et d'Apollon. Apollon divinise le principe d'individuation, il construit l'apparence de l'apparence, la belle apparence, le rêve ou l'image plastique, et se libère ainsi de la souffrance : « Apollon triomphe de la souffrance de l'individu par la gloire radieuse dont il environne l'éternité de l'apparence », il *efface* la douleur[2]. Dionysos, au contraire, retourne à l'unité primitive, il brise l'individu, l'entraîne dans le grand naufrage et l'absorbe dans l'être originel : ainsi il reproduit la contradiction comme la douleur de l'individuation, mais les *résout* dans un plaisir supérieur, en nous faisant participer à la surabondance de

1. *EH*, III. « L'origine de la tragédie », 1.
2. *OT*, 16.

l'être unique ou du vouloir universel. Dionysos et Apollon ne s'opposent donc pas comme les termes d'une contradiction, mais plutôt comme deux façons antithétiques de la résoudre : Apollon, médiatement, dans la contemplation de l'image plastique ; Dionysos, immédiatement, dans la reproduction, dans le symbole musical de la volonté[1]. Dionysos est comme le fond sur lequel Apollon brode la belle apparence ; mais sous Apollon, c'est Dionysos qui gronde. L'antithèse elle-même a donc besoin d'être résolue, « transformée en unité »[2] ;

3° La *tragédie* est cette réconciliation, cette alliance admirable et précaire dominée par Dionysos. Car dans la tragédie, Dionysos est le fond du tragique. Le seul personnage tragique est Dionysos : « dieu souffrant et glorifié » ; le seul sujet tragique, ce sont les souffrances de Dionysos, souffrances de l'individuation mais résorbées dans le plaisir de l'être originel ; et le seul spectateur tragique, c'est le chœur, parce qu'il est dionysiaque, parce qu'il voit Dionysos comme son seigneur et maître[3]. Mais d'autre part, l'apport apollinien consiste en ceci : dans la tragédie, c'est Apollon qui développe le tragique en *drame*, qui exprime le tragique dans un drame. « La tragédie, c'est le chœur dionysiaque qui se détend en projetant hors de lui un monde d'images apolliniennes… Au cours de plusieurs explosions successives, le fond primitif de la tragédie produit par irradiation cette vision dramatique, qui est essentiellement un rêve… Le drame est donc la représentation de notions et d'actions dionysiaques », l'objectivation de Dionysos sous une forme et dans un monde apolliniens.

1. Sur l'opposition de l'image médiate et du symbole (parfois appelé « image immédiate du vouloir »), cf. *OT*, 5, 16 et 17.

2. *VP*, IV, 556 : « Au fond, je ne me suis efforcé que de deviner pourquoi l'apollinisme grec a dû surgir d'un *sous-sol* dionysiaque ; pourquoi le Grec dionysiaque a dû nécessairement devenir apollinien. »

3. *OT*, 8 et 10.

6. L'ÉVOLUTION DE NIETZSCHE

Voici donc comment le tragique dans son ensemble est défini dans l'*Origine de la tragédie* : la contradiction originelle, sa solution dionysiaque et l'expression dramatique de cette solution. Reproduire et résoudre la contradiction, la résoudre en la reproduisant, résoudre la contradiction originelle dans le fond originel, tel est le caractère de la *culture tragique* et de ses représentants modernes, Kant, Schopenhauer, Wagner. « Son trait saillant est qu'elle remplace la science par une sagesse qui fixe un regard impassible sur la structure de l'univers et cherche à y saisir la douleur éternelle, où elle reconnaît avec une tendre sympathie sa propre douleur[1]. » Mais déjà, dans l'*Origine de la tragédie*, mille choses pointent, qui nous font sentir l'approche d'une conception nouvelle peu conforme à ce schéma. Et d'abord, Dionysos est présenté avec insistance comme le dieu *affirmatif* et *affirmateur*. Il ne se contente pas de « résoudre » la douleur en un plaisir supérieur et supra-personnel, il affirme la douleur et en fait le plaisir de quelqu'un. C'est pourquoi Dionysos *se métamorphose* lui-même en affirmations multiples, plus qu'il ne se résout dans l'être originel ou ne résorbe le multiple dans un fond primitif. Il affirme les douleurs *de la croissance*, plus qu'il ne reproduit les souffrances *de l'individuation*. Il est le dieu qui affirme la vie, pour qui la vie a à être affirmée, *mais non pas* justifiée ni rachetée. Ce qui empêche, toutefois, ce second Dionysos de l'emporter sur le premier, c'est que l'élément supra-personnel accompagne toujours l'élément affirmateur et s'en attribue finalement le bénéfice. Il y a bien, par exemple, un pressentiment de l'éternel retour :

1. *OT*, 18.

Démèter apprend qu'elle pourra enfanter Dionysos à nouveau ; mais cette résurrection de Dionysos est seulement interprétée comme « la fin de l'individuation[1] ». Sous l'influence de Schopenhauer et de Wagner, l'affirmation de la vie ne se conçoit encore que par la résolution de la souffrance au sein de l'universel et d'un plaisir qui dépasse l'individu. « L'individu doit être transformé en un être impersonnel, supérieur à la personne. Voilà ce que se propose la tragédie[2]... »

Quand Nietzsche, à la fin de son œuvre, s'interroge sur l'*Origine de la tragédie*, il y reconnaît deux innovations essentielles qui débordent le cadre mi-dialectique, mi-schopenhauerien[3] : l'une est précisément le caractère affirmateur de Dionysos, l'affirmation de la vie au lieu de sa solution supérieure ou de sa justification. D'autre part, Nietzsche se félicite d'avoir découvert une opposition qui devait, par la suite, prendre toute son ampleur. Car, dès l'*Origine de la tragédie*, la vraie opposition n'est pas l'opposition toute dialectique de Dionysos et d'Apollon, mais celle, plus profonde, de Dionysos et de Socrate. Ce n'est pas Apollon qui s'oppose au tragique ou par lequel le tragique meurt, c'est Socrate ; et Socrate n'est pas plus apollinien que dionysiaque[4]. Socrate est défini par un étrange renversement : « Tandis que chez tous les hommes productifs, l'instinct est une force affirmative et créatrice, et la conscience une force critique et négative ; chez Socrate, l'instinct devient critique et la conscience créatrice[5]. » Socrate est le premier génie de la *décadence* : il oppose l'idée à la vie, il juge la vie par l'idée, il pose la vie comme devant être jugée, justifiée, rachetée par l'idée. Ce qu'il nous demande, c'est d'en arriver à sentir

1. *OT*, 10.
2. *Co. In.*, II, « Schopenhauer éducateur », cf. 3-4.
3. *EH*, III, « L'origine de la tragédie », 1-4.
4. *OT*, 12.
5. *OT*, 13.

que la vie, écrasée sous le poids du négatif, est indigne d'être désirée pour elle-même, éprouvée en elle-même : Socrate est « l'homme théorique », le seul vrai contraire de l'homme tragique[1].

Mais là encore, quelque chose empêche ce second thème de se développer librement. Pour que l'opposition de Socrate et de la tragédie prît toute sa valeur, pour qu'elle devînt réellement l'opposition du non et du oui, de la négation de la vie et de son affirmation, il fallait d'abord que l'élément affirmatif dans la tragédie fût lui-même dégagé, exposé pour soi et libéré de toute subordination. Or dans cette voie, Nietzsche ne pourra plus s'arrêter : il faudra aussi que l'antithèse Dionysos-Apollon cesse d'occuper la première place, qu'elle s'estompe ou même disparaisse au profit de la vraie opposition. Il faudra enfin que la vraie opposition change elle-même, qu'elle ne se contente pas de Socrate comme héros typique ; car Socrate est trop Grec, un peu apollinien au début, par sa clarté, un peu dionysiaque à la fin, « Socrate étudiant la musique[2] ». Socrate ne donne pas à la négation de la vie toute sa force ; la négation de la vie n'y trouve pas encore son essence. Il faudra donc que l'homme tragique, en même temps qu'il découvre son propre élément dans l'affirmation pure, découvre son ennemi plus profond comme celui qui mène vraiment, définitivement, essentiellement, l'entreprise de la négation. Nietzsche réalise ce programme avec rigueur. À l'antithèse Dionysos-Apollon, dieux qui se réconcilient pour résoudre la douleur, se substitue la complémentarité plus mystérieuse Dionysos-Ariane ; car une femme, une fiancée, sont nécessaires quand il s'agit d'affirmer la vie. À l'opposition Dionysos-Socrate, se substitue la véritable opposition : « M'a-t-on compris ? – Dionysos contre le

1. *OT*, 15.
2. *OT*, 15.

crucifié[1]. » L'*Origine de la tragédie*, remarque Nietzsche, faisait silence sur le christianisme, elle n'avait pas *identifié* le christianisme. Et c'est le christianisme qui n'est ni apollinien, ni dionysiaque : « Il nie les valeurs esthétiques, les seules que reconnaisse l'*Origine de la tragédie* ; il est nihiliste au sens le plus profond, alors que dans le symbole dionysiaque, la limite extrême de l'affirmation est atteinte. »

7. DIONYSOS ET LE CHRIST

En Dionysos et dans le Christ, le martyre est le même, la passion est la même. C'est le même phénomène, mais deux sens opposés[2]. D'une part, la vie qui justifie la souffrance, qui affirme la souffrance ; d'autre part, la souffrance qui met la vie en accusation, qui porte témoignage contre elle, qui fait de la vie quelque chose qui doit être justifié. Qu'il y ait de la souffrance dans la vie, cela signifie d'abord pour le christianisme que la vie n'est pas juste, qu'elle est même essentiellement injuste, qu'elle paie par la souffrance une injustice essentielle : elle est coupable puisqu'elle souffre. Ensuite, cela signifie qu'elle doit être justifiée, c'est-à-dire rachetée de son injustice ou sauvée, sauvée par cette même souffrance qui l'accusait tout à l'heure : elle doit souffrir, puisqu'elle est coupable. Ces deux aspects du christianisme forment ce que Nietzsche appelle « la mauvaise conscience », ou *l'intériorisation de la douleur*[3]. Ils définissent le nihilisme proprement chrétien, c'est-à-dire la manière dont le christianisme nie la vie : d'un côté, la machine à fabriquer la culpabilité, l'horrible équation douleur-châtiment ; de

1. *EH*, IV, 9 ; *VP*, III, 413 ; IV, 464.
2. *VP*, IV, 464.
3. *GM*, II.

l'autre côté, la machine à multiplier la douleur, la justification par la douleur, l'immonde usine[1]. Même quand le christianisme chante l'amour et la vie, quelles imprécations dans ces chants, quelle haine sous cet amour ! Il aime la vie, comme l'oiseau de proie l'agneau : tendre, mutilée, mourante. Le dialecticien pose l'amour chrétien comme une antithèse, par exemple comme l'antithèse de la haine judaïque. Mais c'est le métier et la mission du dialecticien d'établir des *antithèses*, partout où il y a des évaluations plus délicates à faire, des *coordinations* à interpréter. Que la fleur est l'antithèse de la feuille, qu'elle « réfute » la feuille, voilà une découverte célèbre chère à la dialectique. C'est de cette manière aussi que la fleur de l'amour chrétien « réfute » la haine : c'est-à-dire d'une manière entièrement fictive. « Que l'on ne s'imagine pas que l'amour se développa... comme antithèse de la haine judaïque. Non, tout au contraire. L'amour est sorti de cette haine, s'épanouissant comme sa couronne, une couronne triomphante qui s'élargit sous les chauds rayons d'un soleil de pureté, mais qui, dans ce domaine nouveau sous le règne de la lumière et du sublime, poursuit toujours encore les mêmes buts que la haine : la victoire, la conquête, la séduction[2]. » La joie chrétienne est la joie de « résoudre » la douleur : la douleur est intériorisée, offerte à Dieu par ce moyen, portée en Dieu par ce moyen. « Ce paradoxe d'un Dieu mis en croix, ce mystère d'une inimaginable et dernière cruauté[3] », voilà la manie proprement chrétienne, une manie déjà toute dialectique.

1. Sur la « fabrication de l'idéal », cf. *GM*, I, 14.

2. *GM*, I, 8. – C'était déjà le reproche, en général, que Feuerbach adressait à la dialectique hégélienne : le goût des antithèses fictives, au détriment des coordinations réelles (cf. FEUERBACH, *Contribution à la critique de la philosophie hégélienne*, traduction ALTHUSSER, *Manifestes philosophiques*, Presses Universitaires de France). De même NIETZSCHE dira : « La coordination : à la place de la cause et de l'effet » (*VP*, II, 346).

3. *GM*, I, 8.

Combien cet aspect est devenu étranger au vrai Dionysos ! Le Dionysos de l'*Origine de la tragédie* « résolvait » encore la douleur ; la joie qu'il éprouvait était encore une joie de la résoudre, et aussi de la porter dans l'unité primitive. Mais maintenant Dionysos a précisément saisi le sens et la valeur de ses propres métamorphoses : il est le dieu pour qui la vie n'a pas à être justifiée, pour qui la vie est essentiellement juste. Bien plus, c'est elle qui se charge de justifier, « elle affirme même la plus âpre souffrance[1] ». Comprenons : elle ne résout pas la douleur en l'intériorisant, elle l'affirme dans l'élément de son extériorité. Et à partir de là, l'opposition de Dionysos et du Christ se développe point par point, comme l'affirmation de la vie (son extrême appréciation) et la négation de la vie (sa dépréciation extrême). La *mania* dionysiaque s'oppose à la manie chrétienne ; l'ivresse dionysiaque, à une ivresse chrétienne ; la lacération dionysiaque, à la crucifixion ; la résurrection dionysiaque, à la résurrection chrétienne ; la transvaluation dionysiaque, à la transubstantiation chrétienne. Car il y a deux sortes de souffrances et de souffrants. « Ceux qui souffrent de la surabondance de vie » font de la souffrance une affirmation, comme de l'ivresse une activité ; dans la lacération de Dionysos, ils reconnaissent la forme extrême de l'affirmation, sans possibilité de soustraction, d'exception ni de choix. « Ceux qui souffrent, au contraire, d'un appauvrissement de vie » font de l'ivresse une convulsion ou un engourdissement ; ils font de la souffrance un moyen d'accuser la vie, de la contredire, et aussi un moyen de justifier la vie, de résoudre la contradiction[2]. Tout cela, en effet, entre dans l'idée d'un sauveur ; il n'y a pas de plus beau sauveur que celui qui serait à la fois bourreau, victime et consolateur,

1. *VP*, IV, 464.
2. *NW*, 5. – On remarquera que toute ivresse n'est pas dionysiaque : il y a une ivresse chrétienne qui s'oppose à celle de Dionysos.

la sainte Trinité, le rêve prodigieux de la mauvaise conscience. Du point de vue d'un sauveur, « la vie doit être le chemin qui mène à la sainteté » ; du point de vue de Dionysos, « l'existence semble assez sainte par elle-même pour justifier par surcroît une immensité de souffrance [1] ». La lacération dionysiaque est le symbole immédiat de l'affirmation multiple ; la croix du Christ, le signe de croix, sont l'image de la contradiction et de sa solution, la vie soumise au travail du négatif. Contradiction développée, solution de la contradiction, réconciliation des contradictoires, toutes ces notions sont devenues étrangères à Nietzsche. C'est Zarathoustra qui s'écrie : « *Quelque chose de plus haut que toute réconciliation* [2] » – l'affirmation. Quelque chose de plus haut que toute contradiction développée, résolue, supprimée – la transvaluation. C'est ici le point commun de Zarathoustra et de Dionysos : « Je porte dans tous les gouffres mon affirmation qui bénit (Zarathoustra)... Mais ceci, encore une fois, c'est l'idée même de Dionysos [3]. » L'opposition de Dionysos ou de Zarathoustra au Christ n'est pas une opposition dialectique, mais l'opposition à la dialectique elle-même : l'affirmation différentielle contre la négation dialectique, contre tout nihilisme et contre cette forme particulière du nihilisme. Rien n'est plus loin de l'interprétation nietzschéenne de Dionysos que celle présentée plus tard par Otto : un Dionysos hégélien, dialectique et dialecticien !

8. L'ESSENCE DU TRAGIQUE

Dionysos affirme tout ce qui apparaît, « même la plus âpre souffrance », et apparaît dans tout ce qui est affirmé.

1. *VP*, IV, 464.
2. *Z*, II, « De la rédemption ».
3. *EH*, III, « Ainsi parlait Zarathoustra », 6.

L'affirmation multiple ou pluraliste, voilà l'essence du tragique. On le comprendra mieux, si l'on songe aux difficultés qu'il y a à faire de tout un objet d'affirmation. Il y faut l'effort et le génie du pluralisme, la puissance des métamorphoses, la lacération dionysiaque. Quand l'angoisse ou le dégoût surgissent chez Nietzsche, c'est toujours en ce point : tout peut-il devenir objet d'affirmation, *c'est-à-dire de joie* ? Pour chaque chose, il faudra trouver les moyens particuliers par lesquels elle est affirmée, par lesquels elle cesse d'être négative[1]. Reste que le tragique n'est pas dans cette angoisse ou dans ce dégoût lui-même, ni dans une nostalgie de l'unité perdue. Le tragique est seulement dans la multiplicité, dans la diversité de l'affirmation *comme telle*. Ce qui définit le tragique est la joie du multiple, la joie plurielle. Cette joie n'est pas le résultat d'une sublimation, d'une purgation, d'une compensation, d'une résignation, d'une réconciliation : dans toutes les théories du tragique, Nietzsche peut dénoncer une méconnaissance essentielle, celle de la tragédie comme phénomène esthétique. *Tragique* désigne la forme esthétique de la joie, non pas une formule médicale, ni une solution morale de la douleur, de la peur ou de la pitié[2]. Ce qui est tragique, c'est la joie. Mais cela veut dire que la tragédie est immédiatement joyeuse, qu'elle n'appelle la peur et la pitié que du spectateur

1. Cf. les angoisses et les dégoûts de Zarathoustra à propos de l'éternel retour. – Dès les *Considérations inactuelles*, NIETZSCHE pose en principe : « Toute existence qui peut être niée mérite aussi de l'être ; être véridique, cela équivaut à croire en une existence qui ne saurait absolument être niée et qui est elle-même vraie et sans mensonge » (*Co. In.*, II, « Schopenhauer éducateur », 4).

2. Dès l'*Origine de la tragédie*, NIETZSCHE s'en prend à la conception aristotélicienne de la tragédie-catharsis. Il signale les deux interprétations possibles de *catharsis* : sublimation morale, purgation médicale (*OT*, 22). Mais de quelque manière qu'on l'interprète, la catharsis comprend le tragique comme l'exercice de passions déprimantes et de sentiments « réactifs ». Cf. *VP*, IV, 460.

obtus, auditeur pathologique et moralisant qui compte sur elle pour assurer le bon fonctionnement de ses sublimations morales ou de ses purgations médicales. « La renaissance de la tragédie entraîne la renaissance de l'*auditeur artiste* dont la place au théâtre, jusqu'à présent, a été occupée par un étrange quiproquo, aux prétentions mi-morales, mi-érudites, le critique[1]. » Et, en effet, il faut une véritable renaissance pour libérer le tragique de toute la peur ou pitié des mauvais auditeurs, qui lui donnèrent un sens médiocre issu de la mauvaise conscience. Une logique de l'affirmation multiple, donc une logique de la pure affirmation, et une éthique de la joie qui lui correspond, tel est le rêve anti-dialectique et anti-religieux qui traverse toute la philosophie de Nietzsche. Le tragique n'est pas fondé dans un rapport du négatif et de la vie, mais dans le rapport essentiel de la joie et du multiple, du positif et du multiple, de l'affirmation et du multiple. « Le héros est gai, voilà ce qui a échappé jusqu'à maintenant aux auteurs de tragédies[2]. » La tragédie, franche gaieté dynamique.

C'est pourquoi Nietzsche renonce à la conception du *drame* qu'il soutenait dans l'*Origine de la tragédie* ; le drame est encore un pathos, pathos chrétien de la contradiction. Ce que Nietzsche reproche à Wagner, c'est précisément d'avoir fait une musique dramatique, d'avoir renié le caractère affirmateur de la musique : « Je souffre de ce qu'elle est une musique de décadence et non plus la flûte de Dionysos[3]. » De même, contre l'expression dramatique de la tragédie, Nietzsche réclame les droits d'une expression *héroïque* : le héros gai, le héros léger, le héros danseur, le héros joueur[4]. C'est la tâche de Dionysos de

1. *OT*, 22.
2. *VP*, IV, 50.
3. *EH*, III, « Le cas Wagner », 1.
4. *VP*, III, 191, 220, 221 ; IV, 17-60.

nous rendre légers, de nous apprendre à danser, de nous donner l'instinct de jeu. Même un historien hostile, ou indifférent aux thèmes nietzschéens, reconnaît la joie, la légèreté aérienne, la mobilité et l'ubiquité comme autant d'aspects particuliers de Dionysos[1]. Dionysos porte au ciel Ariane ; les pierreries de la couronne d'Ariane sont des étoiles. Est-ce là le secret d'Ariane ? La constellation jaillie du fameux coup de dés ? C'est Dionysos qui lance les dés. C'est lui qui danse et qui se métamorphose, qui s'appelle « Polygethes », le dieu des mille joies.

La dialectique en général n'est pas une vision tragique du monde, mais au contraire la mort de la tragédie, le remplacement de la vision tragique par une conception théorique (avec Socrate), ou mieux encore par une conception chrétienne (avec Hegel). Ce qu'on a découvert dans les écrits de jeunesse de Hegel est aussi bien la vérité finale de la dialectique : la dialectique moderne est l'idéologie proprement chrétienne. Elle veut justifier la vie et la soumet au travail du négatif. Et pourtant, entre l'idéologie chrétienne et la pensée tragique, il y a bien un problème commun : celui du sens de l'existence. « L'existence a-t-elle un sens ? » est, selon Nietzsche, la plus haute question de la philosophie, la plus empirique et même la plus « expérimentale », parce qu'elle pose à la fois le problème de l'interprétation et de l'évaluation. À la bien

1. M. Jeanmaire, *Dionysos* (Payot, éd.) : « La joie qui est un trait les plus marquants de sa personnalité, et qui contribue à lui communiquer ce dynamisme auquel il faut toujours revenir pour concevoir la puissance d'expansion de son culte » (27) ; « Un trait essentiel de la conception qu'on se fait de Dionysos est celui qui éveille l'idée d'une divinité essentiellement mobile et en déplacement perpétuel, mobilité à laquelle participe un cortège qui est à la fois le modèle ou l'image des congrégations ou thiases dans lesquelles se groupent ses adeptes » (273-274) ; « Né d'une femme, escorté de femmes qui sont les émules de ses nourrices mythiques, Dionysos est un dieu qui continue à frayer avec les mortels auxquels il communique le sentiment de sa présence immédiate, qui s'abaisse beaucoup moins vers eux qu'il ne les élève à lui, etc. » (339 sq.).

comprendre, elle signifie : « Qu'est-ce que *la justice* ? », et Nietzsche peut dire sans exagération que toute son œuvre est cet effort pour la bien comprendre. Il y a donc de mauvaises manières de comprendre la question : depuis longtemps jusqu'à maintenant, on n'a cherché le sens de l'existence qu'en la posant comme quelque chose de fautif ou de coupable, quelque chose d'injuste qui devait être justifié. On avait besoin d'un Dieu pour interpréter l'existence. On avait besoin d'accuser la vie pour la racheter, de la racheter pour la justifier. On évaluait l'existence, mais toujours en se plaçant du point de vue de la mauvaise conscience. Telle est l'inspiration chrétienne qui compromet la philosophie tout entière. Hegel interprète l'existence du point de vue de la conscience malheureuse, mais la conscience malheureuse est seulement la figure hégélienne de la mauvaise conscience. Même Schopenhauer… Schopenhauer fit résonner la question de l'existence ou de la justice d'une manière encore inouïe, mais lui-même trouva dans la souffrance un moyen de nier la vie, et dans la négation de la vie le seul moyen de la justifier. « Schopenhauer comme philosophe fut le premier athée convaincu et inflexible que nous eussions eu en Allemagne : c'est le secret de son hostilité envers Hegel. L'existence n'a rien de divin ; c'était pour lui une vérité donnée, une chose tangible, indiscutable… Dès que nous repoussons ainsi l'interprétation chrétienne, nous voyons se dresser devant nous, terriblement, la question de Schopenhauer : l'existence a-t-elle donc un sens ? *Cette question qui demandera des siècles avant de pouvoir être simplement comprise de façon exhaustive dans le repli de ses profondeurs.* La réponse même que Schopenhauer lui donna fut, qu'on me pardonne, prématurée ; c'est un fruit vert ; pur compromis ; il s'est arrêté hâtivement, pris dans les rets de ces perspectives morales qui étaient le fait de l'ascétisme chrétien, et auxquelles, en même temps qu'à Dieu, on avait signifié qu'on ne voulait plus croire[1]. » Quelle est donc l'autre manière de comprendre la question, manière réellement tragique où l'existence *justifie* tout ce qu'elle affirme, y compris la souffrance, au lieu d'être elle-même justifiée par la souffrance, c'est-à-dire sanctifiée et divinisée ?

9. LE PROBLÈME DE L'EXISTENCE

C'est une longue histoire, celle du sens de l'existence. Elle a ses origines grecques, préchrétiennes. On s'est donc servi de la souffrance comme d'un moyen pour prouver *l'injustice* de l'existence, mais en même temps comme d'un moyen pour lui trouver une *justification* supérieure et divine. (Elle est coupable, puisqu'elle souffre ; mais parce qu'elle souffre, elle expie, et elle est rachetée.) L'existence comme démesure, l'existence comme hybris et comme crime, voilà la manière dont les Grecs, déjà, l'interprétaient et l'évaluaient. L'image titanesque (« la nécessité du crime qui s'impose à l'individu titanesque ») est, historiquement, le premier sens qu'on accorde à l'existence. Interprétation si séductrice que Nietzsche, dans l'*Origine de la tragédie*, ne sait pas encore lui résister et la porte au bénéfice de Dionysos[2]. Mais il lui suffira de découvrir le vrai Dionysos pour voir le piège qu'elle cache ou la fin qu'elle sert : elle fait de l'existence un phénomène moral et religieux ! On a l'air de donner beaucoup à l'existence en faisant un crime, une démesure ; on lui confère une double nature, celle d'une injustice démesurée et d'une expiation justificatrice ; on la titanise par le crime, on la divinise par l'expiation du crime[3]. Et qu'y a-

1. *GS*, 357.
2. *OT*, 9.
3. *OT*, 9 : « Ainsi le premier de tous les problèmes philosophiques pose aussitôt une antithèse pénible et irréconciliable entre l'homme et le dieu, et roule cette antithèse comme un bloc de rocher, à l'entrée de toute

t-il au bout de tout cela, sinon une manière subtile de la déprécier, de la rendre passible d'un jugement, jugement moral et surtout jugement de Dieu ? Anaximandre est le philosophe qui, selon Nietzsche, donna son expression parfaite à cette conception de l'existence. Il disait : « Les êtres se paient les uns aux autres la peine et la réparation de leur injustice, selon l'ordre du temps. » Cela veut dire : 1° que le devenir est une injustice (*adikia*), et la pluralité des choses qui viennent à l'existence, une somme d'injustices ; 2° qu'elles luttent entre elles, et expient mutuellement leur injustice par la *phtora* ; 3° qu'elles dérivent toutes d'un être originel (« Apeiron »), qui choit dans un devenir, dans une pluralité, dans une génération coupables, dont il rachète éternellement l'injustice en les détruisant (« Théodicée »)[1].

Schopenhauer est une sorte d'Anaximandre moderne. Qu'est-ce qui plaît tant à Nietzsche, chez l'un comme chez l'autre, et qui explique que, dans l'*Origine de la tragédie*, il est encore fidèle en général à leur interprétation ? Sans doute est-ce leur différence avec le christianisme. Ils font de l'existence quelque chose de criminel, donc de coupable, mais non pas encore quelque chose de fautif et de responsable. Même les Titans ne connaissent pas encore l'incroyable invention sémitique et chrétienne, la mauvaise conscience, la faute et la responsabilité. Dès l'*Origine de la tragédie*, Nietzsche oppose le crime titanesque et prométhéen au péché originel. Mais il le fait en termes obscurs et symboliques, parce que cette opposition

civilisation. Le bien le meilleur et le plus haut qui puisse échoir à l'humanité, elle ne l'obtient que par un crime dont elle doit assumer les conséquences, c'est-à-dire tout le déluge de douleur que les immortels offensés infligent et doivent infliger à la race humaine soulevée dans un noble effort. » On voit à quel point NIETZSCHE est encore « dialecticien », dans l'*Origine de la tragédie* : il porte au compte de Dionysos les actes criminels des Titans, dont Dionysos est pourtant victime. De la mort de Dionysos, il fait une espèce de crucifixion.

1. *NP.*

est son secret négatif, comme le mystère d'Ariane est son secret positif. Nietzsche écrit : « Dans le péché originel, la curiosité, les faux semblants, l'entraînement, la concupiscence, bref une série de défauts féminins sont considérés comme l'origine du mal… Ainsi le crime pour les Aryens (Grecs) est masculin ; la faute, pour les Sémites est féminine[1]. » Il n'y a pas de misogynie nietzschéenne : Ariane est le premier secret de Nietzsche, la première puissance féminine, l'Anima, la fiancée inséparable de l'affirmation dionysiaque[2]. Mais tout autre est la puissance féminine infernale, négative et moralisante, la mère terrible, la mère du bien et du mal, celle qui déprécie et nie la vie. « Il n'y a plus d'autre moyen de remettre la philosophie en honneur : il faut commencer par prendre les moralistes. Tant qu'ils parleront du bonheur et de la vertu, ils ne convertiront à la philosophie que les vieilles femmes. Regardez-les donc en face, tous ces sages illustres, depuis des millénaires : tous de vieilles femmes, ou des femmes mûres, des mères pour parler comme Faust. Les mères, les mères ! mot effroyable[3] ! » Les mères et les sœurs : cette seconde puissance féminine a pour fonction de nous accuser, de nous rendre responsables. C'est ta faute, dit la mère, ta faute si je n'ai pas un meilleur fils, plus respectueux de sa mère et plus conscient de son crime. C'est ta faute, dit la sœur, ta faute si je ne suis pas plus belle, plus riche et plus aimée. L'imputation des torts et des responsabilités, l'aigre récrimination, la perpétuelle accusation, *le ressentiment*, voilà une pieuse interprétation de l'existence. C'est ta faute, c'est ta faute, jusqu'à ce que l'accusé dise à son tour « c'est ma faute », et que le monde désolé retentisse de toutes ces plaintes et de leur écho. « Partout

1. *OT*, 9.
2. *EH*, III, « Ainsi parlait Zarathoustra », 8 ; « Qui donc, en dehors de moi, sait qui est Ariane ? ».
3. *VP*, III, 408.

où l'on a cherché des responsabilités, c'est l'instinct de la vengeance qui les a cherchés. Cet instinct de la vengeance s'est tellement emparé de l'humanité, au cours des siècles, que toute la métaphysique, la psychologie, l'histoire et surtout la morale en portent l'empreinte. Dès que l'homme a pensé, il a introduit dans les choses le bacille de la vengeance[1]. » Dans le ressentiment (c'est ta faute), dans la mauvaise conscience (c'est ma faute) et dans leur fruit commun (la responsabilité), Nietzsche ne voit pas de simples événements psychologiques, mais les catégories fondamentales de la pensée sémitique et chrétienne, notre manière de penser et d'interpréter l'existence en général. Un nouvel idéal, une nouvelle interprétation, une autre manière de penser, Nietzsche se propose ces tâches[2]. « *Donner à l'irresponsabilité son sens positif* » ; « J'ai voulu conquérir le sentiment d'une pleine irresponsabilité, me rendre indépendant de la louange et du blâme, du présent et du passé[3]. » L'irresponsabilité, le plus noble et plus beau secret de Nietzsche.

Par rapport au christianisme, les Grecs sont des enfants. Leur façon de déprécier l'existence, leur « nihilisme », n'a pas la perfection chrétienne. Ils jugent l'existence coupable, mais ils n'ont pas encore inventé ce raffinement qui consiste à la juger fautive et responsable. Quand les Grecs parlent de l'existence comme criminelle et « hybrique », ils pensent que les dieux ont rendu fous les hommes : l'existence est coupable, *mais ce sont les dieux qui prennent sur eux la responsabilité de la faute*. Telle est la grande différence entre l'interprétation grecque du crime et l'interprétation chrétienne du péché. Telle est la raison pour laquelle Nietzsche, dans l'*Origine de la tragédie*, croit encore au caractère

1. *VP*, III, 458.
2. *GM*, III, 23.
3. *VP*, III, 383 et 465.

criminel de l'existence, puisque ce crime au moins n'implique pas la responsabilité du criminel. « La folie, la déraison, un peu de trouble dans la cervelle, voilà ce qu'admettaient les Grecs de l'époque la plus vigoureuse et la plus brave, pour expliquer l'origine de beaucoup de choses fâcheuses et fatales. Folie et non péché ! Saisissez-vous ?… Il faut qu'un dieu l'ait aveuglé, se disait le Grec en hochant la tête… Voilà la façon dont les dieux alors servaient à justifier jusqu'à un certain point les hommes ; même dans leurs mauvaises actions, ils servaient à interpréter la cause du mal – en ce temps-là, ils ne prenaient pas sur eux le châtiment, mais, ce qui est plus noble, la faute[1]. » Mais Nietzsche s'apercevra que cette grande différence s'amenuise à la réflexion. Quand on pose l'existence coupable, il s'en faut d'un pas pour la rendre responsable, il s'en faut d'un changement de sexe, Ève au lieu des Titans, d'un changement dans les dieux, un Dieu unique acteur et justicier au lieu des dieux spectateurs et « juges olympiques ». Qu'un dieu prenne sur lui la responsabilité de la folie qu'il inspire aux hommes, ou que les hommes soient responsables de la folie d'un Dieu qui se met en croix, les deux solutions ne sont pas encore assez différentes, bien que la première soit incomparablement plus belle. En vérité, la question n'est pas : l'existence coupable est-elle responsable ou non ? Mais *l'existence est-elle coupable... ou innocente ?* Alors Dionysos a trouvé sa vérité multiple : l'innocence, l'innocence de la pluralité, l'innocence du devenir et de tout ce qui est[2].

1. *GM*, II, 23.
2. Si donc nous groupons les thèses de l'*Origine de la tragédie*, que Nietzsche abandonnera ou transformera, nous voyons qu'elles sont au nombre de cinq : *a)* Le Dionysos interprété dans les perspectives de la contradiction et de sa solution sera remplacé par un Dionysos affirmatif et multiple ; *b)* L'antithèse Dionysos-Apollon s'estompera au profit de la complémentarité Dionysos-Ariane ; *c)* L'opposition Dionysos-Socrate sera

10. EXISTENCE ET INNOCENCE

Que signifie « innocence » ? Quand Nietzsche dénonce notre déplorable manie d'accuser, de chercher des responsables hors de nous ou même en nous, il fonde sa critique sur cinq raisons, dont la première est que « rien n'existe en dehors du tout [1] ». Mais la dernière, plus profonde, est que « il n'y a pas de tout » : « Il faut émietter l'univers, perdre le respect du tout [2]. » L'innocence est la vérité du multiple. Elle découle immédiatement des principes de la philosophie de la force et de la volonté. Toute chose se rapporte à une force capable de l'interpréter ; toute force se rapporte à ce qu'elle peut, dont elle est inséparable. C'est cette manière de se rapporter, d'affirmer et d'être affirmé, qui est particulièrement innocente. Ce qui ne se laisse pas interpréter par une force, ni évaluer par une volonté, réclame *une autre* volonté capable de l'évaluer, *une autre* force capable de l'interpréter. Mais nous, nous préférons sauver l'interprétation qui correspond à nos forces, et nier la chose qui ne correspond pas à notre interprétation. Nous nous faisons de la force et de la volonté une représentation grotesque : nous séparons la force de ce qu'elle peut, la posant en nous comme « méritante », parce qu'elle s'abstient de ce qu'elle ne peut pas, mais comme « coupable » dans la chose où elle manifeste précisément la force qu'elle a. Nous dédoublons la volonté, nous inventons un sujet neutre, doué de libre

de moins en moins suffisante et préparera l'opposition plus profonde Dionysos-Crucifié ; *d)* La conception dramatique de la tragédie fera place à une conception héroïque ; *e)* L'existence perdra son caractère encore criminel pour prendre un caractère radicalement innocent.

1. *VP*, III, 458 : « On ne peut juger le tout, ni le mesurer, ni le comparer, ni surtout le nier. »

2. *VP*, III, 489.

arbitre, auquel nous prêtons le pouvoir d'agir et de se retenir[1]. Telle est notre situation par rapport à l'existence : nous n'avons même pas reconnu la volonté capable d'évaluer la terre (de la « peser »), ni la force capable d'interpréter l'existence. Alors nous nions l'existence elle-même, nous remplaçons l'interprétation par la dépréciation, nous inventons la dépréciation comme manière d'interpréter et d'évaluer. « Une interprétation entre autres a fait naufrage, mais comme elle passait pour être la seule interprétation possible, il semble que l'existence n'ait plus de sens, que tout soit vain[2]. » *Hélas nous sommes de mauvais joueurs.* L'innocence est le jeu de l'existence, de la force et de la volonté. L'existence affirmée et appréciée, la force non séparée, la volonté non dédoublée, voilà la première approximation de l'innocence[3].

Héraclite est le penseur tragique. Le problème de la justice traverse son œuvre. Héraclite est celui pour qui la vie est radicalement innocente et juste. Il comprend l'existence à partir d'un *instinct de jeu*, il fait de l'existence un *phénomène esthétique*, non pas un phénomène moral ou religieux. Aussi Nietzsche l'oppose-t-il point par point à Anaximandre, comme Nietzsche lui-même s'oppose à Schopenhauer[4]. – Héraclite a nié la dualité des mondes, « il a nié l'être lui-même ». Bien plus : *il a fait du devenir une affirmation.* Or il faut longtemps réfléchir pour comprendre ce que signifie faire du devenir une affirmation. Sans doute est-ce dire, en premier lieu : il n'y a que le devenir. Sans doute est-ce affirmer le devenir. Mais on affirme aussi l'être du devenir, on dit que le devenir affirme l'être ou que l'être s'affirme dans le deve-

1. *GM*, I, 13.
2. *VP*, III, 8.
3. *VP*, III, 457-496.
4. Pour tout ce qui suit, concernant Héraclite, cf. *NP*.

nir. Héraclite a deux pensées, qui sont comme des chiffres : l'une selon laquelle l'être n'est pas, tout est en devenir ; l'autre selon laquelle l'être est l'être du devenir en tant que tel. Une pensée ouvrière qui affirme le devenir, une pensée contemplative qui affirme l'être du devenir. Ces deux pensées ne sont pas séparables, étant la pensée d'un même élément, comme Feu et comme Dike, comme Phusis et Logos. Car il n'y a pas d'être au-delà du devenir, pas d'un au-delà du multiple ; ni le multiple ni le devenir ne sont des apparences ou des illusions. Mais il n'y a pas non plus de réalités multiples et éternelles qui seraient, à leur tour, comme des essences au-delà de l'apparence. Le multiple est la manifestation inséparable, la métamorphose essentielle, le symptôme constant de l'unique. Le multiple est l'affirmation de l'un, le devenir, l'affirmation de l'être. L'affirmation du devenir est elle-même l'être, l'affirmation du multiple est elle-même l'un, l'affirmation multiple est la manière dont l'un s'affirme. « L'un, c'est le multiple. » Et, en effet, comment le multiple sortirait-il de l'un, et continuerait-il d'en sortir après une éternité de temps, si l'un *justement* ne s'affirmait pas dans le multiple ? « Si Héraclite n'aperçoit qu'un élément unique, c'est donc en un sens diamétralement opposé à celui de Parménide (ou d'Anaximandre)… L'unique doit s'affirmer dans la génération et dans la destruction. » Héraclite a regardé profondément : il n'a vu aucun châtiment du multiple, aucune expiation du devenir, aucune culpabilité de l'existence. Il n'a rien vu de négatif dans le devenir, il a vu tout le contraire : la double affirmation du devenir et de l'être du devenir, bref la justification de l'être. Héraclite est l'obscur, parce qu'il nous mène aux portes de l'obscur : quel est l'être du devenir ? Quel est l'être inséparable de ce qui est en devenir ? *Revenir est l'être de ce qui devient.* Revenir est l'être du devenir lui-même, l'être qui s'affirme dans le devenir. L'éternel retour comme loi du devenir, comme justice et comme être[1].

Il s'ensuit que l'existence n'a rien de responsable, ni même de coupable. « Héraclite alla jusqu'à s'écrier : la lutte des êtres innombrables n'est que pure justice ! Et d'ailleurs l'un est le multiple. » La corrélation du multiple et de l'un, du devenir et de l'être forme un *jeu*. Affirmer le devenir, affirmer l'être du devenir sont les deux temps d'un jeu, qui se composent avec un troisième terme, le joueur, l'artiste ou l'enfant[2]. Le joueur-artiste-enfant, Zeus-enfant : Dionysos, que le mythe nous présente entouré de ses jouets divins. Le joueur s'abandonne temporairement à la vie, et temporairement fixe son regard sur elle ; l'artiste se place temporairement dans son œuvre, et temporairement au-dessus de son œuvre ; l'enfant joue, se retire du jeu et y revient. Or ce jeu du devenir, c'est aussi bien l'être du devenir qui le joue avec lui-même : l'Aiôn, dit Héraclite, est un enfant qui joue, qui joue au palet. L'être du devenir, l'éternel retour, est le second temps du jeu, mais aussi le troisième terme identique aux deux temps et qui vaut pour l'ensemble. Car l'éternel retour est le retour distinct de l'aller, la contemplation distincte de l'action, mais aussi le retour de l'aller lui-même et le retour de l'action : à la fois moment et cycle du temps. Nous devons comprendre le secret de l'interprétation d'Héraclite : à l'hybris, il oppose l'instinct de jeu. « Ce n'est pas un orgueil coupable, c'est l'instinct du jeu sans

1. Nietzsche apporte des nuances à son interprétation. D'une part, Héraclite ne s'est pas complètement dégagé des perspectives du châtiment et de la culpabilité (cf. sa théorie de la combustion totale par le feu). D'autre part, il n'a fait que pressentir le vrai sens de l'éternel retour. C'est pourquoi Nietzsche, dans *NP*, ne parle de l'éternel retour chez Héraclite que par allusions ; et dans *EH* (III, « L'origine de la tragédie », 3), son jugement n'est pas sans réticences.

2. *NP* : « La Dikè ou gnomè immanente ; le Polemos qui en est le lieu, l'ensemble envisagé comme un jeu ; et jugeant le tout, l'artiste créateur, lui-même identique à son œuvre. »

cesse réveillé, qui appelle au jour des mondes nouveaux. » Non pas une théodicée, mais une cosmodicée ; non pas une somme d'injustices à expier, mais la justice comme loi de ce monde ; non pas l'hybris, mais le jeu, l'innocence. « Ce mot dangereux, l'hybris, est la pierre de touche de tout héraclitéen. C'est là qu'il peut montrer s'il a compris ou méconnu son maître. »

11. LE COUP DE DÉS

Le jeu a deux moments qui sont ceux d'un coup de dés : les dés qu'on lance et les dés qui retombent. Il arrive à Nietzsche de présenter le coup de dés comme se jouant sur deux tables distinctes, la terre et le ciel. La terre où l'on lance les dés, le ciel où retombent les dés : « Si jamais j'ai joué aux dés avec les dieux, à la table divine de la terre, en sorte que la terre tremblait et se brisait, et projetait des fleuves de flammes : car la terre est une table divine, tremblante de nouvelles paroles créatrices et d'un bruit de dés divins[1]... » – « Ô ciel au-dessus de moi, ciel pur et haut ! Ceci est maintenant pour moi ta pureté qu'il n'existe pas d'éternelle araignée et de toile d'araignée de la raison : que tu sois un plancher où dansent les hasards divins, que tu sois une table divine pour les dés et les joueurs divins[2]... » Mais ces deux tables ne sont pas deux mondes. Ce sont les deux heures d'un même monde, les deux moments du même monde, minuit et midi, l'heure où l'on jette les dés, l'heure où retombent les dés. Nietzsche insiste sur les deux tables de la vie, qui sont aussi les deux temps du joueur ou de l'artiste : « Nous abandonner temporairement à la vie, pour ensuite

1. *Z*, III, « Les sept sceaux ».
2. *Z*, III, « Avant le lever du soleil ».

fixer sur elle temporairement nos regards. » Le coup de dés affirme le devenir, et il affirme l'être du devenir.

Il ne s'agit pas de plusieurs coups de dés qui, en raison de leur nombre, arriveraient à reproduire la même combinaison. Tout au contraire : il s'agit d'un seul coup de dés qui, en raison du nombre de la combinaison produite, arrive à se reproduire comme tel. Ce n'est pas un grand nombre de coups qui produit la répétition d'une combinaison, c'est le nombre de la combinaison qui produit la répétition du coup de dés. Les dés qu'on lance une fois sont l'affirmation du *hasard*, la combinaison qu'ils forment en tombant est l'affirmation de la *nécessité*. La nécessité s'affirme du hasard, au sens exact où l'être s'affirme du devenir et l'un du multiple. En vain dira-t-on que, lancés au hasard, les dés ne produisent pas nécessairement la combinaison victorieuse, le douze qui ramène le coup de dés. C'est vrai, mais seulement dans la mesure où le joueur n'a pas su d'abord *affirmer* le hasard. Car, pas plus que l'un ne supprime ou ne nie le multiple, la nécessité ne supprime ou n'abolit le hasard. Nietzsche identifie le hasard au multiple, aux fragments, aux membres, au chaos : chaos des dés qu'on choque et qu'on lance. *Nietzsche fait du hasard une affirmation.* Le ciel lui-même est appelé « ciel hasard », « ciel innocence[1] » ; le règne de Zarathoustra est appelé « grand hasard[2] ». « *Par hasard*, c'est là la plus ancienne noblesse du monde, je l'ai rendue à toutes choses, je les ai délivrées de la servitude du but… J'ai trouvé dans toutes choses cette certitude bienheureuse, à savoir qu'elles préfèrent danser sur les pieds du hasard » ; « Ma parole est : laissez venir à moi le hasard, il est innocent comme un petit enfant[3]. » Ce que

1. *Z*, III, « Avant le lever du soleil ».
2. *Z*, IV, « L'offrande du miel ». – Et III, « Des vieilles et des nouvelles tables » : Zarathoustra se nomme « rédempteur du hasard ».
3. *Z*, III, « Avant le lever du soleil » et « Sur le mont des Oliviers ».

Nietzsche appelle *nécessité* (destin) n'est donc jamais l'abolition, mais la combinaison du hasard lui-même. La nécessité s'affirme du hasard pour autant que le hasard est lui-même affirmé. Car il n'y a qu'une seule combinaison du hasard en tant que tel, une seule façon de combiner tous les membres du hasard, façon qui est comme l'un du multiple, c'est-à-dire nombre ou nécessité. Il y a beaucoup de nombres suivant des probabilités croissantes ou décroissantes, mais un seul nombre du hasard comme tel, un seul nombre fatal qui réunisse tous les fragments du hasard, comme midi rassemble tous les membres épars de minuit. C'est pourquoi il suffit au joueur d'affirmer le hasard une fois, pour produire le nombre qui ramène le coup de dés [1].

Savoir affirmer le hasard est savoir jouer. Mais nous ne savons pas jouer : « Timide, honteux, maladroit, semblable à un tigre qui a manqué son bond : c'est ainsi, ô hommes supérieurs, que je vous ai souvent vus vous glisser à part. Vous aviez manqué un coup de dés. Mais que vous importe, à vous autres joueurs de dés ! Vous n'avez pas appris à jouer et à narguer comme il faut jouer et narguer [2]. » Le mauvais joueur compte sur plusieurs coups de dés, sur un grand nombre de coups : il dispose ainsi de la causalité et de la probabilité pour amener une combinaison qu'il déclare souhaitable ; cette combinaison, il la pose elle-même comme un but à obtenir, caché

1. On ne croira donc pas que, selon Nietzsche, le hasard soit *nié* par la nécessité. Dans une opération comme la transmutation, bien des choses sont niées ou abolies : par exemple, l'esprit de lourdeur est nié par la danse. La formule générale de Nietzsche à cet égard est : Est nié tout ce qui *peut* être nié (c'est-à-dire le négatif lui-même, le nihilisme et ses expressions). Mais le hasard n'est pas comme l'esprit de lourdeur une expression du nihilisme ; il est objet d'affirmation pure. Il y a, dans la transmutation elle-même, une *corrélation* d'affirmations : hasard et nécessité, devenir et être, multiple et un. On ne confondra ce qui est affirmé corrélativement avec ce qui est nié ou supprimé par la transmutation.

2. *Z*, IV, « De l'homme supérieur ».

derrière la causalité. C'est ce que Nietzsche veut dire quand il parle de l'éternelle araignée, de la toile d'araignée de la raison. « Une espèce d'araignée d'impératif et de finalité qui se cache derrière la grande toile, le grand filet de la causalité – nous pourrions dire comme Charles le Téméraire en lutte avec Louis XI : « Je combats l'universelle araignée[1]. » Abolir le hasard en le prenant dans la pince de la causalité et de la finalité ; au lieu d'affirmer le hasard, compter sur la répétition des coups ; au lieu d'affirmer la nécessité, escompter un *but* : voilà toutes les opérations du mauvais joueur. Elles ont leur racine dans la raison, mais quelle est la racine de la raison ? L'esprit de vengeance, rien d'autre que l'esprit de vengeance, l'araignée[2] ! Le ressentiment dans la répétition des coups, la mauvaise conscience dans la croyance a un but. Mais ainsi on n'obtiendra jamais que des nombres relatifs plus ou moins probables. Que l'univers n'a pas de but, qu'il n'y a pas de but à espérer pas plus que de causes à connaître, telle est la certitude pour bien jouer[3]. On rate le coup de dés parce qu'on n'a pas *assez* affirmé le hasard en une fois. On ne l'a pas assez affirmé pour que se produise le nombre fatal qui en réunit nécessairement tous les fragments et qui, nécessairement, ramène le coup de dés. Nous devons donc attacher la plus grande importance à la conclusion suivante : au couple causalité-finalité, probabilité-finalité, à l'opposition et à la synthèse de ces termes, à la toile de ces termes, Nietzsche substitue la corrélation dionysiaque hasard-nécessité, le couple dionysiaque hasard-destin. Non pas une probabilité répartie sur plusieurs fois, mais tout le hasard en une fois ; non pas une combinaison finale désirée, voulue, souhaitée, mais la combinaison fatale, fatale et aimée, l'*amor fati* ; non

1. *GM*, III, 9.
2. *Z*, II, « Des tarentules ».
3. *VP*, III, 465.

pas le retour d'une combinaison par le nombre des coups, mais la répétition du coup de dés par la nature du nombre obtenu fatalement[1].

12. CONSÉQUENCES POUR L'ÉTERNEL RETOUR

Quand les dés lancés affirment une fois le hasard, les dés qui retombent affirment nécessairement le nombre ou le destin qui ramène le coup de dés. C'est en ce sens que le second temps du jeu est aussi bien l'ensemble des deux temps ou le joueur qui vaut pour l'ensemble. L'éternel retour est le second temps, le résultat du coup de dés, l'affirmation de la nécessité, le nombre qui réunit tous les membres du hasard, mais aussi le retour du premier temps, la répétition du coup de dés, la reproduction et la re-affirmation du hasard lui-même. Le destin dans l'éternel retour est aussi la « bienvenue » du hasard : « Je fais bouillir dans ma marmite tout ce qui est hasard. Et ce n'est que lorsque le hasard est cuit à point que je lui souhaite la bienvenue pour en faire ma nourriture. Et en vérité, maint hasard s'est approché de moi en maître : mais ma volonté lui a parlé plus impérieusement encore, et déjà il était à genoux devant moi et me suppliait – me

1. Il arrive à NIETZSCHE, dans deux textes de *La volonté de puissance*, de présenter l'éternel retour dans la perspective des probabilités et comme se déduisant d'un grand nombre de coups : « Si l'on suppose une masse énorme de cas, la répétition fortuite d'un même coup de dés est plus probable qu'une non-identité absolue » (*VP*, II, 324) ; le monde étant posé comme grandeur de force définie et le temps comme milieu infini, « toute combinaison possible serait réalisée au moins une fois, bien plus elle serait réalisée un nombre infini de fois » (*VP*, II, 329). – Mais 1° Ces textes donnent de l'éternel retour un exposé seulement « hypothétique » ; 2° Ils sont « apologétiques », en un sens assez voisin de celui qu'on a parfois prêté au pari de Pascal. Il s'agit de prendre au mot le mécanisme, en montrant que le mécanisme débouche sur une conclusion qui « n'est pas nécessairement mécaniste » ; 3° Ils sont « polémiques » : d'une manière agressive, il s'agit de vaincre le *mauvais joueur* sur son propre terrain.

suppliait de lui donner asile et accueil cordial, et me parlait d'une manière flatteuse : vois donc, Zarathoustra, il n'y a qu'un ami pour venir ainsi chez un ami[1]. » Ceci veut dire : Il y a bien des fragments du hasard qui prétendent valoir pour soi ; ils se réclament de leur probabilité, chacun sollicite du joueur plusieurs coups de dés ; répartis sur plusieurs coups, devenus de simples probabilités, les fragments du hasard sont des esclaves qui veulent parler en maître[2] ; mais Zarathoustra sait que ce n'est pas ainsi qu'il faut jouer, ni se laisser jouer ; il faut, au contraire, affirmer tout le hasard en une fois (donc le faire bouillir et cuire comme le joueur qui chauffe les dés dans sa main), pour en réunir tous les fragments et pour affirmer le nombre qui n'est pas probable, mais fatal et nécessaire ; alors seulement le hasard est un ami qui vient voir son ami, et que celui-ci fait revenir, un ami du destin dont le destin lui-même assure l'éternel retour en tant que tel.

Dans un texte plus obscur, chargé de signification historique, Nietzsche écrit : « Le chaos universel, qui exclut toute activité à caractère final, n'est pas contradictoire avec l'idée du cycle ; car cette idée n'est qu'une nécessité irrationnelle[3]. » Cela veut dire : on a souvent combiné le chaos et le cycle, le devenir et l'éternel retour, mais comme s'ils mettaient en jeu deux termes opposés. Ainsi pour Platon, le devenir est lui-même un devenir illimité, un devenir fou, un devenir hybrique et coupable, qui, pour être mis en cercle, a besoin de subir l'action d'un démiurge qui le ploie de force, qui lui impose la limite ou le modèle de l'idée : voilà que le devenir ou le chaos sont rejetés du côté d'une causalité mécanique obscure, et le

1. *Z*, III, « De la vertu qui amenuise ».
2. C'est seulement en ce sens que Nietzsche parle des « fragments » comme de « hasards épouvantables » : *Z*, II, « De la rédemption ».
3. *VP*, II, 326.

cycle, rapporté à une espèce de finalité qui s'impose du dehors ; le chaos ne subsiste pas dans le cycle, le cycle exprime la soumission forcée du devenir à une loi qui n'est pas la sienne. Seul peut-être, même parmi les présocratiques, Héraclite savait que le devenir n'est pas « jugé », qu'il ne peut pas l'être et n'a pas à l'être, qu'il ne reçoit pas sa loi d'ailleurs, qu'il est « juste » et possède en lui-même sa propre loi [1]. Seul Héraclite a pressenti que le chaos et le cycle ne s'opposaient en rien. Et en vérité, il suffit d'affirmer le chaos (hasard et non causalité) pour affirmer du même coup le nombre ou la nécessité qui le ramène (nécessité irrationnelle et non finalité). « Il n'y a pas eu d'abord un chaos, puis peu à peu un mouvement régulier et circulaire de toutes les formes : tout cela au contraire est éternel, soustrait au devenir ; s'il y a jamais eu un chaos des forces, c'est que le chaos était éternel et a reparu dans tous les cycles. Le *mouvement circulaire* n'est pas devenu, c'est la loi originelle, de même que la *masse de force* est la loi originelle sans exception, sans infraction possible. Tout devenir se passe à l'intérieur du cycle et de la masse de force [2]. » On comprend que Nietzsche ne reconnaisse aucunement son idée de l'éternel retour chez ses prédécesseurs antiques. Ceux-ci ne voyaient pas dans l'éternel retour l'être du devenir en tant que tel, l'un du multiple, c'est-à-dire le nombre nécessaire, issu nécessairement de tout le hasard. Ils y voyaient même le contraire : une soumission du devenir, un aveu de son injustice et l'expiation de cette injustice. Sauf Héraclite peut-être, ils n'avaient pas vu « la présence de la loi dans le devenir et du jeu dans la nécessité » [3].

1. *NP.*
2. *VP*, II, 325 (mouvement circulaire = cycle, masse de force = chaos).
3. *NP.*

13. SYMBOLISME DE NIETZSCHE

Quand les dés sont lancés sur la table de la terre, celle-ci « tremble et se brise ». Car le coup de dés est l'affirmation multiple, l'affirmation du multiple. Mais tous les membres, tous les fragments sont lancés en un coup : tout le hasard en une fois. Cette puissance, non pas de supprimer le multiple, mais de l'affirmer en une fois, est comme le feu : le feu est l'élément qui joue, l'élément des métamorphoses qui n'a pas de contraire. La terre qui se brise sous les dés projette donc « des fleuves de flamme ». Comme dit Zarathoustra, le multiple, le hasard ne sont bons que cuits et bouillis. Faire bouillir, mettre au feu, ne signifie pas abolir le hasard, ni trouver l'un derrière le multiple. Au contraire : l'ébullition dans la marmite est comme le choc de dés dans la main du joueur, le seul moyen de faire du multiple ou du hasard une affirmation. Alors les dés lancés forment le nombre qui ramène le coup de dés. Ramenant le coup de dés, le nombre remet au feu le hasard, il entretient le feu qui recuit le hasard. Car le nombre est l'être, l'un et la nécessité, mais l'un qui s'affirme du multiple en tant que tel, l'être qui s'affirme du devenir en tant que tel, le destin qui s'affirme du hasard en tant que tel. Le nombre est présent dans le hasard comme l'être et la loi sont présents dans le devenir. Et ce nombre présent qui entretient le feu, cet un qui s'affirme du multiple quand le multiple est affirmé, c'est l'étoile dansante ou plutôt la constellation issue du coup de dés. La formule du jeu est : enfanter une étoile dansante avec le chaos qu'on porte en soi[1]. Et quand Nietzsche s'interrogera sur les raisons qui l'ont amené à choisir le personnage de Zarathoustra, il en trouvera trois, très diverses et

1. *Z*, Prologue, 5.

de valeur inégale. La première est Zarathoustra comme prophète de l'éternel retour[1] ; mais Zarathoustra n'est pas le seul prophète, pas même celui qui a le mieux pressenti la vraie nature de ce qu'il annonçait. La seconde raison est polémique : Zarathoustra le premier introduisit la morale en métaphysique, il fit de la morale une force, une cause, un but par excellence ; il est donc le mieux placé pour dénoncer la mystification, l'erreur de cette morale elle-même[2]. (Mais une raison analogue vaudrait pour le Christ : qui, mieux que le Christ, est apte à jouer le rôle de l'antéchrist... et de Zarathoustra en personne[3] ? La troisième raison, rétrospective mais seule suffisante, est la belle raison du hasard : « Aujourd'hui, j'ai appris par hasard ce que signifie Zarathoustra, à savoir étoile en or. Ce hasard m'enchante[4]. »

Ce jeu d'images chaos-feu-constellation rassemble tous les éléments du mythe de Dionysos. Ou plutôt ces images forment le jeu proprement dionysiaque. Les *jouets* de Dionysos enfant ; l'affirmation multiple et les *membres ou fragments* de Dionysos lacéré ; la *cuisson* de Dionysos ou l'un s'affirmant du multiple ; la *constellation* portée par Dionysos, Ariane au Ciel comme étoile dansante ; le *retour* de Dionysos, Dionysos « maître de l'éternel retour ». Nous aurons, d'autre part, l'occasion de voir comment Nietzsche concevait la science physique, l'énergétique et la thermodynamique de son temps. Il est clair, dès maintenant, qu'il rêve d'une machine à feu toute différente de la machine à vapeur. Nietzsche a une certaine conception de la physique, mais nulle ambition de physicien. Il s'accorde le droit poétique et

1. *VP*, IV, 155.
2. *EH*, IV, 3.
3. *Z*, I, « De la mort volontaire » : « Croyez-m'en, mes frères ! Il est mort trop tôt ; il aurait lui-même rétracté sa doctrine, s'il avait atteint mon âge ! »
4. Lettre à Gast, 20 mai 1883.

philosophique de rêver de machines que la science, peut-être un jour, est conduite à réaliser par ses propres moyens. La machine à affirmer le hasard, à faire cuire le hasard, à composer le nombre qui ramène le coup de dés, la machine à déclencher des forces immenses sous de petites sollicitations multiples, la machine à jouer avec les astres, bref la machine à feu héraclitéenne[1].

Mais jamais un jeu d'images n'a remplacé pour Nietzsche un jeu plus profond, celui des concepts et de la pensée philosophique. Le poème et l'aphorisme sont les deux expressions imagées de Nietzsche ; mais ces expressions sont dans un rapport déterminable avec la philosophie. Un aphorisme envisagé formellement se présente comme un *fragment* ; il est la forme de la pensée pluraliste ; et dans son contenu, il prétend dire et formuler un *sens*. Le sens d'un être, d'une action, d'une chose, tel est l'objet de l'aphorisme. Malgré son admiration pour les auteurs de maximes, Nietzsche voit bien ce qui manque à la maxime comme genre : elle n'est apte qu'à découvrir des mobiles, c'est pourquoi elle ne porte, en général, que sur les phénomènes humains. Or pour Nietzsche, les mobiles même les plus secrets ne sont pas seulement un aspect anthropomorphique des choses, mais un aspect superficiel de l'activité humaine. Seul l'aphorisme est capable de dire le sens, l'aphorisme est l'interprétation et l'art d'interpréter. De même le poème est l'évaluation et l'art d'évaluer : il dit *les valeurs*. Mais précisément, la valeur et le sens des notions si complexes, que le poème

1. *VP*, II, 38 (sur la machine à vapeur) ; 50, 60, 61 (sur les déclenchements de forces : « L'homme témoigne de forces inouïes qui peuvent être mises en œuvre par un petit être de nature composite… *Des êtres qui jouent avec les astres* » ; « À l'intérieur de la molécule se produisent des explosions, des changements de direction de tous les atomes et de soudains déclenchements de force. Tout notre système solaire pourrait, en un seul et bref instant, ressentir une excitation comparable à celle que le nerf exerce sur le muscle »).

lui-même doit être évalué et l'aphorisme interprété. Le poème et l'aphorisme sont à leur tour objet d'une interprétation, d'une évaluation. « Un aphorisme dont la fonte et la frappe sont ce qu'elles doivent être, n'est pas encore déchiffré parce qu'on l'a lu ; il s'en faut de beaucoup, car l'interprétation ne fait alors que commencer[1]. » C'est que, du point de vue pluraliste, un sens renvoie à l'élément différentiel d'où dérive sa signification, comme les valeurs renvoient à l'élément différentiel d'où dérive leur valeur. Cet élément, toujours présent, mais aussi toujours implicite et caché dans le poème ou dans l'aphorisme, est comme la seconde dimension du sens et des valeurs. C'est en développant cet élément, et en se développant en lui, que la philosophie, dans son rapport essentiel avec le poème et avec l'aphorisme, constitue l'interprétation et l'évaluation complètes, c'est-à-dire l'art de penser, la faculté de penser supérieure ou « faculté de ruminer[2] ». Rumination et éternel retour : deux estomacs ne sont pas de trop pour penser. Il y a deux dimensions de l'interprétation ou de l'évaluation, la seconde étant aussi bien le retour de la première, le retour de l'aphorisme ou le cycle du poème. Tout aphorisme doit donc être lu deux fois. Avec le coup de dés, l'interprétation de l'éternel retour commence, mais elle ne fait que commencer. Il faut encore interpréter le coup de dés lui-même, en même temps qu'il revient.

14. NIETZSCHE ET MALLARMÉ

On ne saurait exagérer les ressemblances premières entre Nietzsche et Mallarmé[3]. Elles portent sur quatre

1. *GM*, Avant-Propos, 8.
2. *GM*, Avant-Propos, 8.
3. THIBAUDET, dans *La poésie de Stéphane Mallarmé* (p. 424), signale

points principaux et mettent en jeu tout l'appareil des images : 1° Penser, c'est émettre un coup de dés. Seul un coup de dés, à partir du hasard, pourrait affirmer la nécessité et produire « l'unique nombre qui ne peut pas être un autre ». Il s'agit d'un seul coup de dés, non d'une réussite en plusieurs coups : seule la combinaison, victorieuse en une fois, peut garantir le retour du lancer[1]. Les dés lancés sont comme la mer et les flots (mais Nietzsche dirait : comme la terre et le feu). Les dés qui retombent sont une constellation, leurs points forment le nombre « issu stellaire ». La table du coup de dés est donc double, mer du hasard et ciel de la nécessité, minuit-midi. Minuit, l'heure où l'on jette les dés... ; 2° L'homme ne sait pas jouer. Même l'homme supérieur est impuissant à émettre le coup de dés. Le maître est vieux, il ne sait pas lancer les dés sur la mer et dans le ciel. Le vieux maître est « un pont », quelque chose qui doit être dépassé. Une « ombre puérile », plume ou aile, se fixe à la toque d'un adolescent, « stature mignonne, ténébreuse et debout en sa torsion de sirène », apte à reprendre le coup de dés. Est-ce l'équivalent du Dionysos-enfant, ou même des enfants des îles bienheureuses, enfants de Zarathoustra ? Mallarmé présente Igitur enfant invoquant ses ancêtres qui ne sont pas l'homme, mais les Elohim : race qui a été pure,

cette ressemblance. Il exclut, à juste titre, toute influence de l'un sur l'autre.

1. Thibaudet, dans une page étrange (433), remarque lui-même que le coup de dés selon Mallarmé se fait en une fois ; mais il semble le regretter, trouvant plus clair le principe de plusieurs coups de dés : « Je doute fort que le développement de sa méditation l'eût amené à écrire un poème sur ce thème : plusieurs coups de dés abolissent le hasard. Cela est pourtant certain et clair. Qu'on se rappelle la loi des grands nombres... » – Il est clair surtout que la loi des grands nombres n'introduirait aucun développement de la méditation, mais seulement un contresens. M. Hyppolite a une vision plus profonde lorsqu'il rapproche le coup de dés mallarméen non pas de la loi des grands nombres, mais de la machine cybernétique (cf. *Études philosophiques*, 1958). Le même rapprochement vaudrait pour Nietzsche, d'après ce qui précède.

qui « a enlevé à l'absolu sa pureté, pour l'être, et n'en laisser qu'une idée elle-même aboutissant à la nécessité » ; 3° Non seulement le lancer des dés est un acte déraisonnable et irrationnel, absurde et surhumain, mais il constitue la tentative tragique et la pensée tragique par excellence. L'idée mallarméenne du théâtre, les célèbres correspondances et équations entre « drame », « mystère », « hymne », « héros » témoignent d'une réflexion comparable en apparence à celle de l'*Origine de la tragédie*, ne serait-ce que par l'ombre efficace de Wagner comme prédécesseur commun ; 4° Le nombre-constellation est ou serait aussi bien le livre, l'œuvre d'art, comme aboutissement et justification du monde. (Nietzsche écrivait, à propos de la justification esthétique de l'existence : on observe chez l'artiste « comment la nécessité et le jeu, le conflit et l'harmonie se marient pour engendrer l'œuvre d'art[1] »). Or le nombre fatal et sidéral ramène le coup de dés, si bien que le livre à la fois est unique et mobile. La multiplicité des sens et des interprétations est explicitement affirmée par Mallarmé ; mais elle est le corrélatif d'une autre affirmation, celle de l'unité du livre ou du texte « incorruptible comme la loi ». Le livre est le cycle et la loi présente dans le devenir.

Si précises qu'elles soient, ces ressemblances restent superficielles. Car *Mallarmé a toujours conçu la nécessité comme l'abolition du hasard*. Mallarmé conçoit le coup de dés de telle manière que le hasard et la nécessité s'opposent comme deux termes, dont le second doit nier le premier, et dont le premier ne peut que tenir en échec le second. Le coup de dés ne réussit que si le hasard est annulé ; il échoue précisément parce que le hasard subsiste en quelque manière : « Par le seul fait qu'elle se réalise (l'action humaine) emprunte au hasard ses moyens. » C'est pourquoi le nombre issu du coup de dés est encore

1. *NP.*

hasard. On a souvent remarqué que le poème de Mallarmé s'insère dans la vieille pensée métaphysique d'une dualité des mondes ; le hasard est comme l'existence qui doit être niée, la nécessité, comme le caractère de l'idée pure ou de l'essence éternelle. Si bien que le dernier espoir du coup de dés, c'est qu'il trouve son modèle intelligible dans l'autre monde, une constellation la prenant à son compte « sur quelque surface vacante et supérieure », où le hasard n'existe pas. Finalement la constellation est moins le produit du coup de dés que son passage à la limite ou dans un autre monde. On ne se demandera pas quel est l'aspect qui l'emporte chez Mallarmé, de la dépréciation de la vie ou de l'exaltation de l'intelligible. Dans une perspective nietzschéenne, ces deux aspects sont inséparables et constituent le « nihilisme » lui-même, c'est-à-dire la manière dont la vie est accusée, jugée et condamnée. Tout le reste en découle ; la race d'Igitur n'est pas le surhomme, mais une émanation de l'autre monde. La stature mignonne n'est pas celle des enfants des îles bienheureuses, mais celle d'Hamlet « prince amer de l'écueil », dont Mallarmé dit ailleurs « seigneur latent qui ne peut devenir ». Hérodiade n'est pas Ariane, mais la froide créature du ressentiment et de la mauvaise conscience, l'esprit qui nie la vie, perdu dans ses aigres reproches à la Nourrice. L'œuvre d'art chez Mallarmé est « juste », mais sa justice n'est pas celle de l'existence, c'est encore une justice accusatoire qui nie la vie, qui en suppose l'échec et l'impuissance[1]. Il n'est pas jusqu'à l'athéisme de Mallarmé qui ne soit un curieux athéisme, allant chercher dans la messe un modèle du théâtre rêvé : la messe, non le mystère de Dionysos... En vérité, on poussa rarement aussi loin, dans toutes les directions, l'éternelle entreprise

1. Lorsque Nietzsche parlait de la « justification esthétique de l'existence », au contraire, il s'agissait de l'art comme « stimulant de la vie » : l'art affirme la vie, la vie s'affirme dans l'art.

de déprécier la vie. Mallarmé, c'est le coup de dés, mais revu par le nihilisme, interprété dans les perspectives de la mauvaise conscience ou du ressentiment. Or le coup de dés n'est plus rien, détaché de son contexte affirmatif et appréciatif, détaché de l'innocence et de l'affirmation du hasard. Le coup de dés n'est plus rien si l'on y *oppose* le hasard et la nécessité.

15. LA PENSÉE TRAGIQUE

Est-ce seulement une différence psychologique ? Une différence d'humeur ou de ton ? Nous devons poser un principe dont dépend la philosophie de Nietzsche en général : le ressentiment, la mauvaise conscience, etc., ne sont pas des déterminations psychologiques. Nietzsche appelle nihilisme l'entreprise de nier la vie, de déprécier l'existence ; il analyse les formes principales du nihilisme, ressentiment, mauvaise conscience, idéal ascétique ; il nomme esprit de vengeance l'ensemble du nihilisme et de ses formes. Or le nihilisme et ses formes ne se réduisent nullement à des déterminations psychologiques, pas davantage à des événements historiques ou à des courants idéologiques, pas plus et pas même à des structures métaphysiques[1]. Sans doute l'esprit de vengeance s'exprime-t-il biologiquement, psychologiquement, historiquement et métaphysiquement ; l'esprit de vengeance est un type, il n'est pas séparable d'une *typologie*, pièce maîtresse de la philosophie nietzschéenne.

1. Heidegger a insisté sur ces points. Par exemple : « Le nihilisme meut l'histoire à la manière d'un processus fondamental, à peine reconnu dans la destinée des peuples d'Occident. Le nihilisme n'est donc pas un phénomène historique parmi d'autres, ou bien un courant spirituel qui, dans le cadre de l'histoire occidentale, se rencontre à côté d'autres courants spirituels... » (HOLZWEGE : « Le mot de Nietzsche Dieu est mort », tr. fr., *Arguments*, n° 15.)

Mais tout le problème est : quel est le caractère de cette typologie ? Loin d'être un trait psychologique, l'esprit de vengeance est le principe dont notre psychologie dépend. Ce n'est pas le ressentiment qui est de la psychologie, mais toute notre psychologie qui, sans le savoir, est celle du ressentiment. De même, quand Nietzsche montre que le christianisme est plein de ressentiment et de mauvaise conscience, il ne fait pas du nihilisme un événement historique, mais plutôt l'élément de l'histoire en tant que telle, le moteur de l'histoire universelle, le fameux « sens historique », ou « sens de l'histoire », qui trouve dans le christianisme, à un moment, sa manifestation la plus adéquate. Et quand Nietzsche mène la critique de la métaphysique, il fait du nihilisme le présupposé de toute métaphysique, non pas l'expression d'une métaphysique particulière : il n'y a pas de *métaphysique* qui ne juge et ne déprécie l'existence au nom d'une monde *supra-sensible*. On ne dira même pas que le nihilisme et ses formes soient des catégories de la pensée ; car les catégories de la pensée comme pensée raisonnable, l'identité, la causalité, la finalité, supposent elles-mêmes une interprétation de la force qui est celle du ressentiment. Pour toutes ces raisons, Nietzsche peut dire : « L'instinct de la vengeance s'est tellement emparé de l'humanité au cours des siècles que toute la métaphysique, la psychologie, l'histoire et surtout la morale en portent l'empreinte. Dès que l'homme a pensé il a introduit dans les choses le bacille de la vengeance[1]. » Nous devons comprendre : l'instinct de vengeance est la force qui constitue l'essence de ce que nous appelons psychologie, histoire, métaphysique et morale. L'esprit de vengeance est l'élément généalogique de *notre* pensée, le principe transcendantal de *notre* manière de penser. La lutte de Nietzsche contre le nihilisme et l'esprit de vengeance signifiera donc

1. *VP*, III, 458.

renversement de la métaphysique, fin de l'histoire comme histoire de l'homme, transformation des sciences. Et à dire vrai, nous ne savons même pas ce que serait un homme dénué de ressentiment. Un homme qui n'accuserait pas et ne déprécierait pas l'existence, serait-ce encore un homme ? Penserait-il encore comme un homme ? Ne serait-ce pas déjà autre chose que l'homme, presque le surhomme ? Avoir du ressentiment, ne pas en avoir : il n'y a pas de plus grande différence, au-delà de la psychologie, au-delà de l'histoire, au-delà de la métaphysique. C'est la vraie différence ou typologie transcendantale – la différence généalogique et hiérarchique.

Nietzsche présente le but de sa philosophie : libérer la pensée du nihilisme et de ses formes. Or cela implique une nouvelle manière de penser, un bouleversement dans le principe dont dépend la pensée, un redressement du principe généalogique lui-même, une « transmutation ». Depuis longtemps, nous n'avons pas cessé de penser en termes de ressentiment et de mauvaise conscience. Nous n'avons pas eu d'autre idéal que l'idéal ascétique. Nous avons opposé la connaissance à la vie, pour juger la vie, pour en faire quelque chose de coupable, de responsable et d'erroné. Nous avons fait de la volonté quelque chose de mauvais, frappé d'une contradiction originelle : nous disions qu'il fallait la rectifier, la brider, la limiter, et même la nier, la supprimer. Elle n'était bonne qu'à ce prix. Il n'y a pas de philosophe qui, découvrant ici ou là l'essence de la volonté, n'ait gémi sur sa propre découverte et, comme le devin craintif, n'y ait vu tout à la fois le mauvais présage pour l'avenir et la source des maux dans le passé. Schopenhauer pousse jusqu'aux conséquences extrêmes cette vieille conception : le bagne de la volonté, dit-il, et la roue d'Ixion. Nietzsche est le seul qui ne gémisse pas sur la découverte de la volonté, qui n'essaie pas d'en conjurer ni d'en limiter l'effet. « Nouvelle manière de penser » signifie : une pensée affirmative, une pensée qui affirme la vie et la volonté dans la vie, une pensée qui expulse enfin tout le négatif. Croire à l'innocence de l'avenir et du passé, croire à l'éternel retour. Ni l'existence n'est posée comme coupable, ni la volonté ne se sent elle-même coupable d'exister : c'est ce que Nietzsche appelle son *joyeux message*. « Volonté, c'est ainsi que s'appelle le libérateur et le messager de joie[1]. » Le joyeux message est la pensée tragique ; car le tragique n'est pas dans les récriminations du ressentiment, dans les conflits de la mauvaise conscience, ni dans les contradictions d'une volonté qui se sent coupable et responsable. Le tragique n'est même pas dans la lutte contre le ressentiment, la mauvaise conscience ou le nihilisme. On n'a jamais compris selon Nietzsche ce qu'était le tragique : tragique = joyeux. Autre façon de poser la grande équation : vouloir = créer. On n'a pas compris que le tragique était positivité pure et multiple, gaieté dynamique. Tragique est l'affirmation : parce qu'elle affirme le hasard et, du hasard, la nécessité ; parce qu'elle affirme le devenir et, du devenir, l'être ; parce qu'elle affirme le multiple et, du multiple, l'un. Tragique est le coup de dés. Tout le reste est nihilisme, pathos dialectique et chrétien, caricature du tragique, comédie de la mauvaise conscience.

16. LA PIERRE DE TOUCHE

Quand l'envie nous prend de comparer Nietzsche à d'autres auteurs qui s'appelèrent ou furent appelés « philosophes tragiques » (Pascal, Kierkegaard, Chestov), nous ne devons pas nous contenter du mot *tragédie*. Nous devons tenir compte de la dernière volonté de Nietzsche.

1. *Z*, II, « De la rédemption ». – *EH*, IV, 1 : « Je suis le contraire d'un esprit négateur. Je suis un joyeux messager comme il n'y en eut jamais. »

Il ne suffit pas de demander : qu'est-ce que pense l'autre ? Est-ce comparable à ce que pense Nietzsche ? Mais : comment pense cet autre ? Quelle est, dans sa pensée, la part subsistante du ressentiment et de la mauvaise conscience ? L'idéal ascétique, l'esprit de vengeance subsistent-ils dans sa manière de comprendre le tragique ? Pascal, Kierkegaard, Chestov surent, avec génie, mener la critique plus loin qu'on ne l'avait fait. Ils suspendirent la morale, ils renversèrent la raison. Mais, pris dans les rets du ressentiment, ils puisaient encore leurs forces dans l'idéal ascétique. C'étaient des poètes de cet idéal. Ce qu'ils opposent à la morale, à la raison, c'est encore cet idéal dans lequel la raison plonge, ce corps mystique où elle prend racine, *l'intériorité* – l'araignée. Pour philosopher, ils ont besoin de toutes les ressources et du fil de l'intériorité, angoisse, gémissement, culpabilité, toutes les formes du mécontentement[1]. Eux-mêmes se placent sous le signe du ressentiment : Abraham et Job. Il leur manque le sens de l'affirmation, le sens de l'extériorité, l'innocence et le jeu. « Il ne faut pas attendre, dit Nietzsche, d'être dans le malheur comme le pensent ceux qui font dériver la philosophie du mécontentement. C'est dans le bonheur qu'il faut commencer, en pleine maturité virile, dans le feu de cette brûlante allégresse, qui est celle de l'âge adulte et victorieux[2]. » De Pascal à Kierkegaard, on parie et on saute. Mais ce ne sont pas les exercices de Dionysos, ni de Zarathoustra : sauter n'est pas danser, et parier n'est pas jouer. On remarquera comment Zarathoustra, sans idée préconçue, oppose *jouer* à *parier*, et *danser* à *sauter* : c'est le mauvais joueur qui parie, et surtout c'est le bouffon qui

1. *VP*, I, 406 : « Ce que nous attaquons dans le christianisme ? C'est qu'il veuille briser les forts, décourager leur courage, utiliser leurs heures mauvaises et leurs lassitudes, transformer en inquiétude et en tourment de conscience leur fière assurance... : horrible désastre dont Pascal est le plus illustre exemple. »

2. *NP*.

saute, qui croit que sauter signifie danser, surmonter, dépasser[1].

Si nous invoquons le pari de Pascal, c'est pour conclure enfin qu'il n'a rien de commun avec le coup de dés. Dans le pari, il ne s'agit nullement d'affirmer le hasard, tout le hasard, mais *au contraire* de le fragmenter en probabilités, de le monnayer en « hasards de gain et de perte ». C'est pourquoi il est vain de se demander si le pari a un sens réellement théologique ou seulement apologétique. Car le pari de Pascal ne concerne aucunement l'existence ou la non-existence de Dieu. Le pari est anthropologique, il porte seulement sur deux modes d'existence de l'homme, l'existence de l'homme qui dit que Dieu existe et l'existence de l'homme qui dit que Dieu n'existe pas. L'existence de Dieu, n'étant pas mise en jeu dans le pari, est en même temps la perspective supposée par le pari, le point de vue selon lequel le hasard se fragmente en hasard de gain et en hasard de perte. L'alternative est tout entière sous le signe de l'idéal ascétique et de la dépréciation de la vie. Nietzsche a raison d'opposer son propre jeu au pari de Pascal : « Sans la foi chrétienne, pensait Pascal, vous serez pour vous-mêmes, comme la nature et l'histoire, un monstre et un chaos : *nous avons réalisé cette prophétie*[2]. » Nietzsche veut dire : nous avons su découvrir un autre jeu, une autre manière de jouer ; nous avons découvert le surhumain par-delà deux modes d'existence humains-trop humains ; nous avons su affirmer tout le hasard, au lieu de le fragmenter et de laisser un fragment parler en maître ; nous

1. *Z*, III, « Des vieilles et des nouvelles tables » : « L'homme est quelque chose qui doit être surmonté. On peut arriver à se surmonter par des chemins et des moyens nombreux : c'est à toi d'y parvenir. Mais le bouffon seul pense : on peut aussi sauter par-dessus l'homme. » – *Z*, Prologue, 4 : « J'aime celui qui a honte de voir le dé tomber en sa faveur et qui demande alors : ai-je triché ? »

2. *VP*, III, 42.

avons su faire du chaos un objet d'affirmation au lieu de le poser comme quelque chose à nier[1]... Et chaque fois que l'on compare Nietzsche et Pascal (ou Kierkegaard ou Chestov), la même conclusion s'impose, la comparaison ne vaut que jusqu'à un certain point : abstraction faite de ce qui est l'essentiel pour Nietzsche, abstraction faite de la manière de penser. Abstraction faite du petit bacille, l'esprit de vengeance, que Nietzsche diagnostique dans l'univers. Nietzsche disait : « L'hybris est la pierre de touche de tout héraclitéen, c'est là qu'il peut montrer s'il a compris ou méconnu son maître. » Le ressentiment, la mauvaise conscience, l'idéal ascétique, le nihilisme sont la pierre de touche de tout nietzschéen. C'est là qu'il peut montrer s'il a compris ou méconnu le vrai sens du tragique.

1. « ... le mouvement inauguré par Pascal : un monstre et un chaos, donc une chose qu'il faut nier » (*VP*, III, 42).

CHAPITRE II

Actif et réactif

1. LE CORPS

Spinoza ouvrait aux sciences et à la philosophie une voie nouvelle : nous ne savons même pas ce que *peut* un corps, disait-il ; nous parlons de la conscience, et de l'esprit, nous bavardons sur tout cela, mais nous ne savons pas de quoi un corps est capable, quelles forces sont les siennes ni ce qu'elles préparent[1]. Nietzsche sait que l'heure est venue : « Nous en sommes à la phase où le conscient devient modeste[2]. » Rappeler la conscience à la modestie nécessaire, c'est la prendre pour ce qu'elle est : un symptôme, rien que le symptôme d'une transformation plus profonde et de l'activité de forces d'un tout autre ordre que spirituel. « Peut-être s'agit-il uniquement du corps dans tout développement de l'esprit. » Qu'est-ce que la conscience ? Comme Freud, Nietzsche pense que

1. SPINOZA, *Éthique*, III, 2 sc. « J'ai déjà montré qu'on ne sait pas ce que peut le corps ou ce que l'on peut déduire de la seule considération de sa nature, et que l'on constate par expérience que, des seules lois de la nature, proviennent un très grand nombre de choses qu'on n'aurait jamais cru pouvoir se produire, sinon sous la direction de l'esprit… »
2. *VP*, II, 261.

la conscience est la région du moi affectée par le monde extérieur[1]. Toutefois la conscience est moins définie par rapport à l'extériorité, en termes de réel, que par rapport à la *supériorité*, en termes de valeurs. Cette différence est essentielle dans une conception générale du conscient et de l'inconscient. Chez Nietzsche, la conscience est toujours conscience d'un inférieur par rapport au supérieur auquel il se subordonne ou « s'incorpore ». La conscience n'est jamais conscience de soi, mais conscience d'un moi par rapport au soi qui, lui, n'est pas conscient. Elle n'est pas conscience du maître, mais conscience de l'esclave par rapport à un maître qui n'a pas à être conscient. « La conscience n'apparaît d'habitude que lorsqu'un tout veut se subordonner à un tout supérieur… La conscience naît par rapport à un être dont nous pourrions être fonction[2]. » Telle est la servilité de la conscience : elle témoigne seulement de « la formation d'un corps supérieur ».

Qu'est-ce que le corps ? Nous ne le définissons pas en disant qu'il est un champ de forces, un milieu nourricier que se dispute une pluralité de forces. Car, en fait, il n'y a pas de « milieu », pas de champ de forces ou de bataille. Il n'y a pas de quantité de réalité, toute réalité est déjà quantité de force. Rien que des quantités de force « en relation de tension » les unes avec les autres[3]. Toute force est en rapport avec d'autres, soit pour obéir, soit pour commander. Ce qui définit un corps est ce rapport entre des forces dominantes et des forces dominées. Tout rapport de forces constitue un corps : chimique, biologique, social, politique. Deux forces quelconques, étant inégales, constituent un corps dès qu'elles entrent en rapport : c'est pourquoi le corps est toujours le fruit du hasard, au sens nietzschéen, et apparaît comme la chose la plus « surpre-

1. *VP*, II, 253 ; *GS*, 357.
2. *VP*, II, 227.
3. *VP*, II, 373.

nante », beaucoup plus surprenante en vérité que la conscience et l'esprit[1]. Mais le hasard, rapport de la force avec la force, est aussi bien l'essence de la force ; on ne se demandera donc pas comment naît un corps vivant, puisque tout corps est vivant comme produit « arbitraire » des forces qui le composent[2]. Le corps est phénomène multiple, étant composé d'une pluralité de forces irréductibles ; son unité est celle d'un phénomène multiple, « unité de domination ». Dans un corps, les forces supérieures ou dominantes sont dites *actives*, les forces inférieures ou dominées sont dites *réactives*. Actif et réactif sont précisément les qualités originelles, qui expriment le rapport de la force avec la force. Car les forces qui entrent en rapport n'ont pas une quantité, sans que chacune en même temps n'ait la qualité qui correspond à leur différence de quantité comme telle. On appellera *hiérarchie* cette différence des forces qualifiées, conformément à leur quantité : forces actives et réactives.

2. LA DISTINCTION DES FORCES

En obéissant, les forces inférieures ne cessent pas d'être des forces, distinctes de celles qui commandent. Obéir est une qualité de la force en tant que telle, et se rapporte à la puissance autant que commander : « Aucune force ne renonce à sa puissance propre. De même que le commandement suppose une concession, on admet que la force absolue de l'adversaire n'est pas vaincue, assimilée, dissoute. Obéir et commander sont les deux formes d'un

1. *VP*, II, 173 : « Le corps humain est une pensée plus surprenante que l'âme de naguère » ; II, 226 : « Ce qui est plus surprenant, c'est bien plutôt le corps ; on ne se lasse pas de s'émerveiller à l'idée que le corps humain est devenu possible. »

2. Sur le faux problème d'un commencement de la vie : *VP*, II, 66 et 68. – Sur le rôle du hasard : *VP*, II, 25 et 334.

tournoi[1]. » Les forces inférieures se définissent comme réactives : elles ne perdent rien de leur force, de leur quantité de force, elles l'exercent en assurant les mécanismes et les finalités, en remplissant les conditions de vie et les fonctions, les tâches de conservation, d'adaptation et d'utilité. Voilà le point de départ du concept de réaction, dont nous verrons l'importance chez Nietzsche : les accommodements mécaniques et utilitaires, les *régulations* qui expriment tout le pouvoir des forces inférieures et dominées. Or nous devons constater le goût immodéré de la pensée moderne pour cet aspect réactif des forces. On croit toujours avoir assez fait quand on comprend l'organisme à partir de forces réactives. La nature des forces réactives et leur frémissement nous fascinent. C'est ainsi que, dans la théorie de la vie, mécanisme et finalité s'opposent ; mais ce sont deux interprétations qui valent seulement pour les forces réactives elles-mêmes. Il est vrai que, au moins, nous comprenons l'organisme à partir de forces. Mais il est vrai aussi que nous ne pouvons saisir les forces réactives pour ce qu'elles sont, c'est-à-dire comme des forces et non comme des mécaniques ou des finalités, que si nous les rapportons à celle qui les domine et qui, elle, n'est pas réactive. « On ferme les yeux sur la prééminence fondamentale des forces d'un ordre spontané, agressif, conquérant, usurpant, transformant et qui donnent sans cesse de nouvelles directions, l'adaptation étant d'abord soumise à leur influence ; c'est ainsi que l'on nie la souveraineté des fonctions les plus nobles de l'organisme[2]. »

Sans doute est-il plus difficile de caractériser ces forces actives. Car, par nature, elles échappent à la conscience : « La grande activité principale est inconsciente[3]. » La conscience exprime seulement le rapport de

1. *VP*, II, 91.
2. *GM*, I, 12.
3. *VP*, II, 227.

certaines forces réactives aux forces actives qui les dominent. La conscience est essentiellement réactive[1] ; c'est pourquoi nous ne savons pas ce que peut un corps, de quelle activité il est capable. Et ce que nous disons de la conscience, nous devons le dire aussi de la mémoire et de l'habitude. Bien plus : nous devons le dire encore de la nutrition, de la reproduction, de la conservation, de l'adaptation. Ce sont des fonctions réactives, des spécialisations réactives, des expressions de telles ou telles forces réactives[2]. Il est inévitable que la conscience voie l'organisme de son point de vue et le comprenne à sa manière, c'est-à-dire de manière réactive. Et il arrive à la science de suivre les chemins de la conscience, tout en s'appuyant sur *d'autres* forces réactives : toujours l'organisme vu du petit côté, du côté de ses réactions. Selon Nietzsche, le problème de l'organisme n'est pas à débattre entre le mécanisme et le vitalisme. Que vaut le vitalisme tant qu'il croit découvrir la spécificité de la vie dans des forces réactives, les mêmes que celles que le mécanisme interprète autrement ? Le vrai problème est la découverte des forces actives, sans lesquelles les réactions elles-mêmes ne seraient pas des forces[3]. L'activité des forces nécessairement inconsciente, voilà ce qui fait du corps quelque chose de supérieur à toutes les réactions, et en particulier à cette réaction du moi qu'on appelle conscience : « Tout ce phénomène du corps est, au point de vue intellectuel, aussi supérieur à notre conscience, à notre esprit, à nos façons conscientes de penser, de sentir et de vouloir, que

1. *GS*, 354.
2. *VP*, II, 43, 45, 187, 390.
3. Le pluralisme de Nietzsche trouve ici son originalité. Dans sa conception de l'organisme, il ne s'en tient pas à une pluralité de forces constituantes. Ce qui l'intéresse est la diversité des forces actives et réactives, la recherche des forces actives elles-mêmes. – À comparer avec le pluralisme admirable de Butler, mais qui se contente de la mémoire et de l'habitude.

l'algèbre est supérieure à la table de multiplication[1]. » Les forces actives du corps, voilà ce qui fait du corps un soi, et qui définit le soi comme supérieur et surprenant : « … Un être plus puissant, un sage inconnu – qui a nom soi. Il habite ton corps, il est ton corps[2]. » La vraie science est celle de l'activité, mais la science de l'activité est aussi la science de l'inconscient nécessaire. Absurde est l'idée que la science doive aller du même pas que la conscience et dans les mêmes directions. On sent, dans cette idée, la morale qui pointe. En fait, il n'y a de science que là où il n'y a pas conscience et ne peut pas y avoir conscience.

« Qu'est-ce qui est actif ? Tendre à la puissance[3]. » S'approprier, s'emparer, subjuguer, dominer sont les caractères de la force active. S'approprier veut dire imposer des formes, créer des formes en exploitant les circonstances[4]. Nietzsche critique Darwin, parce que celui-ci interprète l'évolution, et même le hasard dans l'évolution, d'une manière toute réactive. Il admire Lamarck, parce que Lamarck a pressenti l'existence d'une *force plastique* vraiment active, première par rapport aux adaptations : une force de métamorphose. Il en est chez Nietzsche comme dans l'énergétique, où l'on appelle « noble » l'énergie capable de se transformer. La puissance de transformation, le pouvoir dionysiaque, est la première définition de l'activité. Mais chaque fois que nous marquons ainsi la noblesse de l'action et sa supériorité sur la réaction, nous ne devons pas oublier que la réaction désigne un type de forces autant que l'action : simplement, les réactions ne peuvent pas être saisies, ni scientifiquement comprises comme des forces, si nous ne les rapportons pas aux forces supérieures qui sont précisément d'un

1. *VP*, II, 226.
2. *Z*, I, « Des contempteurs du corps ».
3. *VP*, II, 43.
4. *BM*, 259 et *VP*, II, 63.

autre type. Réactif est une qualité originelle de la force, mais qui ne peut être interprétée comme telle qu'en rapport avec l'actif, à partir de l'actif.

3. QUANTITÉ ET QUALITÉ

Les forces ont une quantité, mais elles ont aussi la qualité qui correspond à leur différence de quantité : actif et réactif sont les qualités des forces. Nous pressentons que le problème de la mesure des forces est délicat, parce qu'il met en jeu l'art des interprétations qualitatives. Le problème se pose ainsi : 1° Nietzsche a toujours cru que les forces étaient quantitatives et devaient se définir quantitativement, « Notre connaissance, dit-il, est devenue scientifique dans la mesure où elle peut user de nombre et de mesure. Il faudrait essayer de voir si l'on ne pourrait pas édifier un ordre scientifique des valeurs d'après une échelle numérale et quantitative de la force. Toutes les autres valeurs sont des préjugés, des naïvetés, des malentendus. Elles sont partout réductibles à cette échelle numérale et quantitative[1] » ; 2° Pourtant Nietzsche n'a pas moins cru qu'une détermination purement quantitative des forces restait à la fois abstraite, incomplète, ambiguë. L'art de mesurer les forces fait intervenir toute une interprétation et une évaluation des qualités : « La conception mécaniste ne veut admettre que des quantités, mais la force réside dans la qualité ; le mécanisme ne peut que décrire des phénomènes, non les éclairer[2] » ; « Ne se pourrait-il pas que toutes les quantités fussent les symptômes de qualité ?... Vouloir réduire toutes les qualités à des quantités est folie[3]. »

1. *VP*, II, 352.
2. *VP*, II, 46. – Texte presque identique, II, 187.
3. *VP*, II, 343.

Y a-t-il contradiction entre ces deux sortes de textes ? Si une force n'est pas séparable de sa quantité, elle n'est pas davantage séparable des autres forces avec lesquelles elle est en rapport. *La quantité elle-même n'est donc pas séparable de la différence de quantité.* La différence de quantité est l'essence de la force, le rapport de la force avec la force. Rêver de deux forces égales, même si on leur accorde une opposition de sens, est un rêve approximatif et grossier, rêve statistique où plonge le vivant, mais que la chimie dissipe[1]. Or, chaque fois que Nietzsche critique le concept de quantité, nous devons comprendre : la quantité comme concept abstrait tend toujours et essentiellement à une identification, à une égalisation de l'unité qui la compose, à une annulation de la différence dans cette unité ; ce que Nietzsche reproche à toute détermination purement quantitative des forces, c'est que les différences de quantité s'y annulent, s'égalisent ou se compensent. Au contraire, chaque fois qu'il critique la qualité, nous devons comprendre : les qualités ne sont rien, sauf la différence de quantité à laquelle elles correspondent dans deux forces au moins supposées en rapport. Bref, ce qui intéresse Nietzsche n'est jamais l'irréductibilité de la quantité à la qualité ; ou plutôt ceci ne l'intéresse que secondairement et comme symptôme. Ce qui l'intéresse principalement est, du point de vue de la quantité elle-même, l'irréductibilité de la différence de quantité à l'égalité. La qualité se distingue de la quantité, mais seulement parce qu'elle est ce qu'il y a d'inégalisable dans la quantité, d'inannulable dans la différence de

1. *VP*, II, 86 et 87 : « Dans le monde chimique règne la perception la plus aiguë de la différence des forces. Mais un protoplasme, qui est une multiplicité de forces chimiques, n'a qu'une perception incertaine et vague d'une réalité étrangère » ; « Admettre qu'il y a des perceptions dans le monde inorganique, et des perceptions d'une exactitude absolue : c'est là que règne la vérité ! Avec le monde organique commencent l'imprécision et l'apparence. »

quantité. La différence de quantité est donc en un sens l'élément irréductible *de* la quantité, en un autre sens l'élément irréductible *à* la quantité elle-même. La qualité n'est pas autre chose que la différence de quantité, et lui correspond dans chaque force en rapport. « Nous ne pouvons nous empêcher de ressentir de simples différences de quantité comme quelque chose d'absolument différent de la quantité, c'est-à-dire comme des qualités qui ne sont plus réductibles les unes aux autres[1]. » Et ce qui est encore anthropomorphique dans ce texte doit être corrigé par le principe nietzschéen selon lequel il y a une subjectivité de l'univers qui, précisément, n'est plus anthropomorphique mais cosmique[2]. « Vouloir réduire toutes les qualités à des quantités est folie… »

Avec le hasard, nous affirmons le rapport de *toutes* les forces. Et, sans doute, nous affirmons tout le hasard en une fois dans la pensée de l'éternel retour. Mais toutes les forces n'entrent pas pour leur compte en rapport à la fois. Leur puissance respective, en effet, est remplie dans le rapport avec un petit nombre de forces. Le hasard est le contraire d'un *continuum*[3]. Les rencontres de forces de telle et telle quantités sont donc les parties concrètes du hasard, les parties affirmatives du hasard, comme telles étrangères à toute loi : les membres de Dionysos. Or, c'est dans cette rencontre que chaque force reçoit la qualité qui correspond à sa quantité, c'est-à-dire l'affection qui remplit effectivement sa puissance. Nietzsche peut donc dire, dans un texte obscur, que l'univers suppose « une genèse absolue de qualités arbitraires », mais que la genèse des qualités suppose elle-même une genèse (relative) des quantités[4]. Que les deux genèses soient inséparables

1. *VP*, II, 108.
2. *VP*, II, 15.
3. Sur le *continuum*, cf. *VP*, II, 356.
4. *VP*, II, 334.

signifie que nous ne pouvons pas calculer abstraitement les forces ; nous devons, dans chaque cas, évaluer concrètement leur qualité respective et la nuance de cette qualité.

4. NIETZSCHE ET LA SCIENCE

Le problème des rapports de Nietzsche avec la science a été mal posé. On fait comme si ces rapports dépendaient de la théorie de l'éternel retour, comme si Nietzsche s'intéressait à la science (et encore vaguement) pour autant qu'elle favorise le retour éternel, et s'en désintéressait pour autant qu'elle s'y oppose. Il n'en est pas ainsi ; l'origine de la position critique de Nietzsche par rapport à la science doit être cherchée dans une tout autre direction, bien que cette direction nous ouvre un point de vue sur l'éternel retour. Il est vrai que Nietzsche a peu de compétence et peu de goût pour la science. Mais ce qui le sépare de la science est une tendance, une manière de penser. À tort ou à raison, Nietzsche croit que la science, dans son maniement de la quantité, tend toujours à égaliser les quantités, à compenser les inégalités. Nietzsche, critique de la science, n'invoque jamais les droits de la qualité contre la quantité ; il invoque les droits de la différence de quantité contre l'égalité, les droits de l'inégalité contre l'égalisation des quantités. Nietzsche conçoit une « échelle numérale et quantitative », mais dont les divisions ne sont pas les multiples ou diviseurs les unes des autres. Voilà précisément ce qu'il dénonce dans la science : la manie scientifique de chercher des compensations, l'*utilitarisme* et l'*égalitarisme* proprement scientifiques[1]. C'est pourquoi toute sa critique se joue sur trois plans : contre l'identité logique, contre l'égalité mathématique, contre l'équilibre physique. *Contre les trois*

1. Cf. les jugements sur Mayer, dans les lettres à Gast.

formes de l'indifférencié[1]. Selon Nietzsche, il est inévitable que la science manque et compromette la vraie théorie de la force.

Que signifie cette tendance à réduire les différences de quantité ? Elle exprime, en premier lieu, la manière dont la science participe au *nihilisme* de la pensée moderne. L'effort pour nier les différences fait partie de cette entreprise plus générale, qui consiste à nier la vie, à déprécier l'existence, à lui promettre une mort (calorifique ou autre), où l'univers s'abîme dans l'indifférencié. Ce que Nietzsche reproche aux concepts physiques de matière, de pesanteur, de chaleur, c'est d'être aussi bien les facteurs d'une égalisation des quantités, les principes d'une « adiaphorie ». C'est en ce sens que Nietzsche montre que la science appartient à l'idéal ascétique et le sert à sa manière[2]. Mais nous devons aussi chercher dans la science quel est l'instrument de cette pensée nihiliste. La réponse est : la science, par vocation, comprend les phénomènes à partir des forces réactives et les interprète de ce point de vue. La physique est réactive, au même titre que la biologie ; toujours les choses vues du petit côté, du côté des réactions. Le triomphe des forces réactives, tel est l'instrument de la pensée nihiliste. Et c'est aussi le principe des manifestations du nihilisme : la physique réactive est une physique du ressentiment, comme la biologie réactive, une biologie du ressentiment. Mais pourquoi est-ce précisément l'unique considération des forces réactives qui aboutit à nier la différence dans la force, comment sert-elle de principe au ressentiment, nous ne le savons pas encore.

Il arrive à la science, selon le point de vue d'où elle se place, d'affirmer ou de nier l'éternel retour. Mais l'affirmation *mécaniste* de l'éternel retour et sa négation

1. Ces trois thèmes ont une place essentielle dans *VP*, I et II.
2. *GM*, III, 25.

thermodynamique ont quelque chose de commun : il s'agit de la conservation de l'énergie, toujours interprétée de telle manière que les quantités d'énergie n'ont pas seulement une somme constante, mais annulent leurs différences. Dans les deux cas, on passe d'un principe de finitude (constance d'une somme) à un principe « nihiliste » (annulation des différences de quantités dont la somme est constante). L'idée mécaniste affirme l'éternel retour, mais en supposant que les différences de quantité se compensent ou s'annulent entre l'état initial et l'état final d'un système réversible. L'état final est identique à l'état initial qu'on suppose lui-même indifférencié par rapport aux intermédiaires. L'idée thermodynamique nie l'éternel retour, mais parce qu'elle découvre que les différences de quantité s'annulent seulement dans l'état final du système, en fonction des propriétés de la chaleur. Voilà qu'on pose l'identité dans l'état final indifférencié, on l'oppose à la différenciation de l'état initial. Les deux conceptions communient dans une même hypothèse, celle d'un état final ou terminal, état terminal du devenir. Être ou néant, être ou non-être également indifférenciés : les deux conceptions se rejoignent dans l'idée d'un devenir ayant un état final. « En termes métaphysiques, si le devenir pouvait aboutir à l'être ou au néant[1]... » C'est pourquoi le mécanisme n'arrive pas à poser l'existence de l'éternel retour, pas plus que la thermodynamique n'arrive à la nier. Tous deux passent à côté, tombent dans l'indifférencié, retombent dans l'identique.

L'éternel retour, selon Nietzsche, n'est pas du tout une pensée de l'identique, mais une pensée synthétique, pensée de l'absolument différent qui réclame hors de la science un principe nouveau. Ce principe est celui de la reproduction du divers en tant que tel, celui de la répéti-

1. *VP*, II, 329.

tion de la différence : le contraire de l'« adiaphorie[1] ». Et, en effet, nous ne comprenons pas l'éternel retour tant que nous en faisons une conséquence ou une application de l'identité. Nous ne comprenons pas l'éternel retour tant que nous ne l'opposons pas d'une certaine manière à l'identité. L'éternel retour n'est pas la permanence du même, l'état de l'équilibre ni la demeure de l'identique. Dans l'éternel retour, ce n'est pas le même ou l'un qui reviennent, mais le retour est lui-même l'un qui se dit seulement du divers et de ce qui diffère.

5. PREMIER ASPECT DE L'ÉTERNEL RETOUR : COMME DOCTRINE COSMOLOGIQUE ET PHYSIQUE

L'exposé de l'éternel retour tel que le conçoit Nietzsche suppose la critique de l'état terminal ou état d'équilibre. Si l'univers avait une position d'équilibre, dit Nietzsche, si le devenir avait un but ou un état final, il l'aurait déjà atteint. Or, l'instant actuel, comme instant qui passe, prouve qu'il n'est pas atteint : donc l'équilibre des forces n'est pas possible[2]. Mais pourquoi l'équilibre, l'état terminal devrait-il être atteint s'il était possible ? En vertu de ce que Nietzsche appelle l'infinité du temps passé. L'infinité du temps passé signifie seulement ceci : que le devenir n'a pas pu commencer de devenir, qu'il n'est pas quelque chose de devenu. Or, n'étant pas quelque chose de devenu, il n'est pas davantage un devenir quelque chose. N'étant pas devenu, il serait déjà ce qu'il devient, s'il devenait quelque chose. C'est-à-dire : le temps passé étant infini, le devenir aurait atteint son état final, s'il en avait un. Et en effet, il revient au même de

1. *VP*, II, 374 : « Il n'y a pas d'adiaphorie, bien qu'on puisse l'imaginer. »
2. *VP*, II, 312, 322-324, 329-330.

dire que le devenir aurait atteint l'état final s'il en avait un, et qu'il ne serait pas sorti de l'état initial s'il en avait un. Si le devenir devient quelque chose, pourquoi n'a-t-il pas depuis longtemps fini de devenir ? S'il est quelque chose de devenu, comment a-t-il pu commencer de devenir ? « Si l'univers était capable de permanence et de fixité, et s'il y avait dans tout son cours un seul instant d'être au sens strict, il ne pourrait plus y avoir de devenir, donc on ne pourrait plus penser ni observer un devenir quelconque[1]. » Voilà la pensée que Nietzsche déclare avoir trouvée « chez des auteurs anciens[2] ». Si tout ce qui devient, disait Platon, ne peut jamais esquiver le présent, dès qu'il y est, il cesse de devenir, et il est alors ce qu'il était en train de devenir[3]. Mais cette pensée antique, Nietzsche la commente : chaque fois que je l'ai rencontrée, « elle était déterminée par d'autres arrière-pensées généralement théologiques ». Car, s'obstinant à demander comment le devenir a pu commencer et pourquoi il n'a pas encore fini, les philosophes antiques sont de faux tragiques, invoquant l'hybris, le crime, le châtiment[4]. Sauf Héraclite, ils ne se mettent pas en présence de la pensée du pur devenir, ni de l'occasion de cette pensée. Que l'instant actuel ne soit pas un instant d'être ou de présent « au sens strict », qu'il soit l'instant qui passe, nous *force* à penser le devenir, mais à le penser précisément comme ce qui n'a pas pu commencer et ce qui ne peut pas finir de devenir.

Comment la pensée du pur devenir fonde-t-elle l'éter-

1. *VP*, II, 322. – Texte analogue, II, 330.
2. *VP*, II, 329.
3. Platon, Parménide, cf. seconde hypothèse. – Toutefois Nietzsche pense plutôt à Anaximandre.
4. *NP* : « Alors se pose à Anaximandre ce problème : Pourquoi tout ce qui est devenu n'a-t-il pas péri depuis longtemps, puisqu'il s'est déjà passé une éternité de temps ? D'où vient le torrent toujours renouvelé du devenir ? Il ne parvient à échapper à ce problème que par de nouvelles hypothèses mystiques. »

nel retour ? Il suffit de cette pensée pour cesser de croire à l'être distinct du devenir, opposé au devenir ; mais il suffit aussi de cette pensée pour croire à l'être du devenir lui-même. Quel est l'être de ce qui devient, de ce qui ne commence ni ne finit de devenir ? *Revenir, l'être de ce qui devient.* « Dire que tout revient, c'est rapprocher au maximum le monde du devenir et celui de l'être : cime de la contemplation[1]. » Ce problème de la contemplation doit encore se formuler d'une autre façon : comment le passé peut-il se constituer dans le temps ? Comment le présent peut-il passer ? Jamais l'instant qui passe ne pourrait passer, s'il n'était déjà passé en même temps que présent, encore à venir en même temps que présent. Si le présent ne passait pas par lui-même, s'il fallait attendre un nouveau présent pour que celui-ci devînt passé, jamais le passé en général ne se constituerait dans le temps, ni ce présent ne passerait : nous ne pouvons pas attendre, il faut que l'instant soit à la fois présent et passé, présent et à venir, pour qu'il passe (et passe au profit d'autres instants). Il faut que le présent coexiste avec soi comme passé et comme à venir. C'est le rapport synthétique de l'instant avec soi comme présent, passé et à venir, qui fonde son rapport avec les autres instants. L'éternel retour est donc réponse au problème du *passage*[2]. Et en ce sens, il ne doit pas être interprété comme le retour de quelque chose qui est, qui est un ou qui est le même. Dans l'expression « éternel retour », nous faisons un contresens quand nous comprenons : retour du même. Ce n'est pas l'être qui revient, mais le revenir lui-même constitue l'être en tant qu'il s'affirme du devenir et de ce qui passe. Ce n'est pas l'un qui revient, mais le revenir lui-même est l'un qui s'affirme du divers ou du multiple. En d'autres

1. *VP*, II, 170.
2. L'exposé de l'éternel retour en fonction de l'instant qui passe se trouve dans *Z*, III, « De la vision et de l'énigme ».

termes, l'identité dans l'éternel retour ne désigne pas la nature de ce qui revient, mais au contraire le fait de revenir pour ce qui diffère. C'est pourquoi l'éternel retour doit être pensé comme une synthèse : synthèse du temps et de ses dimensions, synthèse du divers et de sa reproduction, synthèse du devenir et de l'être qui s'affirme du devenir, synthèse de la double affirmation. L'éternel retour, alors, dépend lui-même d'un principe qui n'est pas l'identité, mais qui doit, à tous ces égards, remplir les exigences d'une véritable raison suffisante.

Pourquoi le mécanisme est-il une si mauvaise interprétation de l'éternel retour ? Parce qu'il n'implique pas nécessairement ni directement l'éternel retour. Parce qu'il entraîne seulement la fausse conséquence d'un état final. Cet état final, on le pose comme identique à l'état initial ; et, dans cette mesure, on conclut que le processus mécanique repasse par les mêmes différences. Ainsi se forme l'hypothèse cyclique, tant critiquée par Nietzsche[1]. Car nous ne comprenons pas comment ce processus a la possibilité de sortir de l'état initial, ni de ressortir de l'état final, ni de repasser par les mêmes différences, n'ayant même pas le pouvoir de passer une fois par des différences quelconques. Il y a deux choses dont l'hypothèse cyclique est incapable de rendre compte : la diversité des cycles coexistants, et surtout l'existence du divers dans le cycle[2]. C'est pourquoi nous ne pouvons comprendre l'éternel retour lui-même que comme l'expression d'un principe qui est la raison du divers et de sa reproduction, de la différence et de sa répétition. Un tel principe, Nietzsche le présente comme une des découvertes les plus importantes de sa philosophie. Il lui donne un

1. *VP*, II, 325 et 334.

2. *VP*, II, 334 : « D'où viendrait la diversité à l'intérieur d'un cycle ?... En admettant qu'il existât une énergie de concentration égale dans tous les centres de forces de l'univers, on se demande d'où aurait pu naître le moindre soupçon de diversité... »

nom : *volonté de puissance*. Par volonté de puissance, « j'exprime le caractère que l'on ne peut éliminer de l'ordre mécanique sans éliminer cet ordre lui-même [1] ».

6. QU'EST-CE QUE LA VOLONTÉ DE PUISSANCE ?

Un des textes les plus importants que Nietzsche écrivit pour expliquer ce qu'il entendait par volonté de puissance est le suivant : « Ce concept *victorieux* de la force, grâce auquel nos physiciens ont créé Dieu et l'univers, a besoin d'un *complément* ; il faut lui *attribuer* un vouloir *interne* que j'appellerai la volonté de puissance [2]. » La volonté de puissance est donc attribuée à la force, mais d'une manière très particulière : elle est à la fois un complément de la force *et* quelque chose d'interne. Elle ne lui est pas attribuée à la manière d'un prédicat. En effet, si nous posons la question : « Qui ? », nous ne pouvons pas dire que la force soit *ce qui* veut. Seule la volonté de puissance est ce qui veut, elle ne se laisse pas déléguer ni aliéner dans un autre sujet, fût-ce la force [3]. Mais alors comment peut-elle être « attribuée » ? Rappelons-nous que la force est en rapport essentiel avec la force. Rappelons-nous que l'essence de la force est sa différence de quantité avec d'autres forces, et que cette différence s'exprime comme qualité de la force. Or la différence de quantité, ainsi comprise, renvoie nécessairement à un élément différentiel des forces en rapport, lequel est aussi l'élément génétique des qualités de ces forces. Voilà ce qu'est la volonté de puissance : l'élément généalogique de la force, à la fois différentiel et génétique. *La volonté de puissance est*

1. *VP*, II, 374.
2. *VP*, II, 309.
3. *VP*, I, 204. – II, 54 : « Qui donc veut la puissance ? Question absurde, si l'être est par lui-même volonté de puissance… »

l'élément dont découlent à la fois la différence de quantité des forces mises en rapport et la qualité qui, dans ce rapport, revient à chaque force. La volonté de puissance révèle ici sa nature : elle est principe pour la synthèse des forces. C'est dans cette synthèse, qui se rapporte au temps, que les forces repassent par les mêmes différences ou que le divers se reproduit. La synthèse est celle des forces, de leur différence et de leur reproduction ; l'éternel retour est la synthèse dont la volonté de puissance est le principe. On ne s'étonnera pas du mot « volonté » : *qui*, sinon la volonté, est capable de servir de principe à une synthèse de forces en déterminant le rapport de la force avec la force ? Mais en quel sens faut-il prendre « principe » ? Nietzsche reproche aux principes d'être toujours trop généraux par rapport à ce qu'ils conditionnent, d'avoir toujours les mailles trop lâches par rapport à ce qu'ils prétendent capturer ou régler. Il aime à opposer la volonté de puissance au vouloir-vivre schopenhauerien, ne serait-ce qu'en fonction de l'extrême généralité de celui-ci. Si la volonté de puissance au contraire est un bon principe, si elle réconcilie l'empirisme avec les principes, si elle constitue un empirisme supérieur, c'est parce qu'elle est un principe essentiellement *plastique*, qui n'est pas plus large que ce qu'il conditionne, qui se métamorphose avec le conditionné, qui se détermine dans chaque cas avec ce qu'il détermine. La volonté de puissance, en effet, n'est jamais séparable de telle et telle forces déterminées, de leurs quantités, de leurs qualités, de leurs directions ; jamais supérieure aux déterminations qu'elle opère dans un rapport de forces, toujours plastique et en métamorphose[1].

1. *VP*, II, 23 : « Mon principe, c'est que la volonté des psychologues antérieurs est une généralisation injustifiée, que cette volonté *n'existe pas*, qu'au lieu de concevoir les expressions diverses d'une volonté *déterminée* sous diverses formes, on a effacé le caractère de la volonté en l'amputant

Inséparable ne signifie pas identique. La volonté de puissance ne peut pas être séparée de la force sans tomber dans l'abstraction métaphysique. Mais à confondre la force et la volonté, on risque encore davantage : on ne comprend plus la force en tant que force, on retombe dans le mécanisme, on oublie la différence des forces qui constitue leur être, on ignore l'élément dont dérive leur genèse réciproque. La force est ce qui peut, la volonté de puissance est ce qui veut. Que signifie une telle distinction ? Le texte précédemment cité nous invite à commenter chaque mot. – Le concept de force est par nature *victorieux*, parce que le rapport de la force avec la force, tel qu'il est compris dans le concept, est celui de la domination : de deux forces en rapport, l'une est dominante ; l'autre, dominée. (Même Dieu et l'univers sont pris dans un rapport de domination, si discutable que soit dans ce cas l'interprétation d'un tel rapport.) Pourtant ce concept victorieux de la force a besoin d'un *complément*, et ce complément est quelque chose d'*interne*, un vouloir interne. Il ne serait pas victorieux sans une telle addition. C'est que les rapports de forces restent indéterminés, tant qu'on n'ajoute pas à la force elle-même un élément capable de les déterminer d'un double point de vue. Les forces en rapport renvoient à une double genèse simultanée : genèse réciproque de leur différence de quantité, genèse absolue de leur qualité respective. La volonté de puissance s'ajoute donc à la force, mais comme l'élément différentiel et génétique, comme l'élément interne de sa production. Elle n'a rien d'anthropomorphique dans sa nature. Plus précisément : elle s'ajoute à la force comme le principe interne de la détermination de sa qualité dans un rapport ($x + dx$), et comme le principe interne de la

de son contenu, de sa direction ; c'est éminemment le cas chez Schopenhauer ; ce qu'il appelle la volonté n'est qu'une formule creuse. »

détermination quantitative de ce rapport lui-même $\left(\frac{dy}{dx}\right)$. La volonté de puissance doit être dite à la fois élément généalogique de la force *et* des forces. C'est donc toujours par la volonté de puissance qu'une force l'emporte sur d'autres, les domine ou les commande. Bien plus : c'est encore la volonté de puissance (*dy*) qui fait qu'une force obéit dans un rapport ; c'est par volonté de puissance qu'elle obéit[1].

Nous avons, d'une certaine façon, rencontré le rapport de l'éternel retour et de la volonté de puissance, mais nous ne l'avons pas élucidé ni analysé. La volonté de puissance est à la fois l'élément génétique de la force et le principe de la synthèse des forces. Mais, que cette synthèse forme l'éternel retour ; que les forces dans cette synthèse et conformément à son principe se reproduisent nécessairement, nous n'avons pas encore le moyen de le comprendre. En revanche, l'existence de ce problème révèle un aspect historiquement important de la philosophie de Nietzsche : sa situation complexe à l'égard du kantisme. Le concept de synthèse est au centre du kantisme, il est sa découverte propre. Or on sait que les postkantiens reprochèrent à Kant, de deux points de vue, d'avoir compromis cette découverte : du point de vue du principe qui régissait la synthèse, du point de vue de la reproduction des objets dans la synthèse elle-même. On réclamait un principe qui ne fût pas seulement conditionnant par rapport aux objets, mais vraiment génétique et producteur (principe de différence ou de détermination

1. *Z*, II, « De la victoire sur soi-même » : « D'où cela vient-il donc ? me suis-je demandé. Qu'est-ce qui décide l'être vivant à obéir, à commander et à être obéissant même en commandant ? Écoutez donc mes paroles, ô sages parmi les sages ! Examinez sérieusement si je suis entré au cœur de la vie, jusqu'aux racines de son cœur ! – Partout où j'ai rencontré la vie, j'ai trouvé la volonté de puissance ; et même dans la volonté de celui qui obéit, j'ai trouvé la volonté d'être maître » (cf. *VP*, II, 91).

interne) ; on dénonçait, chez Kant, la survivance d'harmonies miraculeuses entre termes qui restaient extérieurs. À un principe de différence ou de détermination interne, on demandait une raison non seulement pour la synthèse, mais pour la reproduction du divers dans la synthèse en tant que telle[1]. Or si Nietzsche s'insère dans l'histoire du kantisme, c'est par la manière originale dont il participe à ces exigences postkantiennes. Il fit de la synthèse une synthèse des forces ; car, faute de voir que la synthèse était une synthèse de forces, on en méconnaissait le sens, la nature et le contenu. Il comprit la synthèse des forces comme l'éternel retour, il trouva donc au cœur de la synthèse la reproduction du divers. Il assigna le principe de la synthèse, la volonté de puissance, et détermina celle-ci comme l'élément différentiel et génétique des forces en présence. Quitte à mieux vérifier plus tard cette supposition, nous croyons qu'il n'y a pas seulement chez Nietzsche une descendance kantienne, mais une rivalité mi-avouée mi-cachée. Nietzsche n'a pas, par rapport à Kant, la même position que Schopenhauer : il ne tente pas comme Schopenhauer une interprétation qui se proposerait d'arracher le kantisme à ses avatars dialectiques et de lui ouvrir de nouveaux débouchés. Car, pour Nietzsche, les avatars dialectiques ne viennent pas du dehors et ont, pour cause première, les insuffisances de la critique. Une transformation radicale du kantisme, une réinvention de la critique que Kant trahissait en même temps qu'il la concevait, une reprise du projet critique sur de nouvelles bases et avec de nouveaux concepts, voilà ce que Nietzsche semble avoir cherché (et avoir trouvé dans « l'éternel retour » et « la volonté de puissance »).

1. Sur ces problèmes qui se posent après Kant, cf. M. GUÉROULT, *La philosophie transcendantale de Salomon Maïmon*, *La doctrine de la science chez Fichte* ; et M. VUILLEMIN, *L'héritage Kantien et la révolution copernicienne*.

7. LA TERMINOLOGIE DE NIETZSCHE

Même en anticipant sur les analyses qui restent à faire, il est temps de fixer certains points de la terminologie de Nietzsche. En dépend toute la rigueur de cette philosophie, dont on suspecte à tort la précision systématique. À tort, de toute façon, soit pour s'en réjouir, soit pour regretter. En vérité, Nietzsche emploie de nouveaux termes très précis pour de nouveaux concepts très précis : 1° Nietzsche appelle volonté de puissance l'élément généalogique de la force. Généalogique veut dire différentiel et génétique. La volonté de puissance est l'élément différentiel des forces, c'est-à-dire l'élément de production de la différence de quantité entre deux ou plusieurs forces supposées en rapport. La volonté de puissance est l'élément génétique de la force, c'est-à-dire l'élément de production de la qualité qui revient à chaque force dans ce rapport. La volonté de puissance comme principe ne supprime pas le hasard, mais l'implique au contraire, parce qu'elle n'aurait sans lui ni plasticité, ni métamorphose. Le hasard est la mise en rapport des forces ; la volonté de puissance, le principe déterminant de ce rapport. La volonté de puissance s'ajoute nécessairement aux forces, mais ne peut s'ajouter qu'à des forces mises en rapport par le hasard. La volonté de puissance comprend le hasard dans son cœur, elle seule est capable d'affirmer tout le hasard ;

2° De la volonté de puissance comme élément généalogique découlent à la fois la différence de quantité des forces en rapport et la qualité respective de ces forces. D'après leur différence de quantité, les forces sont dites dominantes ou dominées. D'après leur qualité, les forces sont dites actives ou réactives. Il y a de la volonté de puissance dans la force réactive ou dominée, comme dans la force active ou dominante. Or la différence de quantité étant irréductible dans chaque cas, il est vain de vouloir la mesurer si l'on n'interprète pas les qualités des forces en présence. Les forces sont essentiellement différenciées et qualifiées. Leur différence de quantité, elles l'expriment par la qualité qui revient à chacune. Tel est le problème de l'interprétation : un phénomène, un événement étant donnés, estimer la qualité de la force qui lui donne un sens et, de là, mesurer le rapport des forces en présence. N'oublions pas que, dans chaque cas, l'interprétation se heurte à toutes sortes de difficultés et de problèmes délicats : il y faut une perception « extrêmement fine », du genre de celle qu'on trouve dans les corps chimiques ;

3° Les qualités des forces ont leur principe dans la volonté de puissance. Et si nous demandons : « Qui interprète ? », nous répondons *la volonté de puissance* ; c'est la volonté de puissance qui interprète[1]. Mais pour être ainsi à la source des qualités de la force, il faut que la volonté de puissance ait elle-même des qualités, particulièrement fluentes, plus subtiles encore que celles de la force. « Ce qui règne, c'est la qualité toute momentanée de la volonté de puissance[2]. » Ces qualités de la volonté de puissance qui se rapportent donc immédiatement à l'élément génétique ou généalogique, ces éléments qualitatifs fluents, primordiaux, séminaux, ne doivent pas être confondus avec les qualités de la force. Aussi est-il essentiel d'insister sur les termes employés par Nietzsche : *actif* et *réactif* désignent les qualités originelles de la force, mais *affirmatif* et *négatif* désignent les qualités primordiales de la volonté de puissance. Affirmer et nier, apprécier et déprécier expriment la volonté de puissance, comme agir et réagir expriment la force. (Et de même que les forces réactives n'en sont pas moins des forces, la

1. *VP*, I, 204 et II, 130.
2. *VP*, II, 39.

volonté de nier, le nihilisme sont de la volonté de puissance : « … une volonté d'anéantissement, une hostilité à la vie, un refus d'admettre les conditions fondamentales de la vie, mais c'est du moins et cela demeure toujours une volonté[1] ».) Or, si nous devons attacher la plus grande importance à cette distinction des deux sortes de qualités, c'est parce qu'elle se retrouve toujours au centre de la philosophie de Nietzsche ; entre l'action et l'affirmation, entre la réaction et la négation, il y a une affinité profonde, une complicité, mais nulle confusion. Bien plus, la détermination de ces affinités met en jeu tout l'art de la philosophie. D'une part, il est évident qu'il y a de l'affirmation dans toute action, de la négation dans toute réaction. Mais d'autre part, l'action et la réaction sont plutôt comme des moyens, moyens ou instruments de la volonté de puissance qui affirme et qui nie ; les forces réactives, instruments du nihilisme. D'autre part encore, l'action et la réaction ont besoin de l'affirmation et de la négation, comme de quelque chose qui les dépasse, mais qui est nécessaire pour qu'elles réalisent leurs propres buts. Enfin, plus profondément, l'affirmation et la négation débordent l'action et la réaction, parce qu'elles sont les qualités immédiates du devenir lui-même : l'affirmation n'est pas l'action, mais la puissance de devenir actif, le *devenir actif* en personne ; la négation n'est pas la simple réaction, mais un *devenir réactif*. Tout se passe comme si l'affirmation et la négation étaient à la fois immanentes et transcendantes par rapport à l'action et à la réaction ; elles constituent la chaîne du devenir avec la trame des forces. C'est l'affirmation qui nous fait entrer dans le monde glorieux de Dionysos, l'être du devenir ; c'est la négation qui nous précipite dans le fond inquiétant d'où sortent les forces réactives ;

4° Pour toutes ces raisons, Nietzsche peut dire : la

1. *GM*, III, 28.

volonté de puissance n'est pas seulement ce qui interprète, mais ce qui évalue[1]. Interpréter, c'est déterminer la force qui donne un sens à la chose. Évaluer, c'est déterminer la volonté de puissance qui donne à la chose une valeur. Les valeurs ne se laissent donc pas plus abstraire du point de vue d'où elles tirent leur valeur que le sens, du point de vue d'où il tire sa signification. La volonté de puissance comme élément généalogique est ce dont dérivent la signification du sens et la valeur des valeurs. C'est elle dont nous parlions sans l'avoir nommée, au début du chapitre précédent. La signification d'un sens consiste dans la qualité de la force qui s'exprime dans la chose : cette force est-elle active ou réactive, et de quelle nuance ? La valeur d'une valeur consiste dans la qualité de la volonté de puissance qui s'exprime dans la chose correspondante : la volonté de puissance est-elle ici affirmative ou négative, et de quelle nuance ? L'art de la philosophie se trouve d'autant plus compliqué que ces problèmes d'interprétation et d'évaluation se renvoient l'un à l'autre, se prolongent l'un l'autre. – Ce que Nietzsche appelle *noble*, *haut*, *maître*, c'est tantôt la force active, tantôt la volonté affirmative. Ce qu'il appelle *bas*, *vil*, *esclave*, c'est tantôt la force réactive, tantôt la volonté négative. Pourquoi ces termes, là encore nous le comprendrons plus tard. Mais une valeur a toujours une généalogie, dont dépendent la noblesse ou la bassesse de ce qu'elle nous invite à croire, à sentir et à penser. Quelle bassesse peut trouver son expression dans une valeur, quelle noblesse dans une autre, seul le généalogiste est apte à le découvrir, parce qu'il sait manier l'élément différentiel : il est le maître de la critique des valeurs[2]. Nous ôtons tout sens à la notion

1. *VP*, II, 29 : « Toute volonté implique une évaluation. »
2. *GM*, Introduction, 6 : « Nous avons besoin d'une critique des valeurs morales, et la valeur de ces valeurs doit tout d'abord être mise en question. »

de valeur tant que nous ne voyons pas dans les valeurs autant de réceptacles qu'il faut percer, de statues qu'il faut briser pour trouver ce qu'elles contiennent, le plus noble ou le plus bas. Comme les membres épars de Dionysos, seules se reforment les statues de noblesse. Parler de la noblesse des valeurs en général témoigne d'une pensée qui a trop d'intérêt à cacher sa propre bassesse : comme si des valeurs entières n'avaient pas pour sens, et précisément pour valeur, de servir de refuge et de manifestation à tout ce qui est bas, vil, esclave. Nietzsche créateur de la philosophie des valeurs aurait vu, s'il avait vécu plus longtemps, la notion la plus critique servir et tourner au conformisme idéologique le plus plat, le plus bas ; les coups de marteau de la philosophie des valeurs devenir des coups d'encensoir ; la polémique et l'agressivité, remplacées par le ressentiment, gardien pointilleux de l'ordre établi, chien des valeurs en cours ; la généalogie, prise en main par les esclaves : l'oubli des qualités, l'oubli des origines[1].

8. ORIGINE ET IMAGE RENVERSÉE

À l'origine, il y a la différence des forces actives et réactives. L'action et la réaction ne sont pas dans un rapport de succession, mais de coexistence dans l'origine elle-même. Aussi bien la complicité des forces actives et de l'affirmation, des forces réactives et de la négation se révèle dans le principe : le négatif est déjà

1. La théorie des valeurs s'éloigne d'autant plus de ses origines qu'elle perd de vue le principe évaluer = créer. L'inspiration nietzschéenne revit particulièrement dans des recherches comme celles de M. Polin, concernant la création des valeurs. Toutefois, du point de vue de Nietzsche, le corrélatif de la création des valeurs ne peut être, en aucun cas, leur contemplation, mais doit être la critique radicale de toutes les valeurs « en cours ».

tout entier du côté de la réaction. Inversement, seule la force active s'affirme, elle affirme sa différence, elle fait de sa différence un objet de jouissance et d'affirmation. La force réactive, même quand elle obéit, limite la force active, lui impose des limitations et des restrictions partielles, est déjà possédée par l'esprit du négatif[1]. C'est pourquoi l'origine elle-même comporte, en quelque manière, une image inversée de soi : vu du côté des forces réactives, l'élément différentiel généalogique apparaît à l'envers, la différence est devenue négation, l'affirmation est devenue contradiction. Une image renversée de l'origine accompagne l'origine : ce qui est « oui » du point de vue des forces actives devient « non » du point de vue des forces réactives, ce qui est affirmation de soi devient négation de l'autre. C'est ce que Nietzsche appelle « le renversement du coup d'œil appréciateur[2] ». Les forces actives sont nobles ; mais elles se trouvent elles-mêmes devant une image plébéienne, réfléchie par les forces réactives. La généalogie est l'art de la différence ou de la distinction, l'art de la noblesse ; mais elle se voit à l'envers dans le miroir des forces réactives. Son image apparaît alors comme celle d'une « évolution ». – Et cette évolution, on la comprend, tantôt à l'allemande, comme une évolution dialectique et hégélienne, comme le développement de la contradiction ; tantôt à l'anglaise, comme une dérivation utilitaire, comme le développement du bénéfice et de l'intérêt. Mais toujours la vraie généalogie trouve sa caricature dans l'image qu'en donne l'évolutionnisme, essentiellement réactif : anglais ou allemand, l'évolutionnisme est l'image réactive de la généalogie[3]. Ainsi, c'est

1. *GM*, II, 11.
2. *GM*, I, 10. (Au lieu de s'affirmer soi-même, et de nier par simple conséquence, les forces réactives commencent par nier ce qui est différent d'elles, elles s'opposent d'abord à ce qui ne fait pas partie d'elles-mêmes.)
3. Sur la conception anglaise de la généalogie comme évolution :

le propre des forces réactives de nier dès l'origine la différence qui les constitue dans l'origine, de renverser l'élément différentiel dont elles dérivent, d'en donner une image déformée. « Différence engendre haine[1]. » C'est pour cette raison qu'elles ne se comprennent pas elles-mêmes comme des forces, et préfèrent se retourner contre soi plutôt que de se comprendre comme telles et d'accepter la différence. La « médiocrité » de pensée que Nietzsche dénonce renvoie toujours à la manie d'interpréter ou d'évaluer les phénomènes à partir de forces réactives, chaque espèce de pensée nationale choisissant les siennes. Mais cette manie elle-même a son origine dans l'origine, dans l'image renversée. La conscience et les consciences, simple grossissement de cette image réactive…

Un pas de plus : supposons que, à l'aide de circonstances favorables externes ou internes, les forces réactives l'emportent et neutralisent la force active. Nous sommes sortis de l'origine : il ne s'agit plus d'une image renversée, mais d'un développement de cette image, d'un renversement des valeurs elles-mêmes[2] ; le bas s'est mis en haut, les forces réactives ont triomphé. Si elles triomphent, c'est par la volonté négative, par la volonté de néant qui développe l'image ; mais leur triomphe, lui, n'est pas imaginaire. La question est : comment les forces réactives triomphent-elles ? C'est-à-dire : quand elles l'emportent sur les forces actives, les forces réactives deviennent-elles dominantes à leur tour, agressives et subjugantes ? Forment-elles toutes ensemble une force plus grande qui serait active à son tour ? Nietzsche répond : les forces réactives, même en s'unissant, ne com-

GM, Introduction, 7, et I, 1-4. Sur la médiocrité de cette pensée anglaise : *BM*, 253. Sur la conception allemande de la généalogie comme évolution, et sur sa médiocrité : *GS*, 357 et *BM*, 244.

1. *BM*, 263.
2. Cf. *GM*, I, 7.

posent pas une force plus grande qui serait active. Elles procèdent tout autrement : elles décomposent ; *elles séparent la force active de ce qu'elle peut* ; elles soustraient de la force active une partie ou presque tout de son pouvoir ; et par là elles ne deviennent pas actives, mais au contraire font que la force active les rejoint, devient elle-même réactive en un nouveau sens. Nous pressentons que, à partir de son origine et en se développant, le concept de réaction change de signification : une force active *devient réactive* (en un nouveau sens), quand des forces réactives (au premier sens) la séparent de ce qu'elle peut. Comment une telle séparation est possible en détail, Nietzsche en fera l'analyse. Mais déjà il faut constater que Nietzsche, avec soin, ne présente jamais le triomphe des forces réactives comme la composition d'une force supérieure à la force active, mais comme une soustraction ou une division. Nietzsche consacrera tout un livre à l'analyse des figures du triomphe réactif dans le monde humain : le ressentiment, la mauvaise conscience, l'idéal ascétique ; dans chaque cas, il montrera que les forces réactives ne triomphent pas en composant une force supérieure, mais en « séparant » la force active[1]. Et, dans chaque cas, cette séparation repose sur une fiction, sur une mystification ou falsification. C'est la volonté de néant qui développe l'image négative et renversée, c'est elle qui fait la soustraction. Or dans l'opération de la soustraction, il y a toujours quelque chose d'imaginaire dont témoigne l'utilisation négative du nombre. Si donc nous voulons donner une transcription numérique de la victoire des forces réactives, nous ne devons pas faire appel à une addition par laquelle les forces réactives, toutes ensemble, deviendraient plus fortes que la force active, mais à une soustraction qui sépare la force active de ce qu'elle peut, qui en nie la différence pour en faire

1. Cf. les trois dissertations de la *GM*.

elle-même une force réactive. Il ne suffit pas, dès lors, que la réaction l'emporte pour qu'elle cesse d'être une réaction ; au contraire. La force active est séparée de ce qu'elle peut par une fiction, elle n'en devient pas moins réellement réactive, c'est même par ce moyen qu'elle devient réellement réactive. D'où chez Nietzsche l'emploi des mots « vil », « ignoble », « esclave » : ces mots désignent l'état des forces réactives qui se mettent en haut, qui attirent la force active dans un piège, remplaçant les maîtres par des esclaves qui ne cessent pas d'être esclaves.

9. PROBLÈME DE LA MESURE DES FORCES

C'est pourquoi nous ne pouvons pas mesurer les forces avec une unité abstraite, ni déterminer leur quantité et leur qualité respectives en prenant pour critère l'état réel des forces dans un système. Nous disions : les forces actives sont les forces supérieures, les forces dominantes, les forces les plus fortes. Mais les forces inférieures peuvent l'emporter sans cesser d'être inférieures en quantité, sans cesser d'être réactives en qualité, sans cesser d'être esclaves à leur manière. Un des plus grands mots de *La volonté de puissance* est : « On a toujours à défendre les forts contre les faibles[1]. » On ne peut pas s'appuyer sur l'état de fait d'un système de forces, ni sur l'issue de la lutte entre elles, pour conclure : celles-ci sont actives, celles-là sont réactives. Contre Darwin et l'évolutionnisme, Nietzsche remarque : « En admettant que cette lutte existe (et elle se présente en effet), elle se termine malheureusement d'une façon contraire à celle que désirerait l'école de Darwin ; à celle qu'on oserait peut-être désirer avec elle : elle se termine malheureusement au détriment

1. *VP*, I, 395.

des forts, des privilégiés, des exceptions heureuses[1]. » C'est en ce sens d'abord que l'interprétation est un art si difficile : nous devons juger si les forces qui l'emportent sont inférieures ou supérieures, réactives ou actives ; si elles l'emportent en tant que *dominées* ou dominantes. Dans ce domaine il n'y a pas de fait, il n'y a que des interprétations. On ne doit pas concevoir la mesure des forces comme un procédé de physique abstraite, mais comme l'acte fondamental d'une physique concrète, non pas comme une technique indifférente, mais comme l'art d'interpréter la différence et la qualité indépendamment de l'état de fait. (Nietzsche dit parfois : « En dehors de l'ordre social existant[2]. »)

Ce problème réveille une ancienne polémique, une discussion célèbre entre Calliclès et Socrate. À quel point Nietzsche nous paraît proche de Calliclès, et Calliclès immédiatement complété par Nietzsche. Calliclès s'efforce de distinguer la nature et la loi. Il appelle loi tout ce qui sépare une force de ce qu'elle peut ; la loi, en ce sens, exprime le triomphe des faibles sur les forts. Nietzsche ajoute : triomphe de la réaction sur l'action. Est réactif, en effet, tout ce qui sépare une force ; est réactif encore l'état d'une force séparée de ce qu'elle peut. Est active, au contraire, toute force qui va jusqu'au bout de son pouvoir. Qu'une force aille jusqu'au bout, cela n'est pas une loi, c'est même le contraire de la loi[3]. – Socrate répond à Calliclès : il n'y a pas lieu de distinguer la nature et la loi ; car si les faibles l'emportent,

1. *Cr. Id.*, « Flâneries inactuelles », 14.
2. *VP*, III, 8.
3. *VP*, II, 85 : « On constate qu'en chimie, tout corps étend sa puissance aussi loin qu'il le peut » ; II, 374 : « Il n'y a pas de loi ; toute puissance entraîne à tout instant ses conséquences dernières » ; II, 369 : « Je me garde de parler de lois chimiques, le mot a un arrière-goût moral. Il s'agit bien plutôt de constater de façon absolue des relations de puissance. »

c'est en tant que, tous réunis, ils forment une force plus forte que celle du fort ; la loi triomphe du point de vue de la nature elle-même. Calliclès ne se plaint pas de ne pas avoir été compris, il recommence : l'esclave ne cesse pas d'être un esclave en triomphant ; quand les faibles triomphent, ce n'est pas en formant une force plus grande, mais en séparant la force de ce qu'elle peut. On ne doit pas comparer les forces abstraitement ; la force concrète, du point de vue de la nature, est celle qui va jusqu'aux conséquences dernières, jusqu'au bout de la puissance ou du désir. Socrate objecte une seconde fois : ce qui compte pour toi, Calliclès, c'est le plaisir… Tu définis tout bien par le plaisir…

On remarquera ce qui se passe entre le sophiste et le dialecticien : de quel côté est la bonne foi, et aussi la rigueur du raisonnement. Calliclès est agressif, mais n'a pas de ressentiment. Il préfère renoncer à parler ; il est clair que la première fois Socrate ne comprend pas, et la seconde fois parle d'autre chose. Comment expliquer à Socrate que le « désir » n'est pas l'association d'un plaisir et d'une douleur, douleur de l'éprouver, plaisir de le satisfaire ? Que le plaisir et la douleur sont seulement des réactions, des propriétés des forces réactives, des constats d'adaptation ou d'inadaptation ? Et comment lui faire entendre que les faibles ne composent pas une force plus forte ? Pour une part Socrate n'a pas compris, pour une part il n'a pas écouté : trop animé de ressentiment dialectique et d'esprit de vengeance. Lui, si exigeant pour autrui, si pointilleux quand on lui répond…

10. LA HIÉRARCHIE

Nietzsche aussi rencontre ses Socrate. Ce sont les libres penseurs. Ils disent : « De quoi vous plaignez-vous ? Comment les faibles auraient-ils triomphé s'ils ne formaient eux-mêmes une force supérieure ? » « Inclinons-nous devant le fait accompli[1]. » Tel est le positivisme moderne : on prétend mener la critique des valeurs, on prétend refuser tout appel aux valeurs transcendantes, on les déclare démodées, mais seulement pour les retrouver, comme des forces qui mènent le monde actuel. Église, morale, État, etc. : on n'en discute la valeur que pour en admirer la force humaine et le contenu humain. Le libre penseur a la manie singulière de vouloir récupérer tous les contenus, tout le positif, mais sans jamais s'interroger sur la nature de ces contenus soi-disant positifs, ni sur l'origine ou la qualité des forces humaines correspondantes. C'est ce que Nietzsche appelle le « faitalisme[2] ». Le libre penseur veut récupérer le contenu de la religion, mais ne se demande jamais si la religion ne contient pas précisément les forces les plus basses de l'homme, dont on devrait plutôt souhaiter qu'elles restent à l'extérieur. C'est pourquoi il n'est pas possible de faire confiance à l'athéisme d'un libre penseur, même démocrate et socialiste : « L'Église nous répugne, mais non pas son poison[3]... » Voilà ce qui caractérise essentiellement le positivisme et l'humanisme du libre penseur : le faitalisme, l'impuissance à interpréter, l'ignorance des qualités de la force. Dès que quelque chose apparaît comme une force humaine ou comme un fait humain, le libre penseur applaudit, sans se demander si cette force n'est pas de basse extraction, et ce fait, le contraire d'un haut fait : « Humain trop humain. » Parce qu'elle ne tient pas compte des qualités des forces, la libre pensée est par vocation au service des forces réactives et traduit leur triomphe. Car le fait est toujours celui des faibles contre les forts ; « le fait est toujours stupide,

1. *GM*, I, 9.
2. *GM*, III, 24.
3. *GM*, I, 9.

ayant de tous temps ressemblé à un veau plutôt qu'à un dieu[1] ». Au libre penseur, Nietzsche oppose *l'esprit libre*, l'esprit d'interprétation lui-même qui juge les forces du point de vue de leur origine et de leur qualité : « Il n'y a pas de faits, rien que des interprétations[2]. » La critique de la libre pensée est un thème fondamental dans l'œuvre de Nietzsche. Sans doute parce que cette critique découvre un point de vue selon lequel des idéologies différentes peuvent être attaquées à la fois : le positivisme, l'humanisme, la dialectique. Le goût du fait dans le positivisme, l'exaltation du fait humain dans l'humanisme, la manie de récupérer les contenus humains dans la dialectique.

Le mot *hiérarchie* chez Nietzsche a deux sens. Il signifie d'abord la différence des forces actives et réactives, la supériorité des forces actives sur les forces réactives. Nietzsche peut donc parler d'un « rang immuable et inné dans la hiérarchie[3] » ; et le problème de la hiérarchie est lui-même le problème des esprits libres[4]. Mais hiérarchie désigne aussi le triomphe des forces réactives, la contagion des forces réactives et l'organisation complexe qui s'ensuit, où les faibles ont vaincu, où les forts sont contaminés, où l'esclave qui n'a pas cessé d'être esclave l'emporte sur un maître qui a cessé de l'être : le règne de la loi et de la vertu. En ce second sens, la morale et la religion sont encore des théories de la hiérarchie[5]. Si l'on compare les deux sens, on voit que le second est comme l'envers du premier. Nous faisons de l'Église, de la morale et de l'État les maîtres ou détenteurs de toute hiérarchie. Nous avons la hiérarchie que nous méritons, nous qui sommes essentiellement réactifs, nous qui pre-

1. *Co. In.*, I, « Utilité et inconvénients des études historiques », 8.
2. *VP*, II, 133.
3. *BM*, 263.
4. *HH*, Préface, 7.
5. *VP*, III, 385 et 391.

nons les triomphes de la réaction pour une métamorphose de l'action, et les esclaves pour de nouveaux maîtres – nous qui ne reconnaissons la hiérarchie qu'à l'envers.

Nietzsche appelle faible ou esclave non pas le moins fort, mais celui qui, quelle que soit sa force, est séparé de ce qu'il peut. Le moins fort est aussi fort que le fort s'il va jusqu'au bout, parce que la ruse, la subtilité, la spiritualité, même le charme par lesquels il complète sa moindre force appartiennent précisément à cette force et font qu'elle n'est pas moindre[1]. La mesure des forces et leur qualification ne dépendent en rien de la quantité absolue, mais de l'effectuation relative. On ne peut pas juger de la force ou de la faiblesse, en prenant pour critère l'issue de la lutte et le succès. Car, encore une fois, c'est un fait que les faibles triomphent : c'est même l'essence du fait. On ne peut juger des forces que si l'on tient compte en premier lieu de leur qualité, actif ou réactif ; en second lieu, de l'affinité de cette qualité avec le pôle correspondant de la volonté de puissance, affirmatif ou négatif ; en troisième lieu, de la nuance de qualité que la force présente à tel ou tel moment de son développement, en rapport avec son affinité. Dès lors, la force réactive est : 1° force utilitaire, d'adaptation et de limitation partielle ; 2° force qui sépare la force active de ce qu'elle peut, qui nie la force active (triomphe des faibles ou des esclaves) ; 3° force séparée de ce qu'elle peut, qui se nie elle-même ou se retourne contre soi (règne des faibles ou des esclaves). Et, parallèlement, la force active est : 1° force plastique, dominante et subjugante ; 2° force qui va jusqu'au bout de ce qu'elle peut ; 3° force qui affirme sa différence, qui fait de sa différence un objet de jouissance et d'affirmation. Les forces ne sont déterminées

1. Les deux animaux de Zarathoustra sont l'aigle et le serpent : l'aigle est fort et fier ; mais le serpent n'est pas moins fort, étant rusé et charmant ; cf. Prologue, 10.

concrètement et complètement que si l'on tient compte de ces trois couples de caractères à la fois.

11. VOLONTÉ DE PUISSANCE ET SENTIMENT DE PUISSANCE

Nous savons ce qu'est la volonté de puissance : l'élément différentiel, l'élément généalogique qui détermine le rapport de la force avec la force et qui produit la qualité de la force. Aussi la volonté de puissance doit-elle se *manifester* dans la force en tant que telle. L'étude des manifestations de la volonté de puissance doit être faite avec le plus grand soin, parce que le dynamisme des forces en dépend tout entier. Mais que signifie : la volonté de puissance se manifeste ? Le rapport des forces est déterminé dans chaque cas pour autant qu'une force est *affectée* par d'autres, inférieures ou supérieures. Il s'ensuit que la volonté de puissance se manifeste comme un pouvoir d'être affecté. Ce pouvoir n'est pas une possibilité abstraite : il est nécessairement rempli et effectué à chaque instant par les autres forces avec lesquelles celle-ci est en rapport. On ne s'étonnera pas du double aspect de la volonté de puissance : elle détermine le rapport des forces entre elles, du point de vue de leur genèse ou de leur production ; mais elle est déterminée par les forces en rapport, du point de vue de sa propre manifestation. C'est pourquoi la volonté de puissance est toujours déterminée en même temps qu'elle détermine, qualifiée en même temps qu'elle qualifie. En premier lieu, donc, la volonté de puissance se manifeste comme le pouvoir d'être affecté, comme le pouvoir déterminé de la force d'être elle-même affectée. – Il est difficile, ici, de nier chez Nietzsche une inspiration spinoziste. Spinoza, dans une théorie extrêmement profonde, voulait qu'à toute quantité de force correspondît un pouvoir d'être affecté. Un corps avait d'autant plus de force qu'il pouvait être affecté d'un plus grand nombre de façons. C'est ce pouvoir qui mesurait la force d'un corps ou qui exprimait sa puissance. Et, d'une part, ce pouvoir n'était pas une simple possibilité logique : il était à chaque instant effectué par les corps avec lesquels celui-ci était en rapport. D'autre part, ce pouvoir n'était pas une passivité physique : seules étaient passives les affections dont le corps considéré n'était pas cause adéquate[1].

Il en est de même chez Nietzsche : le pouvoir d'être affecté ne signifie pas nécessairement passivité, mais *affectivité*, sensibilité, sensation. C'est en ce sens que Nietzsche, avant même d'avoir élaboré le concept de volonté de puissance et de lui avoir donné toute sa signification, parlait déjà d'un *sentiment de puissance* : la puissance fut traitée par Nietzsche comme une affaire de sentiment et de sensibilité, avant de l'être comme une affaire de volonté. Mais quand il eut élaboré le concept complet de volonté de puissance, cette première caractéristique ne disparut nullement, elle devint la manifestation de la volonté de puissance. Voilà pourquoi Nietzsche ne cesse pas de dire que la volonté de puissance est « la forme affective primitive », celle dont dérivent tous les autres sentiments[2]. Ou mieux encore : « La volonté de puissance n'est pas un être ni un devenir, c'est un *pathos*[3]. » C'est-à-dire : la volonté de puissance se manifeste comme la sensibilité de la force ; l'élément différentiel des forces se manifeste comme leur sensibilité

1. Si notre interprétation est exacte, Spinoza a vu avant Nietzsche qu'une force n'était pas séparable d'un pouvoir d'être affecté, et que ce pouvoir exprimait sa puissance. Nietzsche n'en critique pas moins Spinoza, mais sur un autre point : Spinoza n'a pas su s'élever jusqu'à la conception d'une *volonté* de puissance, il a confondu la puissance avec la simple force et conçu la force de manière réactive (cf. le *conatus* et la conservation).

2. *VP*, II, 42.

3. *VP*, II, 311.

différentielle. « Le fait est que la volonté de puissance règne même dans le monde inorganique, ou plutôt qu'il n'y a pas de monde inorganique. On ne peut éliminer l'action à distance : une chose en attire une autre, une chose se sent attirée. Voilà le fait fondamental... *Pour que la volonté de puissance puisse se manifester, elle a besoin de percevoir les choses qu'elle voit, elle sent l'approche de ce qui lui est assimilable*[1]. » Les affections d'une force sont actives dans la mesure où la force s'approprie ce qui lui résiste, dans la mesure où elle se fait obéir par des forces inférieures. Inversement, elles sont subies, ou plutôt agies, lorsque la force est affectée par des forces supérieures auxquelles elle obéit. Là encore, obéir est une manifestation de la volonté de puissance. Mais une force inférieure peut entraîner la désagrégation de forces supérieures, leur scission, l'explosion de l'énergie qu'elles avaient accumulée ; Nietzsche aime en ce sens à rapprocher les phénomènes de désagrégation de l'atome, de scission du protoplasme et de reproduction du vivant[2]. Et non seulement désagréger, scinder, séparer expriment toujours la volonté de puissance, mais aussi être désagrégé, être scindé, être séparé : « La division apparaît comme la conséquence de la volonté de puissance[3]. » Deux forces étant données, l'une supérieure et l'autre inférieure, on voit comment le pouvoir d'être affecté de chacune est nécessairement rempli. Mais ce pouvoir d'être affecté n'est pas rempli sans que la force correspondante n'entre elle-même dans une histoire ou dans un devenir sensible : 1° force active, puissance d'agir ou de commander ; 2° force réactive, puissance d'obéir ou d'être agi ; 3° force réactive développée, puissance de scinder, de diviser, de séparer ; 4° force active

1. *VP*, II, 89.
2. *VP*, II, 45, 77, 187.
3. *VP*, II, 73.

devenue réactive, puissance d'être séparé, de se retourner contre soi[1].

Toute la sensibilité n'est qu'un devenir des forces : il y a un cycle de la force au cours duquel la force « devient » (par exemple, la force active devient réactive). Il y a même plusieurs devenirs de forces, qui peuvent lutter les uns contre les autres[2]. Ainsi, il n'est pas suffisant de mettre en parallèle ni d'opposer les caractères respectifs de la force active et de la force réactive. Actif et réactif sont les qualités de la force qui découlent de la volonté de puissance. Mais la volonté de puissance elle-même a des qualités, des *sensibilia*, qui sont comme des devenirs de forces. La volonté de puissance se manifeste, en premier lieu, comme sensibilité des forces ; et, en second lieu, comme devenir sensible des forces : le pathos est le fait le plus élémentaire d'où résulte un devenir[3]. Le devenir des forces, en général, ne doit pas se confondre avec les qualités de la force : il est le devenir de ces qualités elles-mêmes, la qualité de la volonté de puissance en personne. Mais justement, on ne pourra pas plus abstraire les qualités de la force de leur devenir, que la force, de la volonté de puissance : l'étude concrète des forces implique nécessairement une dynamique.

12. LE DEVENIR-RÉACTIF DES FORCES

Mais, en vérité, la dynamique des forces nous conduit à une conclusion désolante. Quand la force réactive sépare

1. *VP*, II, 171 : « [...] cette force à son maximum qui, se retournant contre elle-même, une fois qu'elle n'a plus rien à organiser, emploie sa force à désorganiser. »

2. *VP*, II, 170 : « Au lieu de la cause et de l'effet, lutte des divers devenirs ; souvent l'adversaire est englouti ; les devenirs ne sont pas en nombre constant. »

3. *VP*, II, 311.

la force active de ce qu'elle peut, celle-ci devient réactive à son tour. *Les forces actives deviennent réactives.* Et le mot devenir doit être pris au sens le plus fort : le devenir des forces apparaît comme un devenir-réactif. N'y a-t-il pas d'autres devenirs ? Reste que nous ne sentons pas, nous n'expérimentons pas, nous ne connaissons pas d'autre devenir que le devenir-réactif. Nous ne constatons pas seulement l'existence de forces réactives, partout nous constatons leur triomphe. Par quoi triomphent-elles ? Par la volonté de néant, grâce à l'affinité de la réaction avec la négation. Qu'est-ce que la négation ? C'est une qualité de la volonté de puissance, c'est elle qui qualifie la volonté de puissance comme nihilisme ou volonté de néant, c'est elle qui constitue le devenir-réactif des forces. Il ne faut pas dire que la force active devient réactive parce que les forces réactives triomphent ; elles triomphent au contraire parce que, en séparant la force active de ce qu'elle peut, elles la livrent à la volonté de néant comme à un devenir-réactif plus profond qu'elles-mêmes. C'est pourquoi les figures du triomphe des forces réactives (ressentiment, mauvaise conscience, idéal ascétique) sont d'abord les formes du nihilisme. Le devenir-réactif de la force, le devenir nihiliste, voilà ce qui semble essentiellement compris dans le rapport de la force avec la force. – Y a-t-il un autre devenir ? Tout nous invite à le « penser » peut-être. Mais il faudrait une autre sensibilité ; comme dit souvent Nietzsche, une autre manière de sentir. Nous ne pouvons pas encore répondre à cette question, à peine l'envisager. Mais nous pouvons demander pourquoi nous ne sentons et ne connaissons qu'un devenir-réactif. Ne serait-ce pas que l'homme est essentiellement réactif ? Que le devenir-réactif est constitutif de l'homme ? Le ressentiment, la mauvaise conscience, le nihilisme ne sont pas des traits de psychologie, mais comme le fondement de l'humanité dans l'homme. Ils sont le principe de l'être humain comme tel. L'homme, « maladie de peau » de la terre, réaction de la terre...[1]. C'est en ce sens que Zarathoustra parle du « grand mépris » des hommes, et du « grand dégoût ». Une autre sensibilité, un autre devenir seraient-ils encore de l'homme ?

Cette condition de l'homme est de la plus grande importance pour l'éternel retour. Elle semble le compromettre ou le contaminer si gravement qu'il devient lui-même objet d'angoisse, de répulsion et de dégoût. Même si les forces actives reviennent, elles redeviendront réactives, éternellement réactives. L'éternel retour des forces réactives, bien plus : le retour du devenir-réactif des forces. Zarathoustra ne présente pas seulement la pensée de l'éternel retour comme mystérieuse et secrète, mais comme écœurante, difficile à supporter[2]. Au premier exposé de l'éternel retour succède une étrange vision : celle d'un berger « qui se tord, râlant et convulsé, le visage décomposé », un lourd serpent noir pendant hors de sa bouche[3]. Plus tard, Zarathoustra lui-même explique la vision : « Le grand dégoût de l'homme, c'est là ce qui m'a étouffé et qui m'était entré dans le gosier... Il reviendra éternellement, l'homme dont tu es fatigué, l'homme petit... Hélas ! l'homme reviendra éternellement... Et l'éternel retour, même du plus petit – c'était la cause de ma lassitude de toute l'existence ! Hélas ! dégoût, dégoût, dégoût[4] ! » L'éternel retour de l'homme petit, mesquin, réactif ne fait pas seulement de la pensée de l'éternel retour quelque chose d'insupportable ; il fait de l'éternel retour lui-même quelque chose d'impossible, il met la contradiction dans l'éternel retour. Le serpent est un animal de l'éternel retour ; mais le serpent se déroule, devient un « lourd serpent noir » et pend hors de la bouche qui

1. *Z*, II, « Des grands événements. »
2. Cf. aussi *VP*, IV, 235 et 246.
3. *Z*, III, « De la vision et de l'énigme. »
4. *Z*, III, « Le convalescent ».

s'apprêtait à parler, dans la mesure où l'éternel retour est celui des forces réactives. Car comment l'éternel retour, être du devenir, pourrait-il s'affirmer d'un devenir nihiliste ? – Pour affirmer l'éternel retour, il faut couper et cracher la tête du serpent. Alors le berger n'est plus ni homme ni berger : « il était transformé, auréolé, il riait ! Jamais encore homme n'avait ri sur terre comme il rit[1]. » Un autre devenir, une autre sensibilité : le surhomme.

13. AMBIVALENCE DU SENS ET DES VALEURS

Un autre devenir que celui que nous connaissons : un devenir-actif des forces, un devenir-actif des forces réactives. L'évaluation d'un tel devenir soulève plusieurs questions, et doit nous servir une dernière fois à faire l'épreuve de la cohérence systématique des concepts nietzschéens dans la théorie de la force. – Intervient une première hypothèse. Nietzsche appelle force active celle qui va jusqu'au bout de ses conséquences ; une force active, séparée de ce qu'elle peut par la force réactive, devient donc réactive à son tour ; mais cette force réactive elle-même, est-ce qu'elle ne va pas jusqu'au bout de ce qu'elle peut, à sa manière ? Si la force active devient réactive, étant séparée, la force réactive inversement ne devient-elle pas active, elle qui sépare ? N'est-ce pas sa manière à elle d'être active ? Concrètement : n'y a-t-il pas une bassesse, une vilenie, une bêtise, etc., qui deviennent actives, à force d'aller jusqu'au bout de ce qu'elles peuvent ? « Rigoureuse et grandiose bêtise... », écrira Nietzsche[2]. Cette hypothèse rappelle l'objection socratique, mais s'en distingue en fait. On ne dit plus, comme Socrate, que les forces inférieures ne triomphent qu'en

1. *Z*, III, « De la vision et de l'énigme ».
2. *BM*, 188.

formant une force plus grande ; on dit que les forces réactives ne triomphent qu'en allant au bout de leurs conséquences, donc en formant une force active.

Il est certain qu'une force réactive peut être considérée de points de vue différents. La maladie, par exemple, me sépare de ce que je peux : force réactive, elle me rend réactif, elle rétrécit mes possibilités et me condamne à un milieu amoindri auquel je ne peux plus que m'adapter. Mais, d'une autre manière, elle me révèle une nouvelle puissance, elle me dote d'une nouvelle volonté que je peux faire mienne, allant jusqu'au bout d'un étrange pouvoir. (Ce pouvoir extrême met en jeu beaucoup de choses, entre autres celle-ci : « Observer des concepts plus sains, des valeurs plus saines en se plaçant à un point de vue de malade[1]... ») On reconnaît une ambivalence chère à Nietzsche : toutes les forces dont il dénonce le caractère réactif, il avoue quelques pages ou quelques lignes plus loin qu'elles le fascinent, qu'elles sont sublimes par le point de vue qu'elles nous ouvrent et par l'inquiétante volonté de puissance dont elles témoignent. Elles nous séparent de notre pouvoir, mais nous donnent en même temps un autre pouvoir, combien « dangereux », combien « intéressant ». Elles nous apportent de nouvelles affections, elles nous apprennent de nouvelles manières d'être affecté. Il y a quelque chose d'admirable dans le devenir-réactif des forces, admirable et dangereux. Non seulement l'homme malade, mais même l'homme religieux présentent ce double aspect : d'une part, homme réactif ; d'autre part, homme d'une nouvelle puissance[2].

1. *EH*, I, 1.

2. *GM*, I, 6 : « C'est sur le terrain même de cette forme d'existence, essentiellement dangereuse, l'existence sacerdotale, que l'homme a commencé à devenir un animal intéressant ; c'est ici que, dans un sens sublime, l'âme humaine a acquis la profondeur et la méchanceté... » – Sur l'ambivalence du prêtre, *GM*, III, 15 : « Il faut qu'il soit malade lui-même, il faut qu'il soit intimement affilié aux malades, aux déshérités

« L'histoire de l'humanité serait, à vrai dire, une chose bien inepte sans l'esprit dont les impuissants l'ont animée[1]. » Chaque fois que Nietzsche parlera de Socrate, du Christ, du judaïsme et du christianisme, d'une forme de décadence ou de dégénérescence, il découvrira cette même ambivalence des choses, des êtres et des forces.

Toutefois : est-ce exactement la même force, celle qui me sépare de ce que je peux et celle qui me dote d'un nouveau pouvoir ? Est-ce la même maladie, est-ce le même malade, celui qui est esclave de sa maladie et celui qui s'en sert comme d'un moyen d'explorer, de dominer, d'être puissant ? Est-ce la même religion, celle des fidèles qui sont comme des agneaux bêlants et celle de certains prêtres qui sont comme de nouveaux « oiseaux de proie » ? En fait, les forces réactives ne sont pas les mêmes et changent de nuance suivant qu'elles développent plus ou moins leur degré d'affinité avec la volonté de néant. Une force réactive qui, à la fois, obéit et résiste ; une force réactive qui sépare la force active de ce qu'elle peut ; une force réactive qui contamine la force active, qui l'entraîne jusqu'au bout du devenir-réactif, dans la volonté de néant ; une force réactive qui fut d'abord active, mais qui devint réactive, séparée de son pouvoir, puis entraînée dans l'abîme et se retournant contre soi : voilà des nuances différentes, des affections différentes, des types différents, que le généalogiste doit interpréter et que personne d'autre ne sait interpréter. « Ai-je besoin de dire que j'ai l'expérience de toutes les questions qui touchent à la décadence ? Je l'ai épelée dans tous les sens, en avant et en arrière. Cet art du filigrane, ce sens du toucher et de la compréhension, cet

pour pouvoir les entendre, pour pouvoir s'entendre avec eux ; mais il faut aussi qu'il soit fort, plus maître de lui-même que des autres, *inébranlable surtout dans sa volonté de puissance*, afin de posséder la confiance des malades et d'en être craint… »

1. *GM*, I, 7.

instinct de la nuance, cette psychologie du détour, tout ce qui me caractérise... [1]. » Problème de l'interprétation : interpréter dans chaque cas l'état des forces réactives, c'est-à-dire le degré de développement qu'elles ont atteint dans le rapport avec la négation, avec la volonté de néant. – Le même problème d'interprétation se poserait du côté des forces actives. Dans chaque cas, interpréter leur nuance ou leur état, c'est-à-dire le degré de développement du rapport entre l'action et l'affirmation. Il y a des forces réactives qui deviennent grandioses et fascinantes, à force de suivre la volonté de néant ; mais il y a des forces actives qui tombent, parce qu'elles ne savent pas suivre les puissances d'affirmation (nous verrons que c'est le problème de ce que Nietzsche appelle « la culture » ou « l'homme supérieur »). Enfin, l'évaluation présente des ambivalences encore plus profondes que celles de l'interprétation. Juger l'affirmation elle-même du point de vue de la négation elle-même, et la négation du point de vue de l'affirmation ; juger la volonté affirmative du point de vue de la volonté nihiliste, et la volonté nihiliste du point de vue de la volonté qui affirme : tel est l'art du généalogiste, et le généalogiste est médecin. « Observer des concepts plus sains, des valeurs plus saines en se plaçant d'un point de vue de malade, et inversement, conscient de la plénitude et du sentiment de soi que possède la vie surabondante, plonger les regards dans le travail secret de l'instinct de décadence... »

Mais, quelle que soit l'ambivalence du sens et des valeurs, nous ne pouvons pas conclure qu'une force réactive devienne active en allant jusqu'au bout de ce qu'elle peut. Car « aller jusqu'au bout », « aller jusqu'aux conséquences dernières », a deux sens, suivant qu'on affirme ou qu'on nie, suivant qu'on affirme sa propre différence

1. *EH*, I, 1.

ou qu'on nie ce qui diffère. Quand une force réactive développe ses conséquences dernières, c'est en rapport avec la négation, avec la volonté de néant qui lui sert de moteur. Le devenir-actif, au contraire, suppose l'affinité de l'action avec l'affirmation ; pour devenir active, il ne suffit pas qu'une force aille jusqu'au bout de ce qu'elle peut, il faut qu'elle fasse de ce qu'elle peut un objet d'affirmation. Le devenir-actif est affirmateur et affirmatif, comme le devenir-réactif, négateur et nihiliste.

14. DEUXIÈME ASPECT DE L'ÉTERNEL RETOUR : COMME PENSÉE ÉTHIQUE ET SÉLECTIVE

Ni senti ni connu, un devenir-actif ne peut être pensé que comme le produit d'une *sélection*. Double sélection simultanée : de l'activité de la force, et de l'affirmation dans la volonté. Mais qui peut opérer la sélection ? Qui sert de principe sélectif ? Nietzsche répond : l'éternel retour. Tout à l'heure objet de dégoût, l'éternel retour surmonte le dégoût et fait de Zarathoustra un « convalescent », un « consolé[1] ». Mais en quel sens l'éternel retour est-il sélectif ? D'abord parce que, à titre de pensée, il donne une règle pratique à la volonté[2]. L'éternel retour donne à la volonté une règle aussi rigoureuse que la règle kantienne. Nous avions remarqué que l'éternel retour, comme doctrine physique, était la nouvelle formulation de la synthèse spéculative. Comme pensée éthique, l'éternel retour est la nouvelle formulation de la synthèse pratique : *Ce que tu veux, veuille-le de telle manière que tu en veuilles aussi l'éternel retour.* « Si, dans tout ce que tu veux faire, tu commences par te demander : est-il sûr que je veuille le faire un nombre infini de fois, ce sera pour

1. *Z*, III, « Le convalescent ».
2. *VP*, IV, 229, 231 : « La grande *pensée* sélective. »

toi le centre de gravité le plus solide[1]. » Une chose au monde écœure Nietzsche : les petites compensations, les petits plaisirs, les petites joies, tout ce qu'on s'accorde une fois, rien qu'une fois. Tout ce qu'on ne peut refaire le lendemain qu'à condition de s'être dit la veille : demain je ne le ferai plus – tout le cérémonial de l'obsédé. Et aussi nous sommes comme ces vieilles dames qui se permettent un excès rien qu'une fois, nous agissons comme elles et nous pensons comme elles. « Hélas ! que ne vous défaites-vous de tous ces demi-vouloirs, que ne vous décidez-vous pour la paresse comme pour l'action ! hélas, que ne comprenez-vous ma parole : faites toujours ce que vous voudrez, mais soyez d'abord de ceux qui peuvent vouloir[2]. » Une paresse qui voudrait son éternel retour, une bêtise, une bassesse, une lâcheté, une méchanceté qui voudraient leur éternel retour : ce ne serait plus la même paresse, ce ne serait plus la même bêtise… Voyons mieux comment l'éternel retour opère ici la sélection. C'est la *pensée* de l'éternel retour qui sélectionne. Elle fait du vouloir quelque chose d'entier. La pensée de l'éternel retour élimine du vouloir tout ce qui tombe hors de l'éternel retour, elle fait du vouloir une création, elle effectue l'équation vouloir = créer.

Il est clair qu'une telle sélection reste inférieure aux ambitions de Zarathoustra. Elle se contente d'éliminer certains états réactifs, certains états de forces réactives parmi les moins développés. Mais les forces réactives qui vont jusqu'au bout de ce qu'elles peuvent à leur manière, et qui trouvent dans la volonté nihiliste un moteur puissant, celles-là résistent à la première sélection. Loin de

1. *VP*, IV, 242.

2. *Z*, III, « De la vertu qui amenuise ». – II, « Des miséricordieux » : « Ce qu'il y a de pire, ce sont les pensées mesquines. En vérité, mieux vaut mal faire que de penser petitement. Vous dites, il est vrai : la joie des petites méchancetés nous épargne maint grand méfait. Mais dans ce domaine, on ne devrait pas vouloir économiser. »

tomber hors de l'éternel retour, elles entrent dans l'éternel retour et semblent revenir avec lui. Aussi faut-il s'attendre à une seconde sélection, très différente de la première. Mais cette seconde sélection met en cause les parties les plus obscures de la philosophie de Nietzsche, et forme un élément presque initiatique dans la doctrine de l'éternel retour. Nous devons donc seulement recenser les thèmes nietzschéens, quitte à souhaiter plus tard une explication conceptuelle détaillée : 1° Pourquoi l'éternel retour est-il dit « la forme outrancière du nihilisme[1] » ? Et si l'éternel retour est la forme outrancière du nihilisme, le nihilisme de son côté, séparé ou abstrait de l'éternel retour, est toujours en lui-même un « nihilisme incomplet[2] » : si loin qu'il aille, si puissant qu'il soit. Seul l'éternel retour fait de la volonté nihiliste une volonté complète et entière ; 2° C'est que la volonté de néant, telle que nous l'avons étudiée jusqu'à maintenant, nous est toujours apparue dans son alliance avec les forces réactives. C'était là son essence : elle niait la force active, elle amenait la force active à se nier, à se retourner contre soi. Mais, en même temps, elle fondait ainsi la conservation, le triomphe et la contagion des forces réactives. La volonté de néant, c'était le devenir-réactif universel, le devenir-réactif des forces. Voilà donc en quel sens le nihilisme est toujours incomplet par lui-même : même l'idéal ascétique est le contraire de ce qu'on croit, « c'est un expédient de l'art de conserver la vie » ; le nihilisme est le principe de conservation d'une vie faible, diminuée, réactive ; la dépréciation de la vie, la négation de la vie forment le principe à l'ombre duquel la vie réactive se conserve, survit, triomphe et devient contagieuse[3] ; 3° Que se passe-t-il quand la volonté de néant est rapportée à l'éternel retour ? C'est là

1. *VP*, III, 8.
2. *VP*, III, 7.
3. *GM*, III, 13.

seulement qu'elle brise son alliance avec les forces réactives. C'est seulement l'éternel retour qui fait du nihilisme un nihilisme complet, *parce qu'il fait de la négation une négation des forces réactives elles-mêmes*. Le nihilisme, par et dans l'éternel retour, ne s'exprime plus comme la conservation et la victoire des faibles, mais comme la destruction des faibles, leur *auto-destruction*. « Cette disparition se présente sous l'aspect d'une destruction, d'une sélection instinctive de la force destructive… La volonté de détruire, expression d'un instinct plus profond encore, de la volonté de se détruire : la volonté du néant[1]. » C'est pourquoi Zarathoustra, dès le prologue, chante « celui qui veut son propre déclin » : « car il veut périr », « car il ne veut pas se conserver », « car il franchira le pont sans hésiter[2] ». Le prologue de Zarathoustra contient comme le secret prématuré de l'éternel retour ; 4° On ne confondra pas le retournement contre soi avec cette destruction de soi, cette auto-destruction. Dans le retournement contre soi, processus de la réaction, la force active devient réactive. Dans l'auto-destruction, les forces réactives sont elles-mêmes niées et conduites au néant. C'est pourquoi l'auto-destruction est dite une opération active, une « *destruction active* »[3]. C'est elle, et elle seulement, qui exprime le devenir-actif des forces : les forces deviennent actives dans la mesure où les forces réactives se nient, se suppriment au nom du principe qui, naguère encore, assurait leur conservation et leur triomphe. La négation active, la destruction active, est l'état des esprits forts qui détruisent le réactif en eux, le soumettant à l'épreuve de l'éternel retour, et se soumettant eux-mêmes à cette épreuve, quitte à vouloir leur déclin ; « c'est l'état des esprits forts et des volontés fortes, il ne leur est pas

1. *VP*, III, 8.
2. *Z*, Prologue, 4.
3. *VP*, III, 8 ; *EH*, III, 1.

possible de s'en tenir à un jugement négatif, la *négation active* tient à leur nature profonde[1] ». Telle est la seule manière dont les forces réactives *deviennent actives*. En effet et bien plus : voilà que la négation, se faisant négation des forces réactives elles-mêmes, n'est pas seulement active, elle est comme *transmuée*. Elle exprime l'affirmation, elle exprime le devenir-actif comme puissance d'affirmer. Nietzsche alors parle de « l'éternelle joie du devenir, cette joie qui porte encore en elle la joie de l'anéantissement » ; « l'affirmation de l'anéantissement et de la destruction, ce qu'il y a de décisif dans une philosophie dionysiaque...[2] » ; 5° La seconde sélection dans l'éternel retour consiste donc en ceci : l'éternel retour produit le devenir-actif. Il suffit de rapporter la volonté de néant à l'éternel retour pour s'apercevoir que les forces réactives ne reviennent pas. Si loin qu'elles aillent et si profond que soit le devenir-réactif des forces, les forces réactives ne reviendront pas. L'homme petit, mesquin, réactif ne reviendra pas. Par et dans l'éternel retour, la négation comme qualité de la volonté de puissance se transmue en affirmation, elle devient une affirmation de la négation elle-même, elle devient une puissance d'affirmer, une puissance affirmative. C'est cela que Nietzsche présente comme la guérison de Zarathoustra, et aussi comme le secret de Dionysos : « Le nihilisme vaincu par lui-même », grâce à l'éternel retour[3]. Or cette seconde sélection est très différente de la première : il ne s'agit plus, par la simple pensée de l'éternel retour, d'éliminer du vouloir ce qui tombe hors de cette pensée ; il s'agit, par l'éternel retour, de faire entrer dans l'être ce qui ne peut pas y entrer sans changer de nature. Il ne s'agit plus d'une pensée sélective, mais de l'être sélectif ; car

1. *VP*, III, 102.
2. *EH*, III, « Origine de la tragédie », 3.
3. *VP*, III.

l'éternel retour est l'être, et l'être est sélection. (Sélection = hiérarchie.)

15. LE PROBLÈME DE L'ÉTERNEL RETOUR

Tout ceci doit être pris comme un simple recensement de textes. Ces textes ne seront élucidés qu'en fonction des points suivants : le rapport des deux qualités de la volonté de puissance, la négation et l'affirmation ; le rapport de la volonté de puissance elle-même avec l'éternel retour ; la possibilité d'une transmutation comme nouvelle manière de sentir, de penser et surtout comme nouvelle manière d'être (le surhomme). Dans la terminologie de Nietzsche, *renversement* des valeurs signifie l'actif au lieu du réactif (à proprement parler, c'est le renversement d'un renversement, puisque le réactif avait commencé par prendre la place de l'action) ; mais *transmutation* des valeurs ou *transvaluation* signifie l'affirmation au lieu de la négation, bien plus, la négation transformée en puissance d'affirmation, suprême métamorphose dionysiaque. Tous ces points non encore analysés forment le sommet de la doctrine de l'éternel retour.

À peine voyons-nous de loin où est ce sommet. L'éternel retour est l'être du devenir. Mais le devenir est double : devenir-actif, et devenir-réactif, devenir-actif des forces réactives et devenir-réactif des forces actives. Or seul le devenir-actif a un être ; il serait contradictoire que l'être du devenir s'affirmât d'un devenir-réactif, c'est-à-dire d'un devenir lui-même nihiliste. L'éternel retour deviendrait contradictoire s'il était le retour des forces réactives. L'éternel retour nous apprend que le devenir-réactif n'a pas d'être. Et même, c'est lui qui nous apprend l'existence d'un devenir-actif. Il produit nécessairement le devenir-actif en reproduisant le devenir. C'est pourquoi l'affirmation va par deux : on ne peut affirmer pleinement l'être du devenir sans affirmer l'existence du devenir-actif. L'éternel retour a donc un double aspect : il est l'être universel du devenir, mais l'être universel du devenir se dit d'un seul devenir. Seul le devenir-actif a un être, qui est l'être du devenir tout entier. Revenir est le tout, mais le tout s'affirme d'un seul moment. Pour autant qu'on affirme l'éternel retour comme l'être universel du devenir, pour autant qu'on affirme en plus le devenir-actif comme le symptôme et le produit de l'éternel retour universel, l'affirmation change de nuance et devient de plus en plus profonde. L'éternel retour comme doctrine physique affirme l'être du devenir. Mais, en tant qu'ontologie sélective, il affirme cet être du devenir comme « s'affirmant » du devenir-actif. On voit que, au sein de la connivence qui unit Zarathoustra et ses animaux, un malentendu s'élève, comme un problème que les animaux ne comprennent pas, ne connaissent pas, mais qui est le problème du dégoût et de la guérison de Zarathoustra lui-même : « Ô espiègles que vous êtes, ô ressasseurs ! répondit Zarathoustra en souriant… vous en avez déjà fait une rengaine[1]. » La rengaine, c'est le cycle et le tout, l'être universel. Mais la formule complète de l'affirmation est : le tout, oui, l'être universel, oui, mais l'être universel se dit d'un seul devenir, le tout se dit d'un seul moment.

1. *Z*, III, « Le convalescent ».

Chapitre III

La critique

1. TRANSFORMATION DES SCIENCES DE L'HOMME

Le bilan des sciences semble à Nietzsche un triste bilan : partout la prédominance de concepts *passifs*, *réactifs*, *négatifs*. Partout l'effort pour interpréter les phénomènes à partir des forces réactives. Nous l'avons vu déjà pour la physique et pour la biologie. Mais à mesure qu'on s'enfonce dans les sciences de l'homme, on assiste au développement de l'interprétation réactive et négative des phénomènes : « l'utilité », « l'adaptation », « la régulation », même « l'oubli » servent de concepts explicatifs [1]. Partout, dans les sciences de l'homme et même de la nature, apparaît l'ignorance des origines et de la généalogie des forces. On dirait que le savant s'est donné pour modèle le triomphe des forces réactives, et veut y enchaîner la pensée. Il invoque son respect du fait et son amour du vrai. Mais le fait est une interprétation : quel type d'interprétation ? Le vrai exprime une volonté : qui veut le vrai ? Et qu'est-ce qu'il veut, celui qui dit : Je cherche le vrai ? Jamais comme aujourd'hui, on n'a vu la science

1. *GM*, I, 2.

pousser aussi loin dans un certain sens l'exploration de la nature et de l'homme, mais jamais non plus on ne l'a vue pousser aussi loin la soumission à l'idéal et à l'ordre établis. Les savants, même démocrates et socialistes, ne manquent pas de piété ; ils ont seulement inventé une théologie qui ne dépend plus du cœur[1]. « Voyez dans l'évolution d'un peuple les époques où le savant passe au premier plan, ce sont des époques de fatigue, souvent de crépuscule, de déclin[2]. »

La méconnaissance de l'action, de tout ce qui est actif, éclate dans les sciences de l'homme : par exemple, on juge de l'action par son *utilité*. Ne nous hâtons pas de dire que l'utilitarisme est une doctrine aujourd'hui dépassée. D'abord, si elle l'est, c'est en partie grâce à Nietzsche. Puis il arrive qu'une doctrine ne se laisse dépasser qu'à condition d'étendre ses principes, d'en faire des postulats mieux cachés dans les doctrines qui la dépassent. Nietzsche demande : à quoi renvoie le concept d'utilité ? C'est-à-dire : *à qui* une action est-elle utile ou nuisible ? *Qui*, dès lors, considère l'action du point de vue de son utilité ou de sa nocivité, du point de vue de ses motifs et de ses conséquences ? Non pas celui qui agit ; celui-là ne « considère » pas l'action. Mais le tiers, patient ou spectateur. C'est lui qui considère l'action qu'il n'entreprend pas, précisément parce qu'il ne l'entreprend pas, comme quelque chose à évaluer du point de vue de l'avantage qu'il en tire ou peut en tirer : il estime qu'il possède un droit naturel sur l'action, lui qui n'agit pas, qu'il mérite d'en recueillir un avantage ou bénéfice[3]. Pressentons la source de « l'utilité » : c'est la source de tous les concepts passifs en général, le ressentiment, rien d'autre que les exigences du ressenti-

1. *GM*, III, 23-25. – Sur la psychologie du savant, *BM*, 206-207.
2. *GM*, III, 25.
3. *GM*, I, 2 et 10 ; *BM*, 260.

ment. – Utilité nous sert ici d'exemple. Mais ce qui semble de toute façon appartenir à la science, et aussi à la philosophie, c'est le goût de substituer aux rapports réels de forces un rapport abstrait qui est censé les exprimer tous, comme une « mesure ». À cet égard, l'esprit objectif de Hegel ne vaut pas mieux que l'utilité non moins « objective ». Or, dans ce rapport abstrait quel qu'il soit, on est toujours amené à remplacer les activités réelles (créer, parler, aimer, etc.), par le point de vue d'un tiers sur ces activités : on confond l'essence de l'activité avec le bénéfice d'un tiers, dont on prétend qu'il doit en tirer profit ou qu'il a le droit d'en recueillir les effets (Dieu, l'esprit objectif, l'humanité, la culture, ou même le prolétariat…).

Soit un autre exemple, celui de la linguistique : on a l'habitude de juger du langage du point de vue de celui qui entend. Nietzsche rêve d'une autre philologie, d'une philologie active. Le secret du mot n'est pas plus du côté de celui qui entend que le secret de la volonté du côté de celui qui obéit ou le secret de la force du côté de celui qui réagit. La philologie active de Nietzsche n'a qu'un principe : un mot ne veut dire quelque chose que dans la mesure où celui qui le dit *veut* quelque chose en le disant. Et une seule règle : traiter la parole comme une activité réelle, se mettre au point de vue de celui qui parle. « Ce droit de maître en vertu duquel on donne des noms va si loin que l'on peut considérer l'origine même du langage comme un acte d'autorité émanant de ceux qui dominent. Ils ont dit : ceci est telle et telle chose, ils ont attaché à un objet et à un fait tel vocable, et par là se les sont pour ainsi dire appropriés[1]. » La linguistique active cherche à découvrir celui qui parle et qui nomme. Qui se sert de tel mot, à qui l'applique-t-il d'abord, à lui-même, à quelqu'un d'autre qui entend, à quelque autre

1. *GM*, I, 2.

chose, et dans quelle intention ? Que veut-il en disant tel mot ? La transformation du sens d'un mot signifie que quelqu'un d'autre (une autre force et une autre volonté) s'en empare, l'applique à autre chose parce qu'il veut quelque chose de différent. Toute la conception nietzschéenne de l'étymologie et de la philologie, souvent mal comprise, dépend de ce principe et de cette règle. – Nietzsche en donnera une application brillante dans *La généalogie de la morale*, où il s'interroge sur l'étymologie du mot « bon », sur le sens de ce mot, sur la transformation de ce sens : comment le mot « bon » fut d'abord créé par les maîtres qui se l'appliquaient à eux-mêmes, puis saisi par les esclaves qui l'ôtaient de la bouche des maîtres, dont ils disaient au contraire « ce sont des méchants »[1].

Que serait une science vraiment active, pénétrée de concepts actifs, comme cette nouvelle philologie ? Seule une science active est capable de découvrir les forces actives, mais aussi de reconnaître les forces réactives pour ce qu'elles sont, c'est-à-dire comme des forces. Seule une science active est capable d'interpréter les activités réelles, mais aussi les rapports réels entre les forces. Elle se présente donc sous trois formes. Une *symptomatologie*, puisqu'elle interprète les phénomènes, les traitant comme des symptômes, dont il faut chercher le sens dans des forces qui les produisent. Une *typologie*, puisqu'elle interprète les forces elles-mêmes du point de vue de leur qualité, actif ou réactif. Une *généalogie*, puisqu'elle évalue l'origine des forces du point de vue de leur noblesse ou de leur bassesse, puisqu'elle trouve leur ascendance dans la volonté de puissance et dans la qualité de cette volonté. Les différentes sciences, même les sciences de la nature, ont leur unité dans une telle conception. Bien plus, la philosophie et la science

1. *GM*, 1, 4, 5, 10, 11.

ont leur unité[1]. Quand la science cesse d'utiliser des concepts passifs, elle cesse d'être un positivisme, mais la philosophie cesse d'être une utopie, une rêverie sur l'activité qui compense ce positivisme. Le philosophe en tant que tel est symptomatologiste, typologiste, généalogiste. On reconnaît la trinité nietzschéenne, du « philosophe de l'avenir » : *philosophe médecin* (c'est le médecin qui interprète les symptômes), *philosophe artiste* (c'est l'artiste qui modèle les types), *philosophe législateur* (c'est le législateur qui détermine le rang, la généalogie)[2].

2. LA FORMULE DE LA QUESTION CHEZ NIETZSCHE

La métaphysique formule la question de l'essence sous la forme : Qu'est-ce que… ? Peut-être avons-nous pris l'habitude de considérer que cette question va de soi ; en fait, nous en sommes redevables à Socrate et à Platon. Il faut revenir à Platon pour voir à quel point la question : « Qu'est-ce que… ? » suppose une manière particulière de penser. Platon demande : qu'est-ce que le beau, qu'est-ce que le juste, etc. ? Il se soucie d'opposer à cette forme de question toute autre forme. Il oppose Socrate soit à de très jeunes gens, soit à des vieillards têtus, soit aux fameux sophistes. Or tous ceux-là semblent avoir en commun de répondre à la question, en citant *ce qui* est juste, *ce qui* est beau : une jeune vierge, une jument, une marmite… Socrate triomphe : on ne répond pas à la question : « Qu'est-ce que le beau ? » en citant *ce qui* est beau. D'où la distinction chère à Platon entre les choses belles, qui ne sont belles que par exemple, accidentellement et selon le devenir ; et le Beau qui n'est que beau, nécessairement

1. *GM*, I, note finale.
2. Cf. *NP* ; *VP*, IV.

beau, *ce qu'est le beau* selon l'être et l'essence. C'est pourquoi, chez Platon, l'opposition de l'essence et de l'apparence, de l'être et du devenir, dépend d'abord d'une manière de questionner, d'une forme de question. Pourtant il y a lieu de se demander si le triomphe de Socrate, une fois de plus, est mérité. Car il ne semble pas que cette méthode socratique soit fructueuse : précisément, elle domine les dialogues dits aporétiques, où le nihilisme est roi. Sans doute est-ce une bêtise de citer ce qui est beau quand on vous demande : qu'est-ce que le beau ? Mais il est moins sûr que la question : Qu'est-ce que le beau ? ne soit pas elle-même une bêtise. Il n'est pas sûr qu'elle soit légitime et bien posée, même et surtout en fonction d'une essence à découvrir. Parfois un éclair jaillit dans les dialogues, mais vite éteint, qui nous indique un instant quelle était l'idée des sophistes. Mélanger les sophistes avec des vieillards et des gamins est un procédé d'amalgame. Le sophiste Hippias n'était pas un enfant qui se contentait de répondre « qui », lorsqu'on lui demandait « ce que ». Il pensait que la question *Qui ?* était la meilleure en tant que question, la plus apte à déterminer l'essence. Car elle ne renvoyait pas, comme le croyait Socrate, à des exemples discrets, mais à la continuité des objets concrets pris dans leur devenir, au devenir-beau de tous les objets citables ou cités en exemples. Demander qui est beau, qui est juste, et non ce qu'est le beau, ce qu'est le juste, était donc le fruit d'une méthode élaborée, impliquant une conception de l'essence originale et tout un art sophistique qui s'opposait à la dialectique. Un art empiriste et pluraliste.

« Quoi donc ? m'écriai-je avec curiosité. – *Qui donc ?* devrais-tu demander ! Ainsi parla Dionysos, puis il se tut de la façon qui lui est particulière, c'est-à-dire en séducteur[1]. » La question : « Qui ? », selon Nietzsche, signifie

1. *VO*, projet de préface, 10 (trad. ALBERT, II, p. 226).

ceci : une chose étant considérée, quelles sont les forces qui s'en emparent ? Quelle est la volonté qui la possède ? Qui s'exprime, se manifeste, et même se cache en elle ? Nous ne sommes conduits à l'essence que par la question : Qui ? Car *l'essence est seulement le sens et la valeur de la chose* ; l'essence est déterminée par les forces en affinité avec la chose et par la volonté en affinité avec ces forces. Bien plus : quand nous posons la question : « Qu'est-ce que ? », nous ne tombons pas seulement dans la pire métaphysique, en fait nous ne faisons que poser la question : *Qui ?*, mais d'une manière maladroite, aveugle, inconsciente et confuse. « La question : Qu'est-ce que c'est ? est une façon de poser un sens vu d'un autre point de vue. L'essence, l'être est une réalité perspective et suppose une pluralité. Au fond, c'est toujours la question : Qu'est-ce que c'est *pour moi* ? (pour nous, pour tout ce qui vit, etc.)[1]. » Quand nous demandons ce qu'est le beau, nous demandons de quel point de vue les choses apparaissent comme belles : et ce qui ne nous apparaît pas beau, de quel autre point de vue le deviendrait-il ? Et pour telle chose, quelles sont les forces qui la rendent ou la rendraient belle en se l'appropriant, quelles sont les autres forces qui se soumettent à celles-ci ou, au contraire, qui lui résistent ? L'art pluraliste ne nie pas l'essence : il la fait dépendre dans chaque cas d'une affinité de phénomènes et de forces, d'une coordination de force et de volonté. L'essence d'une chose est découverte dans la force qui la possède et qui s'exprime en elle, développée dans les forces en affinité avec celle-ci, compromise ou détruite par les forces qui s'y opposent et qui peuvent l'emporter : l'essence est toujours le sens et la valeur. Et ainsi la question : Qui ? résonne pour toutes choses et sur toutes choses : quelles forces, quelle volonté ? C'est la question *tragique*. Au plus profond, tout entière elle est tendue

1. *VP*, I, 204.

vers Dionysos, car Dionysos est le dieu qui se cache et se manifeste, Dionysos est vouloir, Dionysos est celui qui... La question : Qui ? trouve son instance suprême en Dionysos ou dans la volonté de puissance ; Dionysos, la volonté de puissance, est ce qui la remplit autant de fois qu'elle est posée. On ne demandera pas « qui veut », « qui interprète ? », « qui évalue ? », car partout et toujours la volonté de puissance est *ce qui*[1]. Dionysos est le dieu des métamorphoses, l'un du multiple, l'un qui affirme le multiple et s'affirme du multiple. « Oui donc ? », c'est toujours lui. C'est pourquoi Dionysos se tait en séducteur : le temps de se cacher, de prendre une autre forme et de changer de forces. Dans l'œuvre de Nietzsche, le poème admirable *La plainte d'Ariane* exprime ce rapport fondamental entre une façon de questionner et le personnage divin présent sous toutes les questions – entre la question pluraliste et l'affirmation dionysiaque ou tragique[2].

3. LA MÉTHODE DE NIETZSCHE

De cette forme de question dérive une méthode. Un concept, un sentiment, une croyance étant donnés, on les traitera comme les symptômes d'une volonté qui veut quelque chose. Qu'est-ce qu'il veut, *celui qui* dit ceci, qui pense ou éprouve cela ? Il s'agit de montrer qu'il ne pourrait pas le dire, le penser ou le sentir, s'il n'avait telle volonté, telles forces, telle manière d'être. Qu'est-ce qu'il veut, celui qui parle, qui aime ou qui crée ? Et inversement, qu'est-ce qu'il veut, celui qui prétend au bénéfice d'une action qu'il ne fait pas, celui qui fait appel au « désintéressement » ? Et même l'homme ascétique ? Et les utilitaristes, avec leur concept d'utilité ? Et Schopen-

1. *VP*, I, 204.
2. *DD*, « Plainte d'Ariane ».

hauer, quand il forme l'étrange concept d'une *négation de la volonté* ? Serait-ce la vérité ? Mais qu'est-ce qu'ils veulent enfin, les chercheurs de vérité, ceux qui disent : je cherche la vérité[1] ? – Vouloir n'est pas un acte comme les autres. Vouloir est l'instance à la fois génétique et critique de toutes nos actions, sentiments et pensées. La méthode consiste en ceci : rapporter un concept à la volonté de puissance, pour en faire le symptôme d'une volonté sans laquelle il ne pourrait même pas être pensé (ni le sentiment éprouvé, ni l'action entreprise). Une telle méthode correspond à la question tragique. Elle est elle-même la *méthode tragique*. Ou plus précisément, si l'on ôte du mot « drame » tout le pathos dialectique et chrétien qui en compromet le sens, elle est méthode de *dramatisation*. « Que veux-tu ? », demande Ariane a Dionysos. Ce que veut une volonté, voilà le contenu latent de la chose correspondante.

Nous ne devons pas être abusés par l'expression : *ce que* la volonté veut. Ce que veut une volonté n'est pas un objet, un objectif, une fin. Les fins et les objets, même les motifs sont encore des symptômes. Ce que veut une volonté, suivant sa qualité, c'est affirmer sa différence ou nier ce qui diffère. On ne veut jamais que des qualités : le lourd, le léger… Ce qu'une volonté veut, c'est toujours sa propre qualité et la qualité des forces correspondantes. Comme dit Nietzsche, à propos de l'âme noble, affirmative et légère : « Je ne sais quelle certitude fondamentale d'elle-même, quelque chose qu'il est impossible de chercher, de trouver et peut-être même de perdre[2]. » Donc, quand nous demandons : « Qu'est-ce que veut celui qui pense ceci ? », nous ne nous éloignons pas de la question fondamentale : « Qui ? », nous lui donnons seulement une

1. C'est la méthode constante de Nietzsche, dans tous ses livres. On la voit présentée de manière particulièrement systématique dans *GM*.
2. *BM*, 287.

règle et un développement méthodiques. Nous demandons, en effet, qu'on réponde à la question, non pas par des *exemples*, mais par la détermination d'un *type*. Or un type est précisément constitué par la qualité de la volonté de puissance, par la nuance de cette qualité et par le rapport de forces correspondant : tout le reste est symptôme. Ce que veut une volonté n'est pas un objet, mais un type, le type de celui qui parle, de celui qui pense, qui agit, qui n'agit pas, qui réagit, etc. On ne définit un type qu'en déterminant ce que veut la volonté dans les exemplaires de ce type. Qu'est-ce qu'il veut, celui qui cherche la vérité ? Telle est la seule manière de savoir *qui* cherche la vérité. La méthode de dramatisation se présente ainsi comme la seule méthode adéquate au projet de Nietzsche et à la forme des questions qu'il pose : méthode différentielle, typologique et généalogique.

Il est vrai que cette méthode doit surmonter une seconde objection : son caractère anthropologique. Mais il nous suffit de considérer quel est le *type* de l'homme lui-même. S'il est vrai que le triomphe des forces réactives est constitutif de l'homme, toute la méthode de dramatisation est tendue vers la découverte d'autres types exprimant d'autres rapports de forces, vers la découverte d'une autre qualité de la volonté de puissance capable d'en transmuer les nuances trop humaines. Nietzsche dit : l'inhumain et le surhumain. Une chose, un animal, un dieu ne sont pas moins dramatisables qu'un homme ou des déterminations humaines. Eux aussi sont les métamorphoses de Dionysos, les symptômes d'une volonté qui veut quelque chose. Eux aussi expriment un type, un type de forces inconnu à l'homme. De toute part, la méthode de dramatisation dépasse l'homme. Une volonté de la terre, qu'est-ce que serait une volonté capable d'affirmer la terre ? Qu'est-ce qu'elle veut, cette volonté dans laquelle la terre reste elle-même un non-sens ?

Quelle est sa qualité, qui devient aussi la qualité de la terre ? Nietzsche répond : « La légère[1]… »

4. CONTRE SES PRÉDÉCESSEURS

Que veut dire « volonté de puissance » ? Surtout pas que la volonté veuille la puissance, qu'elle désire ou recherche la puissance comme une fin, ni que la puissance en soit le mobile. Dans l'expression « désirer la puissance », il n'y a pas moins d'absurdité que dans « vouloir vivre » : « Il n'a assurément pas rencontré la vérité, celui qui parlait de la volonté de vie, cette volonté n'existe pas. Car ce qui n'est pas ne peut pas vouloir, et comment ce qui est dans la vie pourrait-il encore désirer la vie ? » ; « Désir de dominer, mais qui voudrait appeler cela un désir[2] ? » C'est pourquoi, malgré les apparences, Nietzsche estime que la volonté de puissance est un concept entièrement nouveau qu'il a créé lui-même et introduit en philosophie. Il dit, avec la modestie nécessaire : « Concevoir la psychologie comme je le fais, sous les espèces d'une morphologie et d'une génétique de la volonté de puissance, c'est une idée qui n'a effleuré personne, si tant est qu'on puisse, d'après tout ce qui a été écrit, deviner aussi ce qui a été passé sous silence[3]. » Pourtant, il ne manque pas d'auteurs qui, avant Nietzsche, ont parlé d'une volonté de puissance ou de quelque chose d'analogue ; il n'en manque pas qui, après Nietzsche, en reparlèrent. Mais ceux-ci ne sont pas plus les disciples de

1. *Z*, Prologue, 3 : « Le surhomme est le sens de la terre. Que votre volonté dise : que le surhomme soit le sens de la terre. » – III, « De l'esprit de lourdeur » : « Celui qui, un jour, apprendra à voler aux hommes aura déplacé toutes les bornes ; pour lui, les bornes mêmes s'envoleront dans l'air, il baptisera de nouveau la terre, il l'appellera *la légère…* »
2. *Z*, II, « De la victoire sur soi-même » ; III, « Des trois maux ».
3. *BM*, 23.

Nietzsche que ceux-là, ses maîtres. Ils en parlèrent toujours au sens formellement condamné par Nietzsche : comme si la puissance était le but ultime de la volonté, et aussi son motif essentiel. *Comme si la puissance était ce que la volonté voulait.* Or une telle conception implique au moins trois contresens, qui compromettent la philosophie de la volonté dans son ensemble :

1° On interprète alors la puissance comme l'objet d'une *représentation*. Dans l'expression : la volonté veut la puissance ou désire la domination, le rapport de la représentation et de la puissance est même tellement intime que toute puissance est représentée, et toute représentation, celle de la puissance. Le but de la volonté est aussi l'objet de la représentation, et inversement. Chez Hobbes, l'homme à l'état de nature veut voir sa supériorité représentée et reconnue par les autres ; chez Hegel, la conscience veut être reconnue par un autre et représentée comme conscience de soi ; chez Adler encore, il s'agit de la représentation d'une supériorité, qui compense au besoin l'existence d'une infériorité organique. Dans tous ces cas la puissance est toujours objet d'une représentation, d'une *récognition*, qui suppose matériellement une comparaison des consciences. Il est donc nécessaire qu'un motif corresponde à la volonté de puissance, qui serve aussi bien de moteur à la comparaison : la vanité, l'orgueil, l'amour-propre, l'ostentation, ou même un sentiment d'infériorité. Nietzsche demande : *Qui* conçoit la volonté de puissance comme une volonté de se faire reconnaître ? Qui conçoit la puissance elle-même comme l'objet d'une récognition ? Qui veut essentiellement se représenter comme supérieur, et même représenter son infériorité comme une supériorité ? C'est le malade qui veut « représenter la supériorité sous une forme quelconque[1] ». « C'est l'esclave qui cherche à nous persuader

1. *GM*, III, 14.

d'avoir de lui bonne opinion ; c'est aussi l'esclave qui plie ensuite le genou devant ces opinions, comme si ce n'était pas lui qui les avait produites. Et je le répète, la vanité est un atavisme[1]. » Ce qu'on nous présente comme la puissance elle-même est seulement la représentation que l'esclave se fait de la puissance. Ce qu'on nous présente comme le maître, c'est l'idée que s'en fait l'esclave, c'est l'idée que l'esclave se fait de soi-même quand il s'imagine à la place du maître, c'est l'esclave tel qu'il est, lorsqu'il triomphe effectivement. « Ce besoin d'atteindre à l'aristocratie est foncièrement différent des aspirations de l'âme aristocratique, il est le symptôme le plus éloquent et le plus dangereux de son absence[2]. » Pourquoi les philosophes ont-ils accepté cette fausse image du maître, qui ressemble seulement à l'esclave triomphant ? Tout est prêt pour un tour de passe-passe éminemment dialectique : ayant mis l'esclave dans le maître, on s'aperçoit que la vérité du maître est dans l'esclave. En fait, tout s'est passé entre esclaves, vainqueurs ou vaincus. La manie de représenter, d'être représenté, de se faire représenter ; d'avoir des représentants et des représentés : telle est la manie commune à tous les esclaves, la seule relation qu'ils conçoivent entre eux, la relation qu'ils imposent avec eux, leur triomphe. La notion de représentation empoisonne la philosophie ; elle est directement le produit de l'esclave et de la relation des esclaves, elle constitue la pire interprétation de la puissance, la plus médiocre et la plus basse[3] ;

1. *BM*, 261. – Sur « l'aspiration à la distinction », cf. *A*, 113 : « Celui qui aspire à la distinction a sans cesse l'œil sur le prochain et veut savoir quels sont les sentiments de celui-ci ; mais la sympathie et l'abandon, dont ce penchant a besoin pour se satisfaire, sont bien éloignés d'être inspirés par l'innocence, la compassion ou la bienveillance. On veut, au contraire, percevoir ou deviner de quelle façon le prochain *souffre* intérieurement ou extérieurement à notre aspect, comment il perd sa puissance sur lui-même et cède à l'impression que notre main ou notre aspect font sur lui. »

2. *BM*, 287.

3. *VP*, III, 254.

2° En quoi consiste cette première erreur de la philosophie de la volonté ? Quand nous faisons de la puissance un objet de représentation, nous la faisons forcément dépendre du facteur selon lequel une chose est représentée ou non, reconnue ou non. Or seules des valeurs déjà en cours, seules des valeurs admises donnent ainsi des critères à la récognition. Comprises comme volonté de se faire reconnaître, la volonté de puissance est nécessairement volonté de se faire attribuer des valeurs en cours dans une société donnée (argent, honneurs, pouvoir, réputation)[1]. Mais, là encore, qui conçoit la puissance comme l'acquisition de valeurs attribuables ? « L'homme du commun n'a jamais eu d'autre valeur que celle qu'on lui attribuait ; nullement habitué à fixer lui-même les valeurs, il ne s'en est pas attribué d'autre que celle qu'on lui reconnaissait », ou même qu'il se faisait reconnaître[2]. Rousseau reprochait à Hobbes d'avoir fait de l'homme à l'état de nature un portrait qui supposât la société. Dans un esprit très différent, on trouve chez Nietzsche un reproche analogue : toute la conception de la volonté de puissance, de Hobbes à Hegel, présuppose l'existence de valeurs établies que les volontés cherchent seulement à se faire attribuer. Voilà ce qui semble symptomatique dans cette philosophie de la volonté : le conformisme, la méconnaissance absolue de la volonté de puissance comme *création* de valeurs nouvelles ;

3° Nous devons encore demander : comment des

1. *VP*, IV, 522 : « Jusqu'où va l'impossibilité chez un démagogue de se représenter clairement ce qu'est une *nature supérieure*. Comme si le trait essentiel et la valeur vraie des hommes supérieurs consistaient dans leur aptitude à soulever les masses, bref dans l'effet qu'ils produisent. Mais la nature supérieure du grand homme réside en ce qu'il est différent des autres, incommunicable, d'un autre rang. » (Effet qu'ils produisent = représentation démagogique qu'on s'en fait = valeurs établies qui leur sont attribuées.)

2. *BM*, 261.

valeurs établies sont-elles attribuées ? C'est toujours à l'issue d'un combat, d'une lutte, quelle que soit la forme de cette lutte, secrète ou ouverte, loyale ou sournoise. De Hobbes à Hegel, la volonté de puissance est engagée dans un combat, précisément parce que le combat détermine ceux qui recevront le bénéfice des valeurs en cours. C'est le propre des valeurs établies d'être mises en jeu dans une lutte, mais c'est le propre de la lutte de se rapporter toujours à des valeurs établies : lutte pour la puissance, lutte pour la reconnaissance ou lutte pour la vie, le schéma est toujours le même. Or on ne saurait trop insister sur le point suivant : *combien les notions de lutte, de guerre, de rivalité ou même de comparaison sont étrangères à Nietzsche et à sa conception de la volonté de puissance.* Non pas qu'il nie l'existence de la lutte ; mais celle-ci ne lui paraît nullement créatrice de valeurs. Du moins, les seules valeurs qu'elle crée sont celles de l'esclave qui triomphe : la lutte n'est pas le principe ou le moteur de la hiérarchie, mais le moyen par lequel l'esclave renverse la hiérarchie. La lutte n'est jamais l'expression active des forces, ni la manifestation d'une volonté de puissance qui affirme ; pas plus que son résultat n'exprime le triomphe du maître ou du fort. La lutte, au contraire, est le moyen par lequel les faibles l'emportent sur les forts, parce qu'ils sont le plus grand nombre. C'est pourquoi Nietzsche s'oppose à Darwin : Darwin a confondu la lutte et la sélection, il n'a pas vu que la lutte avait le résultat contraire à celui qu'il croyait ; qu'elle sélectionnait, mais ne sélectionnait que les faibles et assurait leur triomphe[1]. Bien trop poli pour lutter, dit Nietzsche de lui-même[2]. Il dit

1. *VP*, I, 395 ; *Cr. Id.*
2. *EH*, II, 9 : « Dans toute ma vie on ne retrouve pas un seul trait de lutte, je suis le contraire d'une nature héroïque ; vouloir quelque chose, aspirer à quelque chose, avoir en vue un but, un désir, tout cela je ne le connais pas par expérience. »

encore à propos de la volonté de puissance : « Abstraction faite de la lutte[1]. »

5. CONTRE LE PESSIMISME ET CONTRE SCHOPENHAUER

Ces trois contresens ne seraient rien s'ils n'introduisaient dans la philosophie de la volonté un « ton », une tonalité affective extrêmement regrettable. L'essence de la volonté est toujours découverte avec tristesse et accablement. Tous ceux qui découvrent l'essence de la volonté dans une volonté de puissance ou dans quelque chose d'analogue ne cessent de gémir sur leur découverte, comme s'ils devaient en tirer l'étrange résolution de la fuir ou d'en conjurer l'effet. Tout se passe comme si l'essence de la volonté nous mettait dans une situation invivable, intenable et trompeuse. Et cela s'explique aisément : faisant de la volonté une volonté de puissance au sens de « désir de dominer », les philosophes aperçoivent l'infini dans ce désir ; faisant de la puissance l'objet d'une représentation, ils aperçoivent le caractère irréel d'un tel représenté ; engageant la volonté de puissance dans un combat, ils aperçoivent la contradiction dans la volonté elle-même. Hobbes déclare que la volonté de puissance est comme dans un rêve dont seule la crainte de la mort la fait sortir. Hegel insiste sur l'irréel dans la situation du maître, car le maître dépend de l'esclave pour être reconnu. Tous mettent la contradiction dans la volonté, et aussi la volonté dans la contradiction. La puissance représentée n'est qu'apparence ; l'essence de la volonté ne se pose pas dans ce qu'elle veut sans se perdre elle-même dans l'apparence. Aussi les philosophes promettent-ils à la volonté une *limitation*, limita-

1. *VP*, II, 72.

tion rationnelle ou contractuelle qui pourra seule la rendre vivable et résoudre la contradiction.

À tous ces égards, Schopenhauer n'instaure pas une nouvelle philosophie de la volonté ; au contraire, son génie consiste à tirer les conséquences extrêmes de l'ancienne, à pousser l'ancienne jusqu'à ses dernières conséquences. Schopenhauer ne se contente pas d'une essence de la volonté, il fait de la volonté l'essence des choses, « le monde vu du dedans ». La volonté est devenue l'essence en général et en soi. Mais, dès lors, ce qu'elle veut (son objectivation) est devenu la représentation, l'apparence en général. Sa contradiction devient la contradiction originelle : comme essence, elle veut l'apparence dans laquelle elle se reflète. « Le sort qui attend la volonté dans le monde où elle se reflète » est précisément la souffrance de cette contradiction. Telle est la formule du vouloir-vivre : le monde comme volonté *et* comme représentation. On reconnaît ici le développement d'une mystification qui commençait avec Kant. En faisant de la volonté l'essence des choses ou le monde vu du dedans, on refuse en principe la distinction de deux mondes : c'est le même monde qui est sensible et supra-sensible. Mais tout en niant cette distinction des mondes, on y substitue seulement la distinction de l'intérieur et de l'extérieur, qui se tiennent comme l'essence et l'apparence, c'est-à-dire comme se tenaient les deux mondes eux-mêmes. En faisant de la volonté l'essence du monde, Schopenhauer continue à comprendre le monde comme une illusion, une apparence, une représentation[1]. – Une limitation de la volonté ne suffira donc pas à Schopenhauer. Il faut que la volonté soit niée, qu'elle se nie elle-même. Le choix schopenhauerien : « Nous sommes des êtres stupides ou, pour tout mettre au mieux, des êtres qui se suppriment

1. *BM*, 36 ; *VP*, I, 216 ; III, 325.

eux-mêmes[1]. » Schopenhauer nous apprend qu'une limitation rationnelle ou contractuelle de la volonté n'est pas suffisante, qu'il faut aller jusqu'à la suppression mystique. Et voilà ce qu'on a retenu de Schopenhauer, voilà ce que Wagner, par exemple, en retient : non pas sa critique de la métaphysique, non pas « son sens cruel de la réalité », non pas son antichristianisme, non pas ses analyses profondes de la médiocrité humaine, non pas la manière dont il montrait que les phénomènes sont les symptômes d'une volonté, mais tout le contraire, la manière dont il a rendu la volonté de moins en moins supportable, de moins en moins vivable, en même temps qu'il la baptisait vouloir-vivre[2]…

6. PRINCIPES POUR LA PHILOSOPHIE DE LA VOLONTÉ

La philosophie de la volonté selon Nietzsche doit remplacer l'ancienne métaphysique : elle la détruit et la dépasse. Nietzsche estime avoir fait la première philosophie de la volonté ; toutes les autres étaient les derniers avatars de la métaphysique. Telle qu'il la conçoit, la philosophie de la volonté a deux principes qui forment le joyeux message : vouloir = créer, volonté = joie, « Ma volonté survient toujours en libératrice et messagère de joie. Vouloir affranchit : telle est la vraie doctrine de la volonté et de la liberté, c'est ainsi que vous l'enseigne Zarathoustra » ; « Volonté, c'est ainsi que s'appellent le libérateur et le messager de joie. C'est là ce que je vous enseigne, mes amis. Mais apprenez cela aussi : la volonté elle-même est encore prisonnière. Vouloir délivre…[3] ». – « Que le vouloir devienne non-vouloir, pourtant mes

1. *VP*, III, 40.
2. *GS*, 99.
3. *Z*, II, « Sur les îles bienheureuses » ; II, « De la rédemption ».

frères, vous connaissez cette fable de la folie ! je vous ai conduits loin de ces chansons lorsque je vous ai enseigné : la volonté est créatrice » ; « Créer des valeurs, c'est le véritable droit du seigneur[1]. » Pourquoi Nietzsche présente-t-il ces deux principes, création et joie, comme l'essentiel dans l'enseignement de Zarathoustra, comme les deux bouts d'un marteau qui doit enfoncer et arracher ? Ces principes peuvent paraître vagues ou indéterminés, ils prennent une signification extrêmement précise si l'on comprend leur aspect critique, c'est-à-dire la manière dont ils s'opposent aux conceptions antérieures de la volonté. Nietzsche dit : On a conçu la volonté de puissance comme si la volonté voulait la puissance, comme si la puissance était ce que la volonté voulait ; dès lors, on faisait de la puissance quelque chose de représenté ; dès lors, on se faisait de la puissance une idée d'esclave et d'impuissant ; dès lors, on jugeait la puissance d'après l'attribution de valeurs établies toutes faites ; dès lors, on ne concevait pas la volonté de puissance indépendamment d'un combat dont l'enjeu même était ces valeurs établies ; dès lors, on identifiait la volonté de puissance à la contradiction et à la douleur de la contradiction. Contre cet *enchaînement* de la volonté, Nietzsche annonce que vouloir *libère* ; contre la *douleur* de la volonté, Nietzsche annonce que la volonté est *joyeuse*. Contre l'image d'une volonté qui rêve de se faire attribuer des valeurs *établies*, Nietzsche annonce que vouloir, c'est *créer* les valeurs nouvelles.

Volonté de puissance ne veut pas dire que la volonté veuille la puissance. Volonté de puissance n'implique aucun anthropomorphisme, ni dans son origine, ni dans sa signification, ni dans son essence. Volonté de puissance doit s'interpréter tout autrement : la puissance est *ce qui* veut dans la volonté. La puissance est dans la volonté l'élément génétique et différentiel. C'est

1. *Z*, II, « De la rédemption » ; *BM*, 261.

pourquoi la volonté de puissance est essentiellement créatrice. C'est pourquoi aussi la puissance ne se mesure jamais à la représentation : jamais elle n'est représentée, elle n'est pas même interprétée ou évaluée, elle est « ce qui » interprète, « ce qui » évalue, « ce qui » veut. Mais qu'est-ce qu'elle veut ? Elle veut précisément ce qui dérive de l'élément génétique. L'élément génétique (puissance) détermine le rapport de la force avec la force et qualifie les forces en rapport. Élément plastique, il se détermine en même temps qu'il détermine et se qualifie en même temps qu'il qualifie. Ce que veut la volonté de puissance, c'est tel rapport de forces, telle qualité de forces. Et aussi telle qualité de puissance : affirmer, nier. Ce complexe, variable dans chaque cas, forme un type auquel correspondent des phénomènes donnés. Tout phénomène exprime des rapports de forces, des qualités de forces et de puissance, des nuances de ces qualités, bref un type de forces et de vouloir. Nous devons dire conformément à la terminologie de Nietzsche : tout phénomène renvoie à un type qui constitue son sens et sa valeur, mais aussi à la volonté de puissance comme à l'élément dont dérivent la signification de son sens et la valeur de sa valeur. *C'est ainsi que la volonté de puissance est essentiellement créatrice et donatrice* : elle n'aspire pas, elle ne recherche pas, elle ne désire pas, surtout elle ne désire pas la puissance. Elle *donne* : la puissance est dans la volonté quelque chose d'inexprimable (mobile, variable, plastique) ; la puissance est dans la volonté comme « la vertu qui donne » ; la volonté par la puissance est elle-même donatrice de sens et de valeur[1]. La question de savoir si la volonté de puissance,

1. Z, III, « Des trois maux » : « Désir de dominer, mais qui voudrait appeler cela un désir… ? Oh ! qui donc baptiserait de son vrai nom un pareil désir ? *Vertu qui donne* – c'est ainsi que Zarathoustra appela jadis cette chose inexprimable. »

en fin de compte, est une ou multiple ne doit pas être posée ; elle témoignerait d'un contresens général sur la philosophie de Nietzsche. La volonté de puissance est plastique, inséparable de chaque cas dans lequel elle se détermine ; tout comme l'éternel retour est l'être, mais l'être qui s'affirme du devenir, la volonté de puissance est l'un, mais l'un qui s'affirme du multiple. Son unité est celle du multiple et ne se dit que du multiple. Le monisme de la volonté de puissance est inséparable d'une typologie pluraliste.

L'élément créateur du sens et des valeurs se définit nécessairement aussi comme l'élément *critique*. Un type de forces ne signifie pas seulement une qualité de forces, mais un rapport entre forces qualifiées. Le type actif ne désigne pas seulement des forces actives, mais un ensemble hiérarchisé où les forces actives l'emportent sur les forces réactives et où les forces réactives sont agies ; inversement, le type réactif désigne un ensemble où les forces réactives triomphent et séparent les forces actives de ce qu'elles peuvent. C'est en ce sens que le type implique la qualité de puissance, par laquelle certaines forces l'emportent sur d'autres. *Haut* et *noble* désignent pour Nietzsche la supériorité des forces actives, leur affinité avec l'affirmation, leur tendance à monter, leur légèreté. *Bas* et *vil* désignent le triomphe des forces réactives, leur affinité avec le négatif, leur lourdeur ou pesanteur. Or beaucoup de phénomènes ne peuvent s'interpréter que comme exprimant ce triomphe pesant des forces réactives. N'est-ce pas le cas du phénomène humain dans son ensemble ? Il y a des choses qui ne peuvent exister que par les forces réactives et par leur victoire. Il y a des choses qu'on ne peut dire, sentir ou penser, des valeurs auxquelles on ne peut croire que si l'on est animé par les forces réactives. Nietzsche précise : si l'on a l'âme lourde et basse. Au-delà de l'erreur, au-delà de la bêtise elle-même : une certaine bassesse de l'âme[1]. Voilà en quoi la typologie des forces et la doctrine de la volonté de puissance ne sont pas séparables à leur tour d'une critique, apte à déterminer la généalogie des valeurs, leur noblesse ou leur bassesse. – Il est vrai qu'on demandera en quel sens et pourquoi le noble « vaut mieux » que le vil, ou le haut que le bas. De quel droit ? Rien ne permet de répondre à cette question, tant que nous considérons la volonté de puissance en elle-même ou abstraitement, comme douée seulement de deux qualités contraires, affirmation et négation. Pourquoi l'affirmation vaudrait-elle mieux que la négation[2] ? Nous verrons que la solution ne peut être donnée que par l'épreuve de l'éternel retour : « vaut mieux » et vaut absolument ce qui revient, ce qui supporte de revenir, ce qui veut revenir. Or l'épreuve de l'éternel retour ne laisse pas subsister les forces réactives, non plus que la puissance de nier. L'éternel retour transmue le négatif : il fait du lourd quelque chose de léger, il fait passer le négatif du côté de l'affirmation, il fait de la négation une puissance d'affirmer. Mais précisément la critique est la négation sous cette forme nouvelle : destruction devenue active, agressivité profondément liée à l'affirmation. La critique est la destruction comme joie, l'agressivité du créateur. Le créateur des valeurs n'est pas séparable d'un destructeur, d'un criminel et d'un critique : critique des valeurs établies, critique des valeurs réactives, critique de la bassesse[3].

1. Cf. Les jugements de Nietzsche sur Flaubert : il a découvert la bêtise, mais non la bassesse d'âme que celle-ci suppose (*BM*, 218).

2. Il ne peut pas y avoir de valeurs préétablies qui décident de ce qui *vaut mieux* : cf. *VP*, II, 530 : « Je distingue un type de vie ascendante et un type de décadence, de décomposition, de faiblesse. Le croirait-on, la question de la préséance entre ces deux types est encore en balance. »

3. *Z*, Prologue, 9 : « … Le destructeur, le criminel – or c'est lui le créateur » ; I, 15 : « Quiconque doit créer détruit toujours. »

7. PLAN DE « LA GÉNÉALOGIE DE LA MORALE »

La généalogie de la morale est le livre le plus systématique de Nietzsche. Son intérêt est double : d'une part, il ne se présente ni comme un ensemble d'aphorismes ni comme un poème, mais comme une clef pour l'interprétation des aphorismes et pour l'évaluation du poème [1]. D'autre part, il analyse en détail le type réactif, la manière dont les forces réactives triomphent et le principe sous lequel elles triomphent. La première dissertation traite du ressentiment, la deuxième de la mauvaise conscience, la troisième de l'idéal ascétique : ressentiment, mauvaise conscience, idéal ascétique sont les figures du triomphe des forces réactives, et aussi les formes du nihilisme. – Ce double aspect de *La généalogie de la morale*, clef pour l'interprétation en général et analyse du type réactif en particulier, n'est pas dû au hasard. En effet, qu'est-ce qui fait obstacle à l'art de l'interprétation et de l'évaluation, qu'est-ce qui dénature la généalogie et renverse la hiérarchie, sinon la poussée des forces réactives elles-mêmes ? Les deux aspects de *La généalogie de la morale* forment donc la *critique*. Mais ce qu'est la critique, en quel sens la philosophie est une critique, tout cela reste à analyser.

Nous savons que les forces réactives triomphent en s'appuyant sur une fiction. Leur victoire repose toujours sur le négatif comme sur quelque chose d'imaginaire : elles séparent la force active de ce qu'elle peut. La force active devient donc réellement réactive, mais sous l'effet d'une mystification. 1° Dès la première dissertation, Nietzsche présente le ressentiment comme « une vengeance imaginaire », « une vindicte essentiellement

1. *GM*, Avant-Propos, 8.

spirituelle[1] ». Bien plus, la constitution du ressentiment implique un *paralogisme* que Nietzsche analyse en détail : paralogisme de la force séparée de ce qu'elle peut[2] ; 2° La seconde dissertation souligne à son tour que la mauvaise conscience n'est pas séparable d'« événements spirituels et imaginaires[3] ». La mauvaise conscience est par nature *antinomique*, exprimant une force qui se retourne contre soi[4]. En ce sens, elle est à l'origine de ce que Nietzsche appellera « le monde renversé[5] ». On remarquera, en général, combien Nietzsche se plaît à souligner l'insuffisance de la conception kantienne des antinomies : Kant n'a compris ni leur source, ni leur véritable extension[6] ; 3° L'idéal ascétique renvoie enfin à la plus profonde mystification, celle de l'*Idéal* qui comprend toutes les autres, toutes les fictions de la morale et de la connaissance. *Elegantia syllogismi*, dit Nietzsche[7]. Il s'agit, cette fois, d'une volonté qui veut le néant, « mais c'est du moins, et cela demeure toujours, une volonté[8] ».

Nous cherchons seulement à dégager la structure formelle de *La généalogie de la morale*. Si l'on renonce à croire que l'organisation des trois dissertations soit fortuite, il faut conclure : Nietzsche dans *La généalogie de la morale* a voulu refaire la *Critique de la raison pure*. Paralogisme de l'âme, antinomie du monde, mystification de l'idéal : Nietzsche estime que l'idée critique ne

1. *GM*, I, 7 et 10.
2. *GM*, I, 13.
3. *GM*, II, 18.
4. *GM*, II, 18 : « Des notions contradictoires comme le désintéressement, l'abnégation, le sacrifice de soi… leur volupté est de la même essence que la cruauté. »
5. *GM*, III, 14.
6. La source de l'antinomie est la mauvaise conscience (*GM*, II). L'antinomie s'exprime comme opposition de la morale et de la vie (*VP*, I, 304 ; *NP*, II ; *GM*, III).
7. *GM*, III, 25.
8. *GM*, III, 28.

fait qu'un avec la philosophie, mais que Kant a précisément manqué cette idée, qu'il l'a compromise et gâchée, non seulement dans l'application, mais dès le principe. Chestov se plaisait à trouver chez Dostoïevski, dans les *Mémoires écrits dans un souterrain*, la vraie Critique de la Raison pure. Que Kant ait manqué la critique, c'est d'abord une idée nietzschéenne. Mais Nietzsche ne se fie à personne d'autre qu'à lui-même pour concevoir et réaliser la vraie critique. Et ce projet est de grande importance pour l'histoire de la philosophie ; car il ne porte pas seulement contre le kantisme, avec lequel il rivalise, mais contre la descendance kantienne, à laquelle il s'oppose avec violence. Qu'est devenue la critique après Kant, de Hegel à Feuerbach en passant par la fameuse « critique critique » ? Un art par lequel l'esprit, la conscience de soi, le critique lui-même s'appropriaient les choses et les idées ; ou encore un art selon lequel l'homme se réappropriait des déterminations dont, disait-il, on l'avait privé : bref, la dialectique. Mais cette dialectique, cette nouvelle critique, évite soigneusement de poser la question préalable : *Qui* doit mener la critique, qui est apte à la mener ? On nous parle de la raison, de l'esprit, de la conscience de soi, de l'homme ; mais *de qui* s'agit-il dans tous ces concepts ? On ne nous dit pas qui est l'homme, qui est esprit. L'esprit semble cacher des forces promptes à se réconcilier avec n'importe quelle puissance, Église ou État. Quand l'homme petit se réapproprie des choses petites, quand l'homme réactif se réapproprie des déterminations réactives, croit-on que la critique ait fait de grands progrès, qu'elle ait, par là même, prouvé son activité ? Si l'homme est l'être réactif, de quel droit mènerait-il la critique ? En récupérant la religion, cessons-nous d'être homme religieux ? En faisant de la théologie une anthropologie, en mettant l'homme à la place de Dieu, supprimons-nous l'essentiel, c'est-à-dire la place ? Toutes ces ambiguïtés ont leur point de départ dans la critique kantienne[1]. La critique chez Kant n'a pas su découvrir l'instance réellement active, capable de la mener. Elle s'épuise en compromis : jamais elle ne nous fait surmonter les forces réactives qui s'expriment dans l'homme, dans la conscience de soi, dans la raison, dans la morale, dans la religion. Elle a même le résultat inverse : elle fait de ces forces quelque chose d'un peu plus « nôtre » encore. Finalement, il en est de Nietzsche par rapport à Kant comme de Marx par rapport à Hegel : il s'agit pour Nietzsche de remettre la critique sur ses pieds, comme pour Marx la dialectique. Mais cette analogie, loin de rapprocher Marx et Nietzsche, les sépare encore plus profondément. Car la dialectique est née de la critique kantienne telle qu'elle était. Jamais il n'y aurait eu besoin de remettre la dialectique sur ses pieds, ni en aucune manière de « faire de la dialectique », si la critique elle-même et d'abord n'avait eu la tête en bas.

8. NIETZSCHE ET KANT DU POINT DE VUE DES PRINCIPES

Kant est le premier philosophe qui ait compris la critique comme devant être totale et positive en tant que critique : totale parce que « rien ne doit y échapper » ; positive, affirmative, parce qu'elle ne restreint pas la puissance de connaître sans libérer d'autres puissances jusque-là négligées. Mais quels sont les résultats d'un projet si grand ? Le lecteur croit-il sérieusement que, dans la *Critique de la raison pure*, « la victoire de Kant sur la

1. *AC*, 10 : « Entre Allemands on m'entendrait de suite, si je disais que la philosophie est corrompue par du sang de théologiens. Le pasteur protestant est le grand-père de la philosophie allemande, le protestantisme lui-même son *peccatum originale*… le succès de Kant n'est qu'un succès de théologien. »

dogmatique des théologiens (Dieu, âme, liberté, immortalité) ait porté atteinte à l'idéal correspondant», et même peut-on croire que Kant ait eu l'intention de lui porter atteinte[1] ? Quant à la *Critique de la raison pratique*, Kant n'avoue-t-il pas, dès les premières pages, qu'elle n'est pas du tout une critique ? Il semble que Kant ait confondu la positivité de la critique avec une humble reconnaissance des droits du critiqué. On n'a jamais vu de critique totale plus conciliante, ni de critique plus respectueux. Or cette opposition, entre le projet et les résultats (bien plus, entre le projet général et les intentions particulières), s'explique aisément. Kant n'a fait que pousser jusqu'au bout une très vieille conception de la critique. Il a conçu la critique comme une force qui devait porter sur toutes les prétentions à la connaissance et à la vérité, mais non pas sur la connaissance elle-même, non pas sur la vérité elle-même. Comme une force qui devait porter sur toutes les prétentions à la moralité, mais non pas sur la morale elle-même. Dès lors, la critique totale tourne en politique de compromis : avant de partir en guerre, on partage déjà les sphères d'influence. On distingue trois idéaux : que puis-je savoir ?, que dois-je faire ?, qu'ai-je à espérer ? On les limite respectivement, on dénonce les mauvais usages et les empiétements, mais le caractère incritiquable de chaque idéal reste au cœur du kantisme comme le ver dans le fruit : la vraie connaissance, la vraie morale, la vraie religion. Ce que Kant encore, dans son langage, appelle un fait : le fait de la morale, le fait de la connaissance… Le goût kantien de délimiter les domaines apparaît enfin librement, jouant pour lui-même dans la *Critique du jugement* ; nous y apprenons ce que nous savions dès le début : la critique de Kant n'a pas d'autre objet que de justifier, elle commence par croire à ce qu'elle critique.

1. *GM*, III, 25.

Est-ce la grande politique annoncée ? Nietzsche constate qu'il n'y a pas encore eu de « grande politique ». La critique n'est rien et ne dit rien tant qu'elle se contente de dire : la vraie morale se moque de la morale. La critique n'a rien fait tant qu'elle n'a pas porté sur la vérité elle-même, sur la vraie connaissance, sur la vraie morale, sur la vraie religion [1]. Chaque fois que Nietzsche dénonce la vertu, ce ne sont pas les fausses vertus qu'il dénonce, ni ceux qui se servent de la vertu comme d'un masque. C'est la vertu elle-même en elle-même, c'est-à-dire : la petitesse de la vraie vertu, l'incroyable médiocrité de la vraie morale, la bassesse de ses valeurs authentiques. « Zarathoustra ne laisse ici aucun doute : il dit que c'est la connaissance des hommes bons, des meilleurs, qui lui a inspiré la terreur de l'homme ; c'est de cette répulsion que lui sont nées des ailes [2]. » Tant que nous critiquerons la fausse morale ou la fausse religion, nous serons de pauvres critiques, l'opposition de sa majesté, de tristes apologistes. C'est une critique de juge de paix. Nous critiquons les prétendants, nous condamnons les empiétements de domaines, mais les domaines eux-mêmes nous paraissent sacrés. Il en est de même pour la connaissance : une critique digne de ce nom ne doit pas porter sur la pseudo-connaissance de l'inconnaissable, mais d'abord sur la vraie connaissance de ce qui peut être connu [3]. C'est pourquoi Nietzsche, dans ce domaine aussi bien que dans les autres, pense avoir trouvé le seul principe possible d'une critique totale dans ce qu'il appelle son « perspectivisme ». Qu'il n'y a pas de fait ni de phénomène moral,

1. *GS*, 345 : « Les plus subtils… montrent et critiquent ce qu'il peut y avoir de fou dans les idées qu'un peuple se fait sur sa morale, ou que les hommes se font sur toute morale humaine, sur l'origine de cette morale, sa sanction religieuse, le préjugé du libre arbitre, etc., et ils se figurent qu'ils ont de ce fait critiqué cette morale elle-même. »

2. *EH*, IV, 5.

3. *VP*, I, 189.

mais une interprétation morale des phénomènes[1]. Qu'il n'y a pas d'illusions de la connaissance, mais que la connaissance elle-même est une illusion : la connaissance est une erreur, pire une falsification[2]. (Cette dernière proposition, Nietzsche la doit à Schopenhauer. C'est ainsi que Schopenhauer interprétait le kantisme, le transformant radicalement, dans un sens opposé à celui des dialecticiens. Schopenhauer a donc su préparer le principe de la critique : il a trébuché sur la morale, son point faible.)

9. RÉALISATION DE LA CRITIQUE

Le génie de Kant, dans la *Critique de la raison pure*, fut de concevoir une critique immanente. La critique ne devait pas être une critique de la raison par le sentiment, par l'expérience, par une instance extérieure quelle qu'elle fût. Et le critiqué n'était pas davantage extérieur à la raison : on ne devait pas chercher dans la raison des erreurs venues d'ailleurs, corps, sens ou passions, mais des illusions provenant de la raison comme telle. Or, pris entre ces deux exigences, Kant conclut que la critique devait être une critique de la raison par la raison elle-même. N'est-ce pas la contradiction kantienne ? faire de la raison à la fois le tribunal et l'accusé, la constituer comme juge et partie, jugeante et jugée[3]. – Il manquait à Kant une méthode qui permît de juger la raison du dedans, sans lui confier pour autant le soin d'être juge d'elle-même. Et, en fait, Kant ne réalise pas son projet de critique immanente. La philosophie transcendantale découvre des conditions

1. *VP*, II, 550.
2. *VP*, I et II (cf. la connaissance définie comme « erreur qui devient organique et organisée »).
3. *VP*, I, 185.

qui restent encore extérieures au conditionné. Les principes transcendantaux sont des principes de conditionnement, non pas de genèse interne. Nous demandons une genèse de la raison elle-même, et aussi une genèse de l'entendement et de ses catégories : quelles sont les forces de la raison et de l'entendement ? Quelle est la volonté qui se cache et qui s'exprime dans la raison ? Qui se tient derrière la raison, dans la raison elle-même ? Avec la volonté de puissance et la méthode qui en découle, Nietzsche dispose du principe d'une genèse interne. Quand nous comparions la volonté de puissance à un principe transcendantal, quand nous comparions le nihilisme dans la volonté de puissance à une structure *a priori*, nous voulions avant tout marquer leur différence avec des déterminations psychologiques. Reste que les principes chez Nietzsche ne sont jamais des principes transcendantaux ; ceux-ci sont précisément remplacés par la généalogie. Seule la volonté de puissance comme principe génétique et généalogique, comme principe législatif, est apte à réaliser la critique interne. Seule elle rend possible une transmutation.

Le *philosophe-législateur*, chez Nietzsche, apparaît comme le philosophe de l'avenir ; législation signifie création des valeurs. « Les véritables philosophes sont ceux qui commandent et légifèrent[1]. » Cette inspiration nietzschéenne anime des textes admirables de Chestov : « Toutes les vérités pour nous découlent du *parere*, même les vérités métaphysiques. Et pourtant l'unique source des vérités métaphysiques est le *jubere*, et tant que les hommes ne participeront pas au *jubere*, il leur semblera que la métaphysique est impossible » ; « Les Grecs sentaient que la soumission, l'acceptation obéissante de tout ce qui se présente cachent à l'homme l'être véritable. Pour atteindre la vraie réalité, il faut se considérer comme

1. *BM*, 211. – *VP*, IV, 104.

le maître du monde, il faut apprendre à commander et à créer… Là où manque la raison suffisante et où, d'après nous, cesse toute possibilité de penser, eux voyaient le commencement de la vérité métaphysique[1]. » – On ne dit pas que le philosophe doit joindre à ses activités celle du législateur parce qu'il est le mieux placé pour cela, comme si sa propre soumission à la sagesse l'habilitait à découvrir les lois les meilleures possibles, auxquelles les hommes à leur tour dussent être soumis. On veut dire tout autre chose : que le philosophe en tant que philosophe *n'est pas* un sage, que le philosophe en tant que philosophe cesse d'obéir, qu'il remplace la vieille sagesse par le commandement, qu'il brise les anciennes valeurs et crée les valeurs nouvelles, que toute sa science est législatrice en ce sens. « Pour lui, connaissance est création, son œuvre consiste à légiférer, sa volonté de vérité est volonté de puissance[2]. » Or s'il est vrai que cette idée du philosophe a des racines présocratiques, il semble que sa réapparition dans le monde moderne soit kantienne et critique. *Jubere* au lieu de *parere* : n'est-ce pas l'essence de la révolution copernicienne, et la manière dont la critique s'oppose à la vieille sagesse, à la soumission dogmatique ou théologique ? L'idée de *la philosophie législatrice en tant que philosophie*, telle est bien l'idée qui vient compléter celle de la critique interne en tant que critique : à elles deux, elles forment l'apport principal du kantisme, son apport libérateur.

Mais, là encore, il faut demander de quelle manière Kant comprend son idée de la philosophie-législation. Pourquoi Nietzsche, au moment même où il semble reprendre et développer l'idée kantienne, range-t-il Kant parmi les « ouvriers de la philosophie », ceux qui se

1. CHESTOV, *La seconde dimension de la pensée*, NRF, septembre 1932.
2. *BM*, 211.

contentent d'inventorier les valeurs en cours, le contraire des philosophes de l'avenir[1] ? Pour Kant, en effet, ce qui est législateur (dans un domaine), c'est toujours une de nos facultés : l'entendement, la raison. Nous sommes nous-mêmes législateurs pour autant que nous observons le bon usage de cette faculté, et que nous fixons à nos autres facultés une tâche elle-même conforme à ce bon usage. Nous sommes législateurs pour autant que nous obéissons à une de nos facultés comme à nous-mêmes. Mais à qui obéissons-nous sous telle faculté, à quelles forces dans telle faculté ? L'entendement, la raison ont une longue histoire : ils forment les instances qui nous font encore obéir quand nous ne voulons plus obéir à personne. Quand nous cessons d'obéir à Dieu, à l'État, à nos parents, la raison survient qui nous persuade d'être encore dociles, parce qu'elle nous dit : c'est toi qui commandes. La raison représente nos esclavages et nos soumissions, comme autant de supériorités qui font de nous des êtres raisonnables. Sous le nom de raison pratique, « Kant a inventé une raison tout exprès pour les cas où l'on n'a pas besoin de se soucier de la raison, c'est-à-dire quand c'est le besoin du cœur, la morale, le devoir qui parlent[2]. » Et finalement qu'est-ce qui se cache dans la fameuse unité kantienne du législateur et du sujet ? Rien d'autre qu'une théologie rénovée, la théologie au goût protestant : on nous charge de la double besogne du prêtre et du fidèle, du législateur et du sujet. Le rêve de Kant : non pas supprimer la distinction des deux mondes, sensible et suprasensible, mais assurer *l'unité du personnel* dans les deux mondes. La même personne comme législateur et sujet, comme sujet et objet, comme noumène et phénomène, comme prêtre et fidèle. Cette économie est un succès théologique : « Le succès de Kant n'est qu'un

1. *BM*, 211.
2. *VP*, I, 78. – Texte analogue, *AC*, 12.

succès de théologien[1]. » Croit-on qu'en installant en nous le prêtre et le législateur, nous cessions d'être avant tout des fidèles et des sujets ? Ce législateur et ce prêtre exercent le ministère, la législation, la représentation des valeurs établies ; ils ne font qu'intérioriser les valeurs en cours. Le bon usage des facultés chez Kant coïncide étrangement avec ces valeurs établies : la vraie connaissance, la vraie morale, la vraie religion...

10. NIETZSCHE ET KANT DU POINT DE VUE DES CONSÉQUENCES

Si nous résumons l'opposition de la conception nietzschéenne de la critique et de la conception kantienne, nous voyons qu'elle porte sur cinq points : 1° Non pas des principes transcendantaux, qui sont de simples conditions pour de prétendus faits, mais des principes génétiques et plastiques, qui rendent compte du sens et de la valeur des croyances, des interprétations et évaluations ; 2° Non pas une pensée qui se croit législatrice, parce qu'elle n'obéit qu'à la raison, mais une pensée qui pense *contre* la raison : « Ce qui sera toujours impossible, être raisonnable[2]. » On se trompe beaucoup sur l'irrationalisme tant qu'on croit que cette doctrine oppose à la raison autre chose que la pensée : les droits du donné, les droits du cœur, du sentiment, du caprice ou de la passion. Dans l'irrationalisme, il ne s'agit pas d'autre chose que de la pensée, pas d'autre chose que de penser. Ce qu'on oppose à la raison, c'est la pensée elle-même ; ce qu'on oppose à l'être raisonnable, c'est le penseur lui-même[3]. Parce que la raison pour son

1. *AC*, 10.
2. *Z.*
3. Cf. *Co. In.*, I, « David Strauss », 1 ; II, « Schopenhauer éducateur », 1 : l'opposition du penseur privé et du penseur public (le penseur public

compte recueille et exprime les droits de ce qui soumet la pensée, la pensée reconquiert ses droits et se fait législatrice contre la raison : *le coup de dés*, tel était le sens du coup de dés ; 3° Non pas le législateur kantien, mais le généalogiste. Le législateur de Kant est un juge de tribunal, un juge de paix qui surveille à la fois la distribution des domaines et la répartition des valeurs établies. L'inspiration généalogique s'oppose à l'inspiration judiciaire. Le généalogiste est le vrai législateur. Le généalogiste est un peu devin, philosophe de l'avenir. Il nous annonce, non pas une paix critique, mais des guerres comme nous n'en avons pas connues[1]. Pour lui aussi, penser c'est juger, mais juger, c'est évaluer et interpréter, c'est créer les valeurs. Le problème du jugement devient celui de la justice, et de la hiérarchie ; 4° Non pas l'être raisonnable, fonctionnaire des valeurs en cours, à la fois prêtre et fidèle, législateur et sujet, esclave vainqueur et esclave vaincu, homme réactif au service de soi-même. Mais alors, *qui* mène la critique ? Quel est le point de vue critique ? L'instance critique n'est pas l'homme réalisé, ni aucune forme sublimée de l'homme, esprit, raison, conscience de soi. Ni Dieu ni homme, car entre l'homme et Dieu il n'y a pas encore assez de différence, ils prennent trop bien la place l'un de l'autre. L'instance critique est la volonté de puissance, le point de vue critique est celui de la volonté de puissance. Mais sous quelle forme ? Non pas le surhomme, qui est le produit positif de la critique elle-même. Mais il y a un « type relativement surhumain[2] » : le type critique, l'homme *en tant qu'il veut être dépassé, surmonté*... « Vous pourriez vous transformer en pères et en ancêtres du surhomme : que ceci soit le meilleur de

est un « philistin cultivé », représentant de la raison). – Thème analogue chez Kierkegaard, Feuerbach, Chestov.

1. *EH*, IV, 1.
2. *EH*, IV, 5.

votre œuvre[1] » ; 5° Le but de la critique : non pas les fins de l'homme ou de la raison, mais enfin le surhomme, l'homme surmonté, dépassé. Dans la critique, il ne s'agit pas de justifier, mais de sentir autrement : une autre sensibilité.

11. LE CONCEPT DE VÉRITÉ

« La vérité a toujours été posée comme essence, comme Dieu, comme instance suprême… Mais la volonté de vérité a besoin d'une critique. – Définissons ainsi notre tâche – il faut essayer une bonne fois de mettre en question la valeur de la vérité[2]. » C'est par là que Kant est le dernier des philosophes classiques : jamais il ne met en question la valeur de la vérité, ni les raisons de notre soumission au vrai. À cet égard, il est aussi dogmatique qu'un autre. Ni lui ni les autres ne demandent : Qui cherche la vérité ? C'est-à-dire : qu'est-ce qu'il veut, celui qui cherche la vérité ? Quel est son type, sa volonté de puissance ? Cette insuffisance de la philosophie, essayons d'en comprendre la nature. Tout le monde sait bien que l'homme, en fait, cherche rarement la vérité : nos intérêts et aussi notre stupidité nous séparent du vrai plus encore que nos erreurs. Mais les philosophes prétendent que la pensée en tant que pensée cherche le vrai, qu'elle aime « en droit » le vrai, qu'elle veut « en droit » le vrai. En établissant un lien de droit entre la pensée et la vérité, en rapportant ainsi la volonté d'un pur penseur à la vérité, la philosophie évite de rapporter la vérité à une volonté concrète qui serait la sienne, à un type de forces, à une qualité de la volonté de puissance. Nietzsche accepte le problème sur le terrain où il est posé : il ne s'agit pas pour

1. *Z*, II, « Sur les îles bienheureuses ».
2. *GM*, III, 24.

lui de mettre en doute la volonté de vérité, il ne s'agit pas de rappeler une fois de plus que les hommes *en fait* n'aiment pas la vérité. Nietzsche demande ce que signifie la vérité comme concept, quelles forces et quelle volonté qualifiées ce concept présuppose *en droit*. Nietzsche ne critique pas les fausses prétentions à la vérité, mais la vérité elle-même et comme idéal. Suivant la méthode de Nietzsche, il faut dramatiser le concept de vérité. « La volonté du vrai, qui nous induira encore à bien des aventures périlleuses, cette fameuse véracité dont tous les philosophes ont toujours parlé avec respect, que de problèmes elle nous a déjà posés !… Qu'est-ce en nous qui veut trouver la vérité ? De fait, nous nous sommes longuement attardés devant le problème de l'origine de ce vouloir, et pour finir nous nous sommes trouvés complètement arrêtés devant un problème plus fondamental encore. En admettant que nous voulions le vrai, pourquoi pas plutôt le non-vrai ? Ou l'incertitude ? Ou même l'ignorance ?… Et le croirait-on ? Il nous semble en définitive que le problème n'avait jamais été posé jusqu'à présent, que nous sommes les premiers à le voir, à l'envisager, à l'oser[1]. »

Le concept de vérité qualifie un monde comme véridique. Même dans la science la vérité des phénomènes forme un « monde » distinct de celui des phénomènes. Or un monde véridique suppose un homme véridique auquel il renvoie comme à son centre[2]. – Qui est cet homme véridique ? Qu'est-ce qu'il veut ? Première hypothèse : il veut ne pas être trompé, ne pas se laisser tromper. Parce qu'il est « nuisible, dangereux, néfaste d'être trompé ». Mais une telle hypothèse suppose que le monde lui-même

1. *BM*, 1.
2. *VP*, I, 107 : « Pour pouvoir imaginer un monde du vrai et de l'être, il a fallu d'abord créer l'homme véridique (y compris le fait qu'il se croit *véridique*). »

soit déjà véridique. Car dans un monde radicalement faux, c'est la volonté de ne pas se laisser tromper qui devient néfaste, dangereuse et nuisible. En fait, la volonté de vérité a dû se former « malgré le danger et l'inutilité de la vérité à tout prix ». Reste donc une autre hypothèse : *je veux la vérité* signifie *je ne veux pas tromper*, et « je ne veux pas tromper comprend, comme cas particulier, je ne veux pas me tromper moi-même[1] ». – Si quelqu'un veut la vérité, ce n'est pas au nom de ce qu'est le monde, mais au nom de ce que le monde n'est pas. Il est entendu que « la vie vise à égarer, à duper, à dissimuler, à éblouir, à aveugler ». Mais celui qui veut le vrai veut d'abord déprécier cette haute puissance du faux : il fait de la vie une « erreur », de ce monde une « apparence ». Il oppose donc à la vie la connaissance, il oppose au monde un autre monde, un outre-monde, précisément le monde véridique. Le monde véridique n'est pas séparable de cette volonté, volonté de traiter ce monde-ci comme apparence. Dès lors, l'opposition de la connaissance et de la vie, la distinction des mondes révèlent leur vrai caractère : c'est une distinction d'origine morale, une *opposition d'origine morale*. L'homme qui ne veut pas tromper veut, un monde meilleur et une vie meilleure ; toutes ses raisons pour ne pas tromper sont des raisons morales. Et toujours nous nous heurtons au *vertuisme* de celui qui veut le vrai : une de ses occupations favorites est la distribution des torts, il rend responsable, il nie l'innocence, il accuse et juge la vie, il dénonce l'apparence. « J'ai reconnu que dans toute philosophie les intentions morales (ou immorales) forment le germe véritable d'où naît la plante tout entière… Je ne crois donc pas à l'existence d'un instinct de connaissance qui serait le père de la philosophie[2]. » – Toutefois, cette opposition morale n'est elle-même

1. *GS*, 344.
2. *BM*, 6.

qu'un symptôme. Celui qui veut un autre monde, une autre vie, veut quelque chose de plus profond : « La vie contre la vie[1]. » Il veut que la vie devienne vertueuse, qu'elle se corrige et corrige l'apparence, qu'elle serve de passage à l'autre monde. Il veut que la vie se renie elle-même et se retourne contre soi : « Tentative d'user la force à tarir la force[2]. » Derrière l'opposition morale se profile ainsi une contradiction d'une autre espèce, la contradiction religieuse ou ascétique.

De la position spéculative à l'opposition morale, de l'opposition morale à la contradiction ascétique... Mais la contradiction ascétique, à son tour, est un symptôme qui doit être interprété. Qu'est-ce qu'il veut, l'homme de l'idéal ascétique ? Celui qui renie la vie, c'est encore celui qui veut une vie diminuée, *sa* vie dégénérescente et diminuée, la conservation de *son* type, bien plus la puissance et le triomphe de son type, le triomphe des forces réactives et leur contagion. À ce point les forces réactives découvrent l'allié inquiétant qui les mène à la victoire : le nihilisme, la volonté de néant[3]. C'est la volonté de néant qui ne supporte la vie que sous sa forme réactive. C'est elle qui se sert des forces réactives comme du moyen par lequel la vie *doit* se contredire, se nier, s'anéantir. C'est la volonté de néant qui, depuis le début, anime toutes les valeurs qu'on appelle « supérieures » à la vie. Et voilà la plus grande erreur de Schopenhauer : il a cru que, dans les valeurs supérieures à la vie, la volonté se niait. En fait, ce n'est pas la volonté qui se nie dans les valeurs supérieures, ce sont les valeurs supérieures qui se rapportent à une volonté de nier, d'anéantir la vie. Cette volonté de nier définit « la valeur » des valeurs supérieures. Son arme : faire passer la vie sous la domination des forces

1. *GM*, III, 13.
2. *GM*, III, 11.
3. *GM*, III, 13.

réactives, de telle manière que la vie tout entière roule toujours plus loin, séparée de ce qu'elle peut, faisant de plus en plus petit, « … vers le néant, vers le sentiment poignant de son néant[1] ». La volonté de néant *et* les forces réactives, tels sont les deux éléments constituants de l'idéal ascétique.

Ainsi l'interprétation découvre en creusant trois épaisseurs : la connaissance, la morale et la religion ; le vrai, le bien et le divin comme valeurs supérieures à la vie. Tous trois s'enchaînent : l'idéal ascétique est le troisième moment, mais aussi le sens et la valeur des deux autres. On a donc beau jeu de partager les sphères d'influence, on peut même opposer chaque moment aux autres. Raffinement qui ne compromet personne, l'idéal ascétique s'y retrouve toujours, occupant toutes les sphères à l'état plus ou moins condensé. Qui peut croire que la connaissance, la science et même la science du libre penseur, « la vérité à tout prix », compromettent l'idéal ascétique ? « Dès que l'esprit est à l'œuvre avec sérieux, énergie et probité, il se passe absolument d'idéal… : à cela près qu'il veut la vérité. Mais cette volonté, ce reste d'idéal est, si l'on veut m'en croire, l'idéal ascétique lui-même sous sa forme la plus sévère, la plus spiritualisée, la plus purement ésotérique, la plus dépouillée de toute enveloppe extérieure[2]. »

12. CONNAISSANCE, MORALE ET RELIGION

Toutefois, il y a peut-être une raison pour laquelle on aime à distinguer et même à opposer connaissance, morale et religion. Nous remontions de la vérité à l'idéal ascétique, pour découvrir la source du concept de vérité.

1. *GM*, III, 25.
2. *GM*, III, 27.

Soyons un instant plus soucieux d'évolution que de généalogie : nous redescendons de l'idéal ascétique ou religieux jusqu'à la volonté de vérité. Il faut bien reconnaître alors que la morale a remplacé la religion comme dogme, et que la science tend de plus en plus à remplacer la morale. « Le christianisme en tant que dogme a été ruiné par sa propre morale » ; « ce qui a triomphé du Dieu chrétien, c'est la morale chrétienne elle-même » ; ou bien « en fin de compte l'instinct de vérité s'interdit le mensonge de la foi en Dieu[1] ». Il y a des choses aujourd'hui qu'un fidèle ou même un prêtre ne peuvent plus dire ni penser. Seuls quelques évêques ou papes : la providence et la bonté divines, la raison divine, la finalité divine, « voilà des façons de penser qui sont aujourd'hui passées, qui ont contre elles la voix de notre conscience », elles sont *immorales*[2]. Souvent la religion a besoin des libres penseurs pour survivre et recevoir une forme adaptée. La morale est la continuation de la religion, mais avec d'autres moyens ; la connaissance est la continuation de la morale et de la religion, mais avec d'autres moyens. Partout l'idéal ascétique, mais les moyens changent, ce ne sont plus les mêmes forces réactives. C'est pourquoi l'on confond si volontiers la critique avec un règlement de compte entre forces réactives diverses.

« Le christianisme en tant que dogme a été ruiné par sa propre morale… » Mais Nietzsche ajoute : « Ainsi le christianisme en tant que morale doit aussi aller à sa ruine. » Veut-il dire que la volonté de vérité doit être la ruine de la morale de la même manière que la morale, la ruine de la religion ? Le gain serait faible : la volonté de vérité est encore de l'idéal ascétique, la manière est toujours chrétienne. Nietzsche demande autre chose : un

1. *GM*, III, 27, et *GS*, 357.
2. *GM*, III, 27.

changement d'idéal, un autre idéal, « sentir autrement ». Mais comment ce changement est-il possible dans le monde moderne ? Tant que nous demandons ce qu'est l'idéal ascétique et religieux, tant que nous posons cette question à cet idéal lui-même, la morale ou la vertu s'avancent pour répondre à sa place. La vertu dit : Ce que vous attaquez c'est moi-même, car je réponds de l'idéal ascétique ; dans la religion il y a du mauvais, mais il y a aussi du bon ; j'ai recueilli ce bon, c'est moi qui veux ce bon. Et quand nous demandons : mais cette vertu, qu'est-ce qu'elle est, qu'est-ce qu'elle veut ?, la même histoire recommence. C'est la vérité qui s'avance en personne, elle dit : C'est moi qui veux la vertu, je réponds pour la vertu. Elle est ma mère et mon but. Je ne suis rien si je ne mène à la vertu. Or qui niera que je ne sois quelque chose ? – Les stades généalogiques que nous avions parcourus, de la vérité à la morale, de la morale à la religion, on prétend nous les faire redescendre à vive allure, la tête en bas, sous prétexte d'évolution. La vertu répond pour la religion, la vérité pour la vertu. Alors il suffit de prolonger le mouvement. On ne nous fera pas redescendre les degrés sans que nous ne retrouvions notre point de départ, qui est aussi notre tremplin : la vérité elle-même n'est pas incritiquable ni de droit divin, la critique doit être critique de la vérité elle-même. « L'instinct chrétien de vérité, de déduction en déduction, d'arrêt en arrêt, arrivera finalement à sa déduction la plus redoutable, à son arrêt contre lui-même ; mais ceci arrivera quand il se posera la question : que signifie la volonté de vérité ? *Et me voici revenu à mon problème*, ô mes amis inconnus (car je ne me connais encore aucun ami) : que serait pour nous le sens de la vie tout entière, si ce n'est qu'en nous cette volonté de vérité arrive à prendre conscience d'elle-même en tant que problème ? La volonté de vérité une fois consciente d'elle-même sera, la chose ne fait aucun doute, la mort de la morale : c'est là le spectacle grandiose en cent actes, réservé pour les deux prochains siècles d'histoire européenne, spectacle terrifiant entre tous, mais peut-être fécond entre tous en magnifiques espérances[1]. » Dans ce texte de grande rigueur, chaque terme est pesé. « De déduction en déduction », « d'arrêt en arrêt » signifie les degrés descendants : de l'idéal ascétique à sa forme morale, de la conscience morale à sa forme spéculative. Mais « la déduction la plus redoutable », « l'arrêt contre lui-même » signifie ceci : l'idéal ascétique n'a plus de cachette au-delà de la volonté de vérité, plus personne pour répondre à sa place. Il suffit de continuer la déduction, de descendre encore plus loin qu'on ne voulait nous faire descendre. Alors l'idéal ascétique est débusqué, démasqué, ne dispose plus d'aucun personnage pour tenir son rôle. Plus de personnage moral, plus de personnage savant. Nous sommes revenus à notre problème, mais aussi nous sommes à l'instant qui préside à la remontée : le moment de sentir autrement, de changer d'idéal. Nietzsche ne veut donc pas dire que l'idéal de vérité doive remplacer l'idéal ascétique ou même moral ; il dit, au contraire, que la mise en question de la volonté de vérité (son interprétation et son évaluation) doit empêcher l'idéal ascétique de se faire remplacer par d'autres idéaux qui le continueraient sous d'autres formes. Quand nous dénonçons dans la volonté de vérité la permanence de l'idéal ascétique, nous retirons à cet idéal la condition de sa permanence ou son dernier déguisement. En ce sens nous aussi, nous sommes les « véridiques » ou les « chercheurs de connaissance[2] ». Mais nous ne remplaçons pas l'idéal ascétique, nous ne laissons rien subsister de la place elle-même, nous voulons

1. *GM*, III, 27.
2. « Nous les chercheurs de connaissance. » De même, NIETZSCHE dira que les maîtres sont des hommes « véridiques », en un autre sens que précédemment : *GM*, I, 5.

brûler la place, nous voulons un autre idéal à une autre place, une autre manière de connaître, un autre concept de vérité, c'est-à-dire une vérité qui ne se présuppose pas dans une volonté du vrai, mais qui suppose une *tout autre volonté.*

13. LA PENSÉE ET LA VIE

Nietzsche reproche souvent à la connaissance sa prétention de s'opposer à la vie, de mesurer et de juger la vie, de se prendre elle-même pour fin. C'est sous cette forme déjà que le renversement socratique apparaît dans l'*Origine de la tragédie*. Et Nietzsche ne cessera pas de dire : simple moyen subordonné à la vie, la connaissance s'est érigée en fin, en juge, en instance suprême[1]. Mais nous devons évaluer l'importance de ces textes : l'opposition de la connaissance et de la vie, l'opération par laquelle la connaissance se fait juge de la vie, sont des symptômes et seulement des symptômes. La connaissance s'oppose à la vie, mais parce qu'elle exprime une vie qui contredit la vie, une vie réactive qui trouve dans la connaissance elle-même un moyen de conserver et de faire triompher son type. (Ainsi la connaissance donne à la vie des lois qui la séparent de ce qu'elle peut, qui lui évitent d'agir et lui défendent d'agir, la maintenant dans le cadre étroit des réactions scientifiquement observables : à peu près comme l'animal dans un jardin zoologique. Mais cette connaissance qui mesure, limite et modèle la vie, elle est faite tout entière elle-même sur le modèle d'une vie réactive, dans les limites d'une vie réactive.) – On ne s'étonnera donc pas que d'autres textes de Nietzsche soient plus complexes, ne s'en tenant pas aux symptômes et pénétrant dans

1. *VP*, I et II.

l'interprétation. Alors Nietzsche reproche à la connaissance, non plus de se prendre elle-même pour fin, mais de faire de la pensée un simple moyen au service de la vie. Il arrive à Nietzsche de reprocher à Socrate non plus d'avoir mis la vie au service de la connaissance, mais au contraire d'avoir mis la pensée au service de la vie. « Chez Socrate, la pensée sert la vie, alors que chez tous les philosophes antérieurs la vie servait la pensée[1]. » On ne verra aucune contradiction entre ces deux sortes de textes, si d'abord on est sensible aux différentes nuances du mot « vie » : quand Socrate met la vie au service de la connaissance, il faut entendre la vie tout entière qui, par là, devient réactive ; mais quand il met la pensée au service de la vie, il faut entendre cette vie réactive en particulier, qui devient le modèle de toute la vie et de la pensée elle-même. Et l'on verra encore moins de contradiction entre les deux sortes de textes si l'on est sensible à la différence entre « connaissance » et « pensée ». (Là encore, n'y a-t-il pas un thème kantien profondément transformé, retourné contre Kant ?)

Quand la connaissance se fait législatrice, c'est la pensée qui est la grande soumise. La connaissance est la pensée elle-même, mais la pensée soumise à la raison comme à tout ce qui s'exprime dans la raison. L'instinct de la connaissance est donc la pensée, mais la pensée dans son rapport avec les forces réactives qui s'en emparent ou la conquièrent. Car ce sont les mêmes limites que la connaissance rationnelle fixe à la vie, mais aussi que la vie raisonnable fixe à la pensée ; c'est en même temps que la vie est soumise à la connaissance, mais aussi que la pensée est soumise à la vie. De toute manière, la raison tantôt nous dissuade, et tantôt nous défend de franchir certaines limites : parce que c'est inutile (la connaissance est là pour prévoir), parce que ce

1. *NP.*

serait mal (la vie est là pour être vertueuse), parce que c'est impossible (il n'y a rien à voir, ni à penser derrière le vrai)[1]. – Mais alors la critique, conçue comme critique de la connaissance elle-même, n'exprime-t-elle pas de nouvelles forces capables de donner un autre sens à la pensée ? Une pensée qui irait jusqu'au bout de ce que peut la vie, une pensée qui mènerait la vie jusqu'au bout de ce qu'elle peut. Au lieu d'une connaissance qui s'oppose à la vie, une pensée qui *affirmerait* la vie. La vie serait la force active de la pensée, mais la pensée, la puissance affirmative de la vie. Toutes deux iraient dans le même sens, s'entraînant l'une l'autre et brisant des limites, un pas pour l'une, un pas pour l'autre, dans l'effort d'une création inouïe. Penser signifierait ceci : *découvrir, inventer de nouvelles possibilités de vie.* « Il y a des vies où les difficultés touchent au prodige ; ce sont les vies des penseurs. Et il faut prêter l'oreille à ce qui nous est raconté à leur sujet, car on y découvre des possibilités de vie, dont le seul récit nous donne de la joie et de la force, et verse une lumière sur la vie de leurs successeurs. Il y a là autant d'invention, de réflexion, de hardiesse, de désespoir et d'espérance que dans les voyages des grands navigateurs ; et, à vrai dire, ce sont aussi des voyages d'exploration dans les domaines les plus reculés et les plus périlleux de la vie. Ce que ces vies ont de surprenant, c'est que deux instincts ennemis, qui tirent dans des sens opposés, semblent être forcés de marcher sous le même joug : l'instinct qui tend à la connaissance est contraint sans cesse à abandonner le sol où l'homme a coutume de vivre et à se lancer dans l'incertain, et l'instinct qui veut la vie se voit forcé de chercher sans cesse à

1. Déjà dans l'*Origine de la tragédie*, Apollon apparaissait sous cette forme : il trace autour des individus des limites, « qu'il leur rappelle ensuite sans cesse comme des lois universelles et sacrées, dans ses préceptes relatifs à la connaissance de soi et à la mesure » (*OT*, 9).

tâtons un nouveau lieu où s'établir[1]. » En d'autres termes : la vie dépasse les limites que lui fixe la connaissance, mais la pensée dépasse les limites que lui fixe la vie. La pensée cesse d'être une *ratio*, la vie cesse d'être une *réaction*. Le penseur exprime ainsi la belle affinité de la pensée et de la vie : la vie faisant de la pensée quelque chose d'actif, la pensée faisant de la vie quelque chose d'affirmatif. Cette affinité en général, chez Nietzsche, n'apparaît pas seulement comme le secret présocratique par excellence, mais aussi comme l'essence de l'art.

14. L'ART

La conception nietzschéenne de l'art est une conception tragique. Elle repose sur deux principes, qu'il faut concevoir comme des principes très anciens, mais aussi comme des principes de l'avenir. D'abord, l'art est le contraire d'une opération « désintéressée » : il ne guérit pas, ne calme pas, ne sublime pas, ne désintéresse pas, il ne « suspend » ni le désir, ni l'instinct, ni la volonté. L'art, au contraire, est « stimulant de la volonté de puissance », « excitant du vouloir ». On comprend aisément le sens critique de ce principe : il dénonce toute conception réactive de l'art. Quand Aristote comprenait la tragédie comme une purgation médicale ou comme une sublimation morale, il lui donnait un intérêt, mais un intérêt qui se confondait avec celui des forces réactives. Lorsque Kant distingue le beau de tout intérêt, même moral, il se place encore du point de vue des réactions d'un spectateur, mais d'un spectateur de moins en moins doué, qui n'a plus pour le beau qu'un regard désintéressé. Lorsque Schopenhauer élabore sa théorie du désintéressement, de son propre aveu il généralise une expérience personnelle,

1. *NP*.

l'expérience du jeune homme sur qui l'art (comme sur d'autres le sport) a l'effet d'un calmant sexuel[1]. Plus que jamais, la question de Nietzsche s'impose : Qui regarde le beau d'une façon désintéressée ? Toujours l'art est jugé du point de vue du spectateur, et d'un spectateur de moins en moins artiste. Nietzsche réclame une esthétique de la création, l'esthétique de Pygmalion. Mais pourquoi, de ce nouveau point de vue précisément, l'art apparaît-il comme stimulant de la volonté de puissance ? Pourquoi la volonté de puissance a-t-elle besoin d'un excitant, elle qui n'a pas besoin de motif, de but ni de représentation ? C'est parce qu'elle ne peut se poser comme affirmative qu'en rapport avec des forces actives, avec une vie active. L'affirmation est le produit d'une pensée qui suppose une vie active comme sa condition et son concomitant. Selon Nietzsche, on n'a pas encore compris ce que signifie la vie d'un artiste : l'activité de cette vie servant de stimulant à l'affirmation contenue dans l'œuvre d'art elle-même, la volonté de puissance de l'artiste en tant que tel.

Le second principe de l'art consiste en ceci : l'art est la plus haute puissance du faux, il magnifie « le monde en tant qu'erreur », il sanctifie le mensonge, il fait de la volonté de tromper un idéal supérieur[2]. Ce second principe apporte en quelque manière la réciproque du premier ; ce qui est actif dans la vie ne peut être effectué qu'en rapport avec une affirmation plus profonde. L'activité de la vie est comme une puissance du faux, duper, dissimuler, éblouir, séduire. Mais pour être effectuée,

1. *GM*, III, 6.

2. *VO* (projet de préface, 6) : « Ce n'est pas le monde en tant que chose en soi (celui-ci est vide, vide de sens et digne d'un rire homérique !) c'est le monde en tant qu'erreur qui est si riche en signification, si profond, si merveilleux. » – *VP*, I, 453 : « L'art nous est donné pour nous empêcher de mourir de la vérité. » – *GM*, III, 25 : « L'art, sanctifiant précisément le *mensonge* et mettant la *volonté de tromper* du côté de la bonne conscience, est par principe bien plus opposé à l'idéal ascétique que la science. »

cette puissance du faux doit être sélectionnée, redoublée ou répétée, donc élevée à une plus haute puissance. La puissance du faux doit être portée jusqu'à une *volonté* de tromper, volonté artiste seule capable de rivaliser avec l'idéal ascétique et de s'opposer à cet idéal avec succès[1]. L'art précisément invente des mensonges qui élèvent le faux à cette plus haute puissance affirmative, il fait de la volonté de tromper quelque chose qui s'affirme dans la puissance du faux. *Apparence*, pour l'artiste, ne signifie plus la négation du réel dans ce monde, mais cette sélection, cette correction, ce redoublement, cette affirmation[2]. Alors vérité prend peut-être une nouvelle signification. Vérité est apparence. Vérité signifie effectuation de la puissance, élévation à la plus haute puissance. Chez Nietzsche, nous les artistes = nous les chercheurs de connaissance ou de vérité = nous les inventeurs de nouvelles possibilités de vie.

15. NOUVELLE IMAGE DE LA PENSÉE

L'image dogmatique de la pensée apparaît dans trois thèses essentielles : 1° On nous dit que le penseur en tant que penseur veut et aime *le vrai* (véracité du penseur) ; que la pensée comme pensée possède ou contient formellement le vrai (innéité de l'idée, *a priori* des concepts) ; que penser est l'exercice naturel d'une faculté, qu'il suffit donc de penser « vraiment » pour penser avec vérité (nature droite de la pensée, bon sens universellement partagé) ; 2° On nous dit aussi que nous sommes détournés du vrai, mais par des forces étrangères à la pensée (corps,

1. *GM*, III, 25.

2. *Cr. Id.*, « La raison dans la philosophie », 6 : « Ici *l'apparence* signifie la réalité répétée, encore une fois, mais sous forme de sélection, de redoublement, de correction. L'artiste tragique n'est pas un pessimiste, il dit *oui* à tout ce qui est problématique et terrible, il est dionysien. »

passions, intérêts sensibles). Parce que nous ne sommes pas seulement des êtres pensants, nous tombons dans l'erreur, nous prenons le faux pour le vrai. *L'erreur :* tel serait le seul effet, dans la pensée comme telle, des forces extérieures qui s'opposent à la pensée ; 3° On nous dit enfin qu'il suffit d'une *méthode* pour bien penser, pour penser vraiment. La méthode est un artifice, mais par lequel nous rejoignons la nature de la pensée, nous adhérons à cette nature et conjurons l'effet des forces étrangères qui l'altèrent et nous distraient. Par la méthode, nous conjurons l'erreur. Peu importent l'heure et le lieu, si nous appliquons la méthode : elle nous fait pénétrer dans le domaine de « ce qui vaut en tous temps, en tous lieux ».

Le plus curieux dans cette image de la pensée, c'est la manière dont le vrai y est conçu comme un universel abstrait. Jamais on ne se rapporte à des forces réelles qui *font* la pensée, jamais on ne rapporte la pensée elle-même aux forces réelles qu'elle suppose *en tant que pensée.* Jamais on ne rapporte le vrai à ce qu'il présuppose. Or il n'y a pas de vérité qui, avant d'être une vérité, ne soit l'effectuation d'un sens ou la réalisation d'une valeur. La vérité comme concept est tout à fait indéterminée. Tout dépend de la valeur et du sens de ce que nous pensons. Les vérités, nous avons toujours celles que nous méritons en fonction du sens de ce que nous concevons, de la valeur de ce que nous croyons. Car un sens pensable ou pensé est toujours effectué, dans la mesure où les forces qui lui correspondent dans la pensée s'emparent aussi de quelque chose, s'approprient quelque chose hors de la pensée. Il est clair que jamais la pensée ne pense par elle-même, pas plus qu'elle ne trouve par elle-même le vrai. La vérité d'une pensée doit être interprétée et évaluée d'après les forces ou la puissance qui la déterminent à penser, et à penser ceci plutôt que cela. Quand on nous parle de la vérité « tout court », du vrai tel qu'il est en soi, pour soi ou même pour nous, nous devons demander quelles forces se cachent dans la pensée de cette vérité-là, donc quel est son sens et quelle est sa valeur. Fait troublant : le vrai conçu comme universel abstrait, la pensée conçue comme *science pure* n'ont jamais fait de mal à personne. Le fait est que l'ordre établi et les valeurs en cours y trouvent constamment leur meilleur soutien. « La vérité apparaît comme une créature bonasse et aimant ses aises, qui donne sans cesse à tous les pouvoirs établis l'assurance qu'elle ne causera jamais à personne le moindre embarras, car elle n'est après tout que la science pure[1]. » Voilà ce que cache l'image dogmatique de la pensée : le travail des forces établies qui déterminent la pensée comme science pure, le travail des puissances établies qui s'expriment idéalement dans le vrai tel qu'il est en soi. L'étrange déclaration de Leibniz pèse encore sur la philosophie : produire des vérités nouvelles, mais surtout « sans renverser les sentiments établis ». Et de Kant à Hegel, on a vu le philosophe demeurer, somme toute, un personnage très civil et pieux, aimant à confondre les fins de la culture avec le bien de la religion, de la morale ou de l'État. La science s'est baptisée critique, parce qu'elle faisait comparaître devant elle les puissances du monde, mais afin de leur rendre ce qu'elle leur devait, la sanction du vrai tel qu'il est en soi, pour soi ou pour nous[2].

Une nouvelle image de la pensée signifie d'abord ceci : le vrai n'est pas l'élément de la pensée. L'élément de la pensée est le sens et la valeur. Les catégories de la pensée ne sont pas le vrai et le faux, mais *le noble et le vil*, *le haut et le bas*, d'après la nature des forces qui s'emparent de la pensée elle-même. Du vrai comme du faux, nous avons toujours la part que nous méritons : il y a des vérités de la bassesse, des vérités qui sont celles de l'esclave. Inversement, nos plus hautes pensées font la

1. *Co. In.*, II, « Schopenhauer éducateur », 3.
2. *Co. In.*, II, « Schopenhauer éducateur », 3, 4, 8.

part du faux ; bien plus, elles ne renoncent jamais à faire du faux une haute puissance, une puissance affirmative et artiste, qui trouve dans l'œuvre d'art son effectuation, sa vérification, son devenir-vrai [1]. Il en découle une seconde conséquence : l'état négatif de la pensée n'est pas l'erreur. L'inflation du concept d'erreur en philosophie témoigne de la persistance de l'image dogmatique. D'après celle-ci, tout ce qui s'oppose en fait à la pensée n'a qu'un effet sur la pensée comme telle : l'induire en erreur. Le concept d'erreur exprimerait donc en droit ce qui peut arriver de pire à la pensée, c'est-à-dire l'état d'une pensée séparée du vrai. Là encore Nietzsche accepte le problème tel qu'il est posé *en droit*. Mais justement, le caractère peu sérieux des exemples couramment invoqués par les philosophes pour illustrer l'erreur (dire Bonjour Théétète quand on rencontre Théodore, dire 3 + 2 = 6) montre assez que ce concept d'erreur est seulement l'extrapolation de situations de fait elles-mêmes puériles, artificielles ou grotesques. Qui dit 3 + 2 = 6, sinon le petit enfant à l'école ? Qui dit « Bonjour Théétète », sinon le myope ou le distrait ? La pensée, adulte et appliquée, a d'autres ennemis, des états négatifs autrement profonds. La bêtise est une structure de la pensée comme telle : elle n'est pas une manière de se tromper, elle exprime en droit le non-sens dans la pensée. La bêtise n'est pas une erreur ni un tissu d'erreurs. On connaît des pensées imbéciles, des discours imbéciles qui sont faits tout entiers de vérités ; mais ces vérités sont basses, sont celles d'une âme basse, lourde et de plomb. *La bêtise et, plus profondément, ce dont elle est symptôme : une manière basse de penser.* Voilà ce qui exprime en droit l'état d'un esprit dominé par des forces réactives. Dans la vérité comme dans l'erreur, la pensée

1. *HH*, 146 : « L'artiste a, quant à la connaissance de la vérité, une moralité plus faible que le penseur ; il ne veut absolument pas se laisser enlever les interprétations de la vie brillantes… »

stupide ne découvre que le plus bas, les basses erreurs et les basses vérités qui traduisent le triomphe de l'esclave, le règne des valeurs mesquines ou la puissance d'un ordre établi. Nietzsche, en lutte avec son temps, ne cesse pas de dénoncer : Que de bassesse pour pouvoir dire ceci, pour pouvoir penser cela !

Le concept de vérité ne se détermine qu'en fonction d'une typologie pluraliste. Et la typologie commence par une topologie. Il s'agit de savoir à quelle *région* appartiennent telles erreurs et telles vérités, quel est leur *type*, *qui* les formule et les conçoit. Soumettre le vrai à l'épreuve du bas, mais aussi soumettre le faux à l'épreuve du haut : c'est la tâche réellement critique et le seul moyen de s'y reconnaître dans la « vérité ». Lorsque quelqu'un demande à quoi sert la philosophie, la réponse doit être agressive, puisque la question se veut ironique et mordante. La philosophie ne sert pas à l'État ni à l'Église, qui ont d'autres soucis. Elle ne sert aucune puissance établie. La philosophie sert à *attrister*. Une philosophie qui n'attriste personne et ne contrarie personne n'est pas une philosophie. Elle sert à nuire à la bêtise, elle fait de la bêtise quelque chose de honteux [1]. Elle n'a pas d'autre usage que celui-ci : dénoncer la bassesse de pensée sous toutes ses formes. Y a-t-il une discipline, hors la philosophie, qui se propose la critique de toutes les mystifications, quels qu'en soient la source et le but ? Dénoncer toutes les fictions sans lesquelles les forces réactives ne l'emporteraient pas. Dénoncer dans la mystification ce

1. *Co. In.*, II, « Schopenhauer éducateur », 8 : « Diogène objecta, lorsqu'on loua un philosophe devant lui : Qu'a-t-il donc à montrer de grand, lui qui s'est si longtemps adonné à la philosophie sans jamais *attrister* personne ? En effet, il faudrait mettre en épitaphe sur la tombe de la philosophie d'université : Elle n'a attristé personne. » – *GS*, 328 : les philosophes anciens ont tenu un sermon contre la sottise, « ne nous demandons pas ici si ce sermon est mieux fondé que le sermon contre l'égoïsme ; ce qui est certain, c'est qu'il a dépouillé la sottise de sa bonne conscience : ces philosophes ont *nui* à la bêtise. »

mélange de bassesse et de bêtise, qui forme aussi bien l'étonnante complicité des victimes et des auteurs. Faire enfin de la pensée quelque chose d'agressif, d'actif et d'affirmatif. Faire des hommes libres, c'est-à-dire des hommes qui ne confondent pas les fins de la culture avec le profit de l'État, de la morale ou de la religion. Combattre le ressentiment, la mauvaise conscience qui nous tiennent lieu de pensée. Vaincre le négatif et ses faux prestiges. Qui a intérêt à tout cela, sauf la philosophie ? La philosophie comme critique nous dit le plus positif d'elle-même : entreprise de démystification. Et qu'on ne se hâte pas de proclamer à cet égard l'échec de la philosophie. Si grandes qu'elles soient, la bêtise et la bassesse seraient encore plus grandes, si ne subsistait un peu de philosophie qui les empêche à chaque époque d'aller aussi loin qu'elles voudraient, qui leur interdit respectivement, ne serait-ce que par ouï-dire, d'être aussi bête et aussi basse que chacune le souhaiterait pour son compte. Certains excès leur sont interdits, mais qui leur interdit sauf la philosophie ? Qui les force à se masquer, à prendre des airs nobles et intelligents, des airs de penseur ? Certes, il existe une mystification proprement philosophique ; l'image dogmatique de la pensée et la caricature de la critique en témoignent. Mais la mystification de la philosophie commence à partir du moment où celle-ci renonce à son rôle… démystificateur, et fait la part des puissances établies : quand elle renonce à nuire à la bêtise, à dénoncer la bassesse. C'est vrai, dit Nietzsche, que les philosophes aujourd'hui sont devenus des *comètes*[1]. Mais, de Lucrèce aux philosophes du XVIIIe, nous devons observer ces comètes, les suivre si possible, en retrouver le chemin fantastique. Les philosophes-comètes surent faire du plu-

1. *NP* – *Co. In.*, II, « Schopenhauer éducateur », 7 : « La nature envoie le philosophe dans l'humanité comme une flèche ; elle ne vise pas, mais elle espère que la flèche restera accrochée quelque part. »

ralisme un art de penser, un art critique. Ils ont su dire aux hommes ce que cachaient leur mauvaise conscience et leur ressentiment. Ils ont su opposer aux valeurs et aux puissances établies ne fût-ce que l'image d'un homme libre. Après Lucrèce, comment est-il possible de demander encore : à quoi sert la philosophie ?

Il est possible de le demander parce que l'image du philosophe est constamment obscurcie. On en fait un sage, lui qui est seulement l'ami de la sagesse, ami en un sens ambigu, c'est-à-dire l'anti-sage, celui qui doit se masquer de sagesse pour survivre. On en fait un ami de la vérité, lui qui fait subir au vrai l'épreuve la plus dure, dont la vérité sort aussi démembrée que Dionysos : l'épreuve du sens et de la valeur. L'image du philosophe est obscurcie par tous ses déguisements nécessaires, mais aussi par toutes les trahisons qui font de lui le philosophe de la religion, le philosophe de l'État, le collectionneur des valeurs en cours, le fonctionnaire de l'histoire. L'image authentique du philosophe ne survit pas à celui qui sut l'incarner pour un temps, à son époque. Il faut qu'elle soit reprise, réanimée, qu'elle trouve un nouveau champ d'activité à l'époque suivante. Si la besogne critique de la philosophie n'est pas activement reprise à chaque époque, la philosophie meurt, et avec elle l'image du philosophe et l'image de l'homme libre. La bêtise et la bassesse ne finissent pas de former des alliages nouveaux. La bêtise et la bassesse sont toujours celles de notre temps, de nos contemporains, notre bêtise et notre bassesse[1]. À la différence du concept intemporel d'erreur, la bassesse ne se sépare pas du temps, c'est-à-dire de ce transport du présent, de cette actualité dans laquelle elle s'incarne et se

1. *AC*, 38 : « Pareil à tous les clairvoyants, je suis d'une grande tolérance envers le passé, c'est-à-dire que généreusement je me contrains moi-même… Mais mon sentiment se retourne, éclate, dès que j'entre dans le temps moderne, dans notre temps. »

meut. C'est pourquoi la philosophie a, avec le temps, un rapport essentiel : toujours contre son temps, critique du monde actuel, le philosophe forme des concepts qui ne sont ni éternels ni historiques, mais intempestifs et inactuels. L'opposition dans laquelle la philosophie se réalise est celle de l'inactuel avec l'actuel, de l'intempestif avec notre temps [1]. Et dans l'intempestif, il y a des vérités plus durables que les vérités historiques et éternelles réunies : les vérités du temps à venir. Penser activement, c'est « agir d'une façon inactuelle, donc contre le temps, et par là même sur le temps, en faveur (je l'espère) d'un temps à venir [2] ». La chaîne des philosophes n'est pas la chaîne éternelle des sages, encore moins l'enchaînement de l'histoire, mais une chaîne brisée, la succession des comètes, leur discontinuité et leur répétition qui ne se ramènent ni à l'éternité du ciel qu'elles traversent, ni à l'historicité de la terre qu'elles survolent. Il n'y a pas de philosophie éternelle, ni de philosophie historique. L'éternité comme l'historicité de la philosophie se ramènent à ceci : la philosophie, toujours intempestive, intempestive à chaque époque.

En mettant la pensée dans l'élément du sens et de la valeur, en faisant de la pensée active une critique de la bêtise et de la bassesse, Nietzsche propose une nouvelle image de la pensée. C'est que penser n'est jamais l'exercice naturel d'une faculté. Jamais la pensée ne pense toute seule et par elle-même ; jamais non plus elle n'est simplement troublée par des forces qui lui resteraient extérieures. Penser dépend des forces qui s'emparent de la pensée. Tant que notre pensée est occupée par les forces réactives, tant qu'elle trouve son sens dans les forces réactives, il faut bien avouer que nous ne pensons pas encore. Penser

1. *Co. In.*, I, « De l'utilité et de l'inconvénient des études historiques », Préface.

2. *Co. In.*, II, « Schopenhauer éducateur », 3-4.

désigne l'activité de la pensée ; mais la pensée a ses manières à elle d'être inactive, elle peut s'y employer tout entière et de toutes ses forces. Les fictions par lesquelles les forces réactives triomphent forment le plus *bas* dans la pensée, la manière dont elle reste inactive et s'occupe à ne pas penser. Lorsque Heidegger annonce : nous ne pensons pas encore, une origine de ce thème est chez Nietzsche. Nous attendons les forces capables de faire de la pensée quelque chose d'actif, d'absolument actif, la puissance capable d'en faire une affirmation. Penser, comme activité, est toujours une seconde puissance de la pensée, non pas l'exercice naturel d'une faculté, mais un extraordinaire événement dans la pensée elle-même, pour la pensée elle-même. Penser est une n^e… puissance de la pensée. Encore faut-il qu'elle soit élevée à cette puissance, qu'elle devienne « la légère », « l'affirmative », « la danseuse ». Or elle n'atteindra jamais cette puissance, si des forces n'exercent sur elle une violence. Il faut qu'une violence s'exerce sur elle en tant que pensée, il faut qu'une puissance *la force à penser*, la jette dans un devenir-actif. Une telle contrainte, un tel dressage, est ce que Nietzsche appelle « Culture ». La culture, selon Nietzsche, est essentiellement dressage et sélection [1]. Elle exprime la violence des forces, qui s'emparent de la pensée pour en faire quelque chose d'actif, d'affirmatif. – On ne comprendra ce concept de culture que si l'on saisit toutes les manières dont il s'oppose à la méthode. La méthode suppose toujours une bonne volonté du penseur, « une décision préméditée ». La culture, au contraire, est une violence subie par la pensée, une formation de la pensée sous l'action de forces sélectives, un dressage qui met en jeu tout l'inconscient du penseur. Les Grecs ne parlaient pas de méthode, mais de *paideia* ; ils savaient que la pensée ne pense pas à partir d'une bonne volonté, mais en vertu de forces qui

1. *Co. In.*, II, « Schopenhauer éducateur », 6. – *VP*, IV.

s'exercent sur elle pour la contraindre à penser. Même Platon distinguait encore ce qui force à penser et ce qui laisse la pensée inactive ; et dans le mythe de la caverne, il subordonnait la *paideia* à la violence subie par un prisonnier soit pour sortir de la caverne, soit pour y revenir[1]. C'est cette idée grecque d'une violence sélective de la culture que Nietzsche retrouve dans des textes célèbres. « Que l'on considère notre ancienne organisation pénale, et l'on se rendra compte des difficultés qu'il y a sur la terre pour élever un peuple de penseurs… » : même les supplices y sont nécessaires. « Apprendre à penser : dans nos écoles, on en a complètement perdu la notion… » ; « Si étrange que cela puisse sembler, tout ce qui existe et a jamais existé sur la terre, en fait de liberté, de finesse, d'audace, de danse et de magistrale assurance, n'a jamais pu fleurir que sous la tyrannie des lois arbitraires[2]. »

Et, sans doute, il y a de l'ironie dans ces textes : le « peuple de penseurs », dont parle Nietzsche, n'est pas le peuple grec, mais se trouve être le peuple allemand. Toutefois, où est l'ironie ? *Non pas* dans l'idée que la pensée n'arrive à penser que sous l'action de forces qui lui font violence. *Non pas* dans l'idée de la culture comme violent dressage. L'ironie apparaît plutôt dans un doute sur le devenir de la culture. On commence comme des Grecs, on finit comme des Allemands. Dans plusieurs

1. Platon, *République*, VII : Cf. non seulement le mythe de la caverne, mais le fameux passage sur les « doigts » (distinction de ce qui force à penser et de ce qui ne force pas à penser). – Platon développe alors une image de la pensée très différente de celle qui apparaît dans d'autres textes. Ces autres textes nous présentent une conception déjà dogmatique : la pensée comme amour et désir du vrai, du beau, du bien. N'y aurait-il pas lieu d'opposer chez Platon ces deux images de la pensée, la seconde seule étant particulièrement socratique ? N'est-ce pas quelque chose de ce genre que Nietzsche veut dire, quand il conseille : « Essayer de caractériser Platon sans Socrate ? » (cf. *NP*).

2. *GM*, II, 3. – *Cr. Id.*, « Ce que les Allemands sont en train de perdre », 7. – *BM*, 188.

textes étranges, Nietzsche fait valoir cette déception de Dionysos ou d'Ariane : se trouver devant un Allemand quand on voulait un Grec[1]. – L'activité générique de la culture a un but final : former l'artiste, le philosophe[2]. Toute sa violence sélective est au service de cette fin ; « je m'occupe à l'heure présente d'une espèce d'homme dont la téléologie conduit un peu plus haut que le bien d'un État[3] ». Les principales activités culturelles des Églises et des États forment plutôt le long martyrologe de la culture elle-même. Et quand un État favorise la culture, « il ne la favorise que pour se favoriser lui-même, et jamais ne conçoit qu'il y ait un but qui soit supérieur à son bien et à son existence ». Pourtant, d'autre part, la confusion de l'activité culturelle avec le bien de l'État repose sur quelque chose de réel. Le travail culturel des forces actives risque, à chaque instant, d'être détourné de son sens : il arrive précisément qu'il passe au profit des forces réactives. Cette violence de la culture, il arrive que l'Église ou l'État la prennent à leur compte pour réaliser des fins qui sont les leurs. Cette violence, il arrive que les forces réactives la détournent de la culture, qu'elles en fassent une force réactive elle-même, un moyen d'abêtir encore plus, d'abaisser la pensée. Il arrive qu'elles confondent la violence de la culture avec leur propre violence, leur propre force[4]. Nietzsche

1. Cf. a) *VP*, II, 226 : « À ce moment Ariane perdit patience… : "Mais monsieur, dit-elle, vous parlez allemand comme un cochon ! – Allemand, dis-je sans me fâcher, rien qu'allemand…" » ; b) *VO*, projet de préface, 10 : « Le Dieu apparut devant moi, le dieu que je connaissais depuis longtemps, et il se prit à dire : "Eh bien ! attrapeur de rats, que viens-tu donc faire ici ? Toi qui es à moitié jésuite et à moitié musicien, et presque un Allemand ?" » ; c) On se rappellera aussi que l'admirable poème *La plainte d'Ariane* est, dans Zarathoustra, attribué à l'*Enchanteur* ; mais l'enchanteur est un mystificateur, un « faux-monnayeur » de la culture.

2. *Co. In.*, II, « Schopenhauer éducateur », 8.

3. *Co. In.*, II, « Schopenhauer éducateur », 4.

4. *Co. In.*, II, « Schopenhauer éducateur », 6.

appelle ce processus « dégénérescence de la culture ». Dans quelle mesure il est inévitable, dans quelle mesure évitable, pour quelles raisons et par quels moyens, nous le saurons plus tard. Quoi qu'il en soit à cet égard, Nietzsche souligne ainsi l'ambivalence de la culture : de grecque elle devient allemande…

C'est dire une fois de plus à quel point la nouvelle image de la pensée implique des rapports de force extrêmement complexes. La théorie de la pensée dépend d'une typologie des forces. Et là encore la typologie commence par une topologie. Penser dépend de certaines coordonnées. Nous avons les vérités que nous méritons d'après le lieu où nous portons notre existence, l'heure où nous veillons, l'élément que nous fréquentons. L'idée que la vérité sorte du puits, il n'y a pas de plus fausse idée. Nous ne trouvons les vérités que là où elles sont, à leur heure et dans leur élément. Toute vérité est vérité d'un élément, d'une heure et d'un lieu : le minotaure ne sort pas du labyrinthe[1]. Nous ne penserons pas tant qu'on ne nous forcera pas à aller là où sont des vérités qui donnent à penser, là où s'exercent les forces qui font de la pensée quelque chose d'actif et d'affirmatif. Non pas une méthode, mais une *paideia*, une formation, une culture. La méthode en général est un moyen pour nous éviter d'aller dans tel lieu, ou pour nous garder la possibilité d'en sortir (le fil dans le labyrinthe). « Et nous, nous vous en prions instamment, pendez-vous à ce fil ! » Nietzsche dit : trois anecdotes suffisent pour définir la vie d'un penseur[2]. Sans doute une pour le lieu, une pour l'heure, une pour l'élément. L'anecdote est dans la vie ce que l'aphorisme est dans la pensée : quelque chose à interpréter. Empédocle et son volcan, voilà une anecdote de penseur. Le haut des cimes et les cavernes, le

1. *VP*, III, 408.
2. *NP*.

labyrinthe ; minuit-midi ; l'élément aérien, alcyonien, et aussi l'élément raréfié de ce qui est souterrain. À nous d'aller dans les lieux extrêmes, aux heures extrêmes, où vivent et se lèvent les vérités les plus hautes, les plus profondes. Les lieux de la pensée sont les zones tropicales, hantées par l'homme tropical. Non pas les zones tempérées, ni l'homme moral, méthodique ou modéré [1].

1. *BM*, 197.

Chapitre IV

Du ressentiment à la mauvaise conscience

1. RÉACTION ET RESSENTIMENT

Dans l'état normal ou de santé, les forces réactives ont toujours pour rôle de limiter l'action. Elles la divisent, la retardent ou l'empêchent en fonction d'une autre action dont nous subissons l'effet. Mais, inversement, les forces actives font exploser la création : elles la précipitent dans un instant choisi, à un moment favorable, dans une direction déterminée, pour une tâche d'adaptation rapide et précise. Ainsi se forme une *riposte*. C'est pourquoi Nietzsche peut dire : « La vraie réaction est celle de l'action[1]. » Le type actif, en ce sens, n'est pas un type qui contiendrait exclusivement des forces actives ; il exprime le rapport « normal » entre une réaction qui retarde l'action et une action qui précipite la réaction. Le maître est dit ré-agir, précisément parce qu'il agit ses réactions. Le type actif englobe donc les forces réactives, mais dans un tel état qu'elles se définissent par une puissance d'obéir ou d'être agies. Le type actif exprime un rapport entre les forces actives et

1. *GM*, I, 10.

les forces réactives, tel que ces dernières sont elles-mêmes agies.

On comprend, dès lors, qu'il ne suffit pas d'une réaction pour faire un ressentiment. Ressentiment désigne un type où les forces réactives l'emportent sur les forces actives. Or elles ne peuvent l'emporter que d'une façon : en cessant d'être agies. Nous ne devons surtout pas définir le ressentiment par la force d'une réaction. Si nous demandons ce qu'est l'homme du ressentiment, nous ne devons pas oublier ce principe : il ne ré-agit pas. Et le mot de ressentiment donne une indication rigoureuse : *la réaction cesse d'être agie pour devenir quelque chose de senti*. Les forces réactives l'emportent sur les forces actives parce qu'elles se dérobent à leur action. Mais, à ce point, deux questions surgissent : 1° Comment l'emportent-elles ? Comment se dérobent-elles ? Quel est le mécanisme de cette « maladie » ? 2° Et, inversement, comment les forces réactives sont-elles normalement agies ? Normal ici ne signifie pas fréquent, mais au contraire normatif et rare. Quelle est la définition de cette norme, de cette « santé » ?

2. PRINCIPE DU RESSENTIMENT

Freud expose souvent un schéma de la vie qu'il appelle « hypothèse topique ». Ce n'est pas le même système qui reçoit une excitation et qui en conserve une trace durable : un même système ne pourrait pas à la fois garder fidèlement les transformations qu'il subit et offrir une réceptivité toujours fraîche. « Nous supposerons donc qu'un système externe de l'appareil reçoit les excitations perceptibles, mais n'en retient rien, n'a donc pas de mémoire, et que derrière ce système, il s'en trouve un autre qui transforme l'excitation momentanée du premier en traces durables. » Ces deux systèmes ou enregistrements correspondent à la distinction de la conscience et de l'inconscient : « Nos souvenirs sont par nature inconscients » ; et inversement : « La conscience naît là où s'arrête la trace mnémique. » Aussi faut-il concevoir la formation du système conscient comme le résultat d'une évolution : à la limite du dehors et du dedans, du monde intérieur et du monde extérieur, « il se serait formé une écorce tellement assouplie par les excitations qu'elle recevrait sans cesse, qu'elle aurait acquis des propriétés la rendant apte uniquement à recevoir de nouvelles excitations », ne gardant des objets qu'une image directe et modifiable tout à fait distincte de la trace durable ou même immuable dans le système inconscient[1].

Cette hypothèse topique, Freud est loin de la prendre à son compte et de l'accepter sans restrictions. Le fait est que nous trouvons tous les éléments de l'hypothèse chez Nietzsche. Nietzsche distingue deux systèmes de l'appareil réactif : la conscience et l'inconscient[2]. L'inconscient réactif est défini par les traces mnémiques, par les empreintes durables. C'est un système digestif, végétatif et ruminant, qui exprime « l'impossibilité purement passive de se soustraire à l'impression une fois reçue ». Et sans doute, même dans cette digestion sans fin, les forces réactives exécutent une besogne qui leur est dévolue : se fixer à l'empreinte indélébile, investir la trace. Mais qui ne voit l'insuffisance de cette première espèce de forces réactives ? Jamais une adaptation ne serait possible si l'appareil réactif ne disposait d'un autre système de forces. Il faut un autre système, où la réaction cesse d'être une réaction aux traces pour devenir réaction à l'excitation présente ou à l'image directe de l'objet.

1. Freud, *Science des rêves* (tr. fr., pp. 442-443) ; article sur « l'inconscient » de 1915 (cf. *Métapsychologie*) ; Au-delà du principe de plaisir.

2. *GM*, II, 1 et I, 10. – On remarquera que, chez Nietzsche, il y a plusieurs sortes d'inconscient : l'activité par nature est inconsciente, mais cet inconscient ne doit pas être confondu avec celui des forces réactives.

Cette deuxième espèce de forces réactives ne se sépare pas de la conscience : écorce toujours renouvelée d'une réceptivité toujours fraîche, milieu où « il y a de nouveau de la place pour les choses nouvelles ». On se souvient que Nietzsche voulait rappeler la conscience à la modestie nécessaire : son origine, sa nature, sa fonction sont seulement réactives. Mais il n'y en a pas moins une noblesse relative de la conscience. La deuxième espèce de forces réactives nous montre sous quelle forme et sous quelles conditions la réaction peut être agie : quand des forces réactives prennent pour objet l'excitation dans la conscience, alors la réaction correspondante devient elle-même quelque chose d'agi.

Encore faut-il que les deux systèmes ou les deux espèces de forces réactives soient séparés. Encore faut-il que les traces n'envahissent pas la conscience. Il faut qu'une force active, distincte et déléguée, appuie la conscience et en reconstitue à chaque instant la fraîcheur, la fluidité, l'élément chimique mobile et léger. Cette faculté active supra-consciente est la faculté d'oubli. Le tort de la psychologie fut de traiter l'oubli comme une détermination négative, de ne pas en découvrir le caractère actif et positif. Nietzsche définit la faculté d'oubli : « Non pas une *vis inertiae* comme le croient les esprits superficiels, mais bien plutôt une faculté d'enrayement, au vrai sens du mot », « un appareil d'amortissement », « une force plastique, régénératrice et curative[1] ». *C'est donc en même temps que la réaction devient quelque chose d'agi, parce qu'elle prend pour objet l'excitation dans la conscience, et que la réaction aux traces demeure dans l'inconscient comme quelque chose d'insensible.* « Ce que nous absorbons se présente tout aussi peu à notre conscience pendant l'état de digestion que le pro-

1. *GM*, II, 1 et I, 10. – Thème déjà présent dans *Co. In.*, I, « De l'utilité et de l'inconvénient des études historiques », 1.

cessus multiple qui se passe dans notre corps, pendant que nous assimilons notre nourriture… On en conclura immédiatement que nul bonheur, nulle sérénité, nulle espérance, nulle fierté, nulle jouissance de l'instant présent ne pourraient exister sans faculté d'oubli. » Mais on remarquera la situation très particulière de cette faculté : force active, elle est déléguée par l'activité auprès des forces réactives. Elle sert de « gardienne » ou de « surveillante », empêchant de se confondre les deux systèmes de l'appareil réactif. Force active, elle n'a pas d'autre activité que fonctionnelle. Elle émane de l'activité, mais elle en est abstraite. Et pour renouveler la conscience, elle doit emprunter constamment de l'énergie à la seconde espèce de forces réactives, faire sienne cette énergie pour la rendre à la conscience.

C'est pourquoi, plus que toute autre, elle est sujette à des variations, à des troubles eux-mêmes fonctionnels, à des ratés. « L'homme, chez qui cet appareil d'amortissement est endommagé et ne peut plus fonctionner, est semblable à un dyspeptique (et non seulement semblable) : il n'arrive plus à en finir de rien. » Supposons une défaillance de la faculté d'oubli : la cire de la conscience est comme durcie, l'excitation tend à se confondre avec sa trace dans l'inconscient, et inversement, la réaction aux traces monte dans la conscience et l'envahit. *C'est donc en même temps que la réaction aux traces devient quelque chose de sensible et que la réaction à l'excitation cesse d'être agie.* Les conséquences en sont immenses : ne pouvant plus agir une réaction, les forces actives sont privées de leurs conditions matérielles d'exercice, elles n'ont plus l'occasion d'exercer leur activité, *elles sont séparées de ce qu'elles peuvent.* Nous voyons donc enfin de quelle manière les forces réactives l'emportent sur les forces actives : quand la trace prend la place de l'excitation dans l'appareil réactif, la réaction elle-même prend la place de l'action, la réaction l'emporte sur l'action. Or on admirera que, dans cette manière de l'emporter, tout se passe effectivement entre forces réactives ; les forces réactives ne triomphent pas en formant une force plus grande que celle des forces actives. Même la défaillance fonctionnelle de la faculté d'oubli vient de ce que celle-ci ne trouve plus dans une espèce de forces réactives l'énergie nécessaire pour refouler l'autre espèce et renouveler la conscience. *Tout se passe entre forces réactives :* les unes empêchent les autres d'être agies, les unes détruisent les autres. Étrange combat souterrain qui se déroule tout entier à l'intérieur de l'appareil réactif, mais qui n'en a pas moins une conséquence concernant l'activité tout entière. Nous retrouvons la définition du ressentiment : le ressentiment est une réaction qui, à la fois, devient sensible et cesse d'être agie. Formule qui définit la maladie en général ; Nietzsche ne se contente pas de dire que le ressentiment est une maladie, la maladie comme telle est une forme du ressentiment[1].

3. TYPOLOGIE DU RESSENTIMENT[2]

Le premier aspect du ressentiment est donc topologique : il y a une topologie des forces réactives : c'est leur

1. *EH*, I, 6.

2. *Note sur Nietzsche et Freud :* De ce qui précède, faut-il conclure que Nietzsche eut une influence sur Freud ? D'après Jones, Freud le niait formellement. La coïncidence de l'hypothèse topique de Freud avec le schéma nietzschéen s'explique suffisamment par les préoccupations « énergétiques » communes aux deux auteurs. On sera d'autant plus sensible aux différences fondamentales qui séparent leurs œuvres. On peut imaginer ce que Nietzsche aurait pensé de Freud : là encore, il aurait dénoncé une conception trop « réactive » de la vie psychique, une ignorance de la véritable « activité », une impuissance à concevoir et à provoquer la véritable « transmutation ». On peut l'imaginer avec d'autant plus de vraisemblance que Freud eut parmi ses disciples un nietzschéen authentique. *Otto Rank* devait critiquer chez Freud « l'idée fade et terne de sublimation ». Il reprochait à Freud de ne pas avoir su libérer *la volonté* de

changement de lieu, leur déplacement qui constitue le ressentiment. Ce qui caractérise l'homme du ressentiment, c'est l'envahissement de la conscience par les traces mnémiques, la montée de la mémoire dans la conscience elle-même. Et sans doute, avec cela, tout n'est pas dit sur la mémoire : il faudra se demander comment la conscience est capable de se construire une mémoire à sa taille, une mémoire agie et presque active qui ne repose plus sur des traces. Chez Nietzsche, comme chez Freud, la théorie de la mémoire sera théorie de deux mémoires [1]. Mais tant que nous en restons à la première mémoire, nous restons aussi dans les limites du principe pur du ressentiment ; l'homme du ressentiment est un chien, une espèce de chien qui ne réagit qu'aux traces (limier). Il n'investit que des traces : l'excitation pour lui se confondant localement avec la trace, l'homme du ressentiment ne peut plus agir sa réaction. – Mais cette définition topologique doit nous introduire à une « typologie » du ressentiment. Car, lorsque les forces réactives l'emportent sur les forces actives par ce biais, elles forment elles-mêmes un type. Nous voyons quel est le symptôme principal de ce type : une prodigieuse mémoire. Nietzsche insiste sur cette incapacité d'oublier quelque chose, sur cette faculté de ne rien oublier, sur la nature profondément réactive de cette faculté qu'il faut considérer de tous les points de vue [2]. Un

la mauvaise conscience ou de la culpabilité. Il voulait s'appuyer sur des forces actives de l'inconscient inconnues du freudisme, et remplacer la sublimation par une volonté *créatrice et artiste*. Ce qui l'amenait à dire : je suis à Freud ce que Nietzsche est à Schopenhauer. Cf. RANK, *La volonté de bonheur*.

1. Cette seconde mémoire de la conscience se fonde sur *la parole* et se manifeste comme *faculté de promettre* : cf. *GM*, II, 1. – Chez Freud aussi, il y a une mémoire consciente dépendant de « traces verbales », lesquelles se distinguent des traces mnémiques et « correspondent probablement à un enregistrement particulier » (cf. *L'inconscient* et *Le moi et le soi*).

2. *GM*, I, 10, et II, 1.

type, en effet, est une réalité à la fois biologique, psychique, historique, sociale et politique.

Pourquoi le ressentiment est-il *esprit de vengeance* ? On pourrait croire que l'homme du ressentiment s'explique accidentellement : ayant éprouvé une excitation trop forte (une douleur), il aurait dû renoncer à réagir, n'étant pas assez fort pour former une riposte. Il éprouverait donc un désir de vengeance et, par voie de généralisation, voudrait exercer cette vengeance sur le monde entier. Une telle interprétation est erronée ; elle tient compte seulement des quantités, quantité d'excitation reçue que l'on compare « objectivement » à la quantité de force d'un sujet réceptif. Or ce qui compte pour Nietzsche n'est pas la quantité de force envisagée abstraitement, mais un rapport déterminé dans le sujet lui-même entre forces de différente nature qui le composent : ce qu'on appelle un type. Quelle que soit la force de l'excitation reçue, quelle que soit la force totale du sujet lui-même, l'homme du ressentiment ne se sert de celle-ci que pour investir la trace de celle-là, si bien qu'il est incapable d'agir, et même de réagir à l'excitation. Aussi n'est-il pas besoin qu'il ait éprouvé une excitation excessive. Cela peut se faire, cela n'est pas nécessaire. Il n'a pas plus besoin de généraliser pour concevoir le monde entier comme objet de son ressentiment. En vertu de son type, l'homme du ressentiment ne « réagit » pas : sa réaction n'en finit pas, elle est sentie au lieu d'être agie. Elle s'en prend donc à son objet quel qu'il soit comme à un objet dont il faut tirer vengeance, auquel il faut précisément faire payer ce retard infini. *L'excitation peut être belle et bonne, et l'homme du ressentiment l'éprouver comme telle :* elle peut fort bien ne pas excéder la force de l'homme du ressentiment, celui-ci peut bien avoir, une quantité de force abstraite aussi grande qu'un autre. Il n'en sentira pas moins l'objet correspondant comme une offense personnelle et un affront, parce qu'il rend l'objet responsable de sa propre impuissance à en investir autre chose que la trace, impuissance qualitative ou typique. L'homme du ressentiment éprouve tout être et tout objet comme une offense dans la mesure exactement proportionnelle où il en subit l'effet. La beauté, la bonté lui sont nécessairement des outrages aussi considérables qu'une douleur ou un malheur éprouvés. « On n'arrive à se débarrasser de rien, on n'arrive à rien rejeter. Tout blesse. Les hommes et les choses s'approchent indiscrètement de trop près ; tous les événements laissent des traces ; le souvenir est une plaie purulente[1]. » L'homme du ressentiment est par lui-même un être douloureux : la sclérose ou le durcissement de sa conscience, la rapidité avec laquelle toute excitation se fige et se glace en lui, le poids des traces qui l'envahissent sont autant de souffrances cruelles. Et plus profondément *la mémoire des traces est haineuse en elle-même par elle-même*. Elle est venimeuse et dépréciative, parce qu'elle s'en prend à l'objet pour compenser sa propre impuissance à se soustraire aux traces de l'excitation correspondante. C'est pourquoi la vengeance du ressentiment, même quand elle se réalise, n'en est pas moins « spirituelle », imaginaire et symbolique dans son principe. Ce lien essentiel entre la vengeance et la mémoire des traces n'est pas sans ressemblance avec le complexe freudien sadique-anal. Nietzsche lui-même présente la mémoire comme une digestion qui n'en finit pas, et le type du ressentiment comme un type anal[2]. Cette mémoire intestinale et venimeuse, c'est elle que Nietzsche appelle l'araignée, la tarentule, l'esprit de vengeance... – On voit où Nietzsche veut en venir : faire une psychologie qui soit vraiment une typologie, fonder la psychologie « sur le

1. *EH*, I, 6.

2. *EH*, II, 1 : « L'esprit allemand est une indigestion, il n'arrive à en finir avec rien... Tous les préjugés viennent des intestins. Le cul de plomb, je l'ai déjà dit, c'est le véritable péché contre le saint esprit. » – *GM*, I, 6 : sur la « débilité intestinale » de l'homme du ressentiment.

plan du sujet »[1]. Même les possibilités d'une guérison seront subordonnées à la transformation des types (renversement et transmutation).

4. CARACTÈRES DU RESSENTIMENT

Nous ne devons pas être abusés par l'expression « esprit de vengeance ». *Esprit* ne fait pas de la vengeance une intention, une fin non réalisée, mais, au contraire, donne à la vengeance un moyen. Nous ne comprenons pas le ressentiment tant que nous n'y voyons qu'un *désir* de vengeance, un désir de se révolter et de triompher. Le ressentiment dans son principe topologique entraîne un état de forces réel : l'état des forces réactives qui ne se laissent plus agir, qui se dérobent à l'action des forces actives. Il donne à la vengeance un moyen : moyen de renverser le rapport normal des forces actives et réactives. C'est pourquoi le ressentiment lui-même est déjà une révolte, et déjà le triomphe de cette révolte. Le ressentiment est le triomphe du faible en tant que faible, la révolte des esclaves et leur victoire en tant qu'esclaves. C'est dans leur victoire que les esclaves forment un type. Le type du maître (type actif) sera défini par la faculté d'oublier, comme par la puissance d'agir les réactions. Le type de l'esclave (type réactif) sera défini par la prodigieuse mémoire, par la puissance du ressentiment ; plusieurs caractères en découlent, qui déterminent ce second type.

L'impuissance à admirer, à respecter, à aimer[2]. – La mémoire des traces est haineuse par elle-même. Même dans les souvenirs les plus attendris et les plus amoureux,

1. Expression familière à Jung, quand il dénonce le caractère « objectiviste » de la psychologie freudienne. Mais précisément Jung admire Nietzsche d'avoir, le premier, installé la psychologie sur le plan du sujet, c'est-à-dire de l'avoir conçue comme une véritable *typologie*.

2. *BM*, 260, et *GM*, I, 10.

la haine ou la vengeance se cachent. On voit les ruminants de la mémoire déguiser cette haine par une opération subtile, qui consiste à se reprocher à eux-mêmes tout ce que, en fait, ils reprochent à l'être dont ils feignent de chérir le souvenir. Pour cette même raison, nous devons nous méfier de ceux qui s'accusent devant ce qui est bon ou beau, prétendant ne pas comprendre, ne pas être dignes : leur modestie fait peur. Quelle haine du beau se cache dans leurs déclarations d'infériorité. Haïr tout ce qu'on sent aimable ou admirable, diminuer toute chose à force de bouffonneries ou d'interprétations basses, voir en toute chose un piège dans lequel il ne faut pas tomber : ne jouez pas au plus fin avec moi. Le plus frappant dans l'homme du ressentiment n'est pas sa méchanceté, mais sa dégoûtante malveillance, sa capacité dépréciative. Rien n'y résiste. Il ne respecte pas ses amis, ni même ses ennemis. Ni même le malheur ou la cause du malheur[1]. Pensons aux Troyens qui, en Hélène, admiraient et respectaient la cause de leur propre malheur. Mais il faut que l'homme du ressentiment fasse du malheur lui-même une chose médiocre, qu'il récrimine et distribue les torts : sa tendance à déprécier les causes, à faire du malheur « la faute de quelqu'un ». Au contraire, le respect aristocratique pour les causes du malheur ne fait qu'un avec l'impossibilité de prendre au sérieux ses propres malheurs. Le sérieux avec lequel l'esclave prend ses malheurs témoigne d'une digestion malaisée, d'une pensée basse, incapable d'un sentiment de respect.

La « passivité ». – Dans le ressentiment « le bonheur apparaît surtout sous forme de stupéfiant, d'assoupissement, de repos, de paix, de sabbat, de relâchement pour l'esprit et le corps, bref sous forme passive[2] ». Passif

1. Jules Vallès, révolutionnaire « actif », insistait sur cette nécessité de respecter les causes du malheur *(Tableau de Paris)*.
2. *GM*, I, 10.

chez Nietzsche ne veut pas dire non-actif ; non-actif, c'est réactif ; mais passif veut dire non-agi. Ce qui est passif, c'est seulement la réaction en tant qu'elle n'est pas agie. Passif désigne le triomphe de la réaction, le moment où, cessant d'être agie, elle devient précisément un ressentiment. L'homme du ressentiment ne sait pas et ne veut pas aimer, mais il veut être aimé. Ce qu'il veut : être aimé, nourri, abreuvé, carressé, endormi. Lui, l'impuissant, le dyspeptique, le frigide, l'insomniaque, l'esclave. Aussi l'homme du ressentiment montre-t-il une grande susceptibilité : face à tous les exercices qu'il est incapable d'entreprendre, il estime que la moindre compensation qui lui est due est justement d'en recueillir un bénéfice. Il considère donc comme une preuve de méchanceté notoire qu'on ne l'aime pas, qu'on ne le nourrisse pas. L'homme du ressentiment est l'homme du bénéfice et du profit. Bien plus, le ressentiment n'a pu s'imposer dans le monde qu'en faisant triompher le bénéfice, en faisant du profit non seulement un désir et une pensée, mais un système économique, social, théologique, un système complet, un divin mécanisme. Ne pas reconnaître le profit, voilà le crime théologique et le seul crime contre l'esprit. C'est en ce sens que les esclaves ont une *morale*, et que cette morale est celle de *l'utilité*[1]. Nous demandions : qui considère l'action du point de vue de son utilité ou de sa nocivité ? Et même, qui considère l'action du point de vue du bien et du mal, du louable et du blâmable ? Qu'on passe en revue toutes les qualités que la morale appelle « louables » en soi, « bonnes » en soi, par exemple l'incroyable notion de désintéressement. On s'apercevra qu'elles cachent les exigences et les récriminations d'un tiers passif : c'est lui qui réclame un intérêt des actions qu'il ne fait pas ; il vante précisément le caractère désintéressé des actions

1. *BM*, 260.

dont il tire un bénéfice[1]. La morale en soi cache le point de vue utilitaire ; mais l'utilitarisme cache le point de vue du tiers passif, le point de vue triomphant d'un esclave qui s'interpose entre les maîtres.

L'imputation des torts, la distribution des responsabilités, l'accusation perpétuelle. – Tout cela prend la place de l'agressivité : « Le penchant à être agressif fait partie de la force aussi rigoureusement que le sentiment de vengeance et de rancune appartient à la faiblesse[2]. » Considérant le bénéfice comme un droit, considérant comme un droit de profiter des actions qu'il ne fait pas, l'homme du ressentiment éclate en aigres reproches dès que son attente est déçue. Et comment ne serait-elle pas déçue, la frustration et la vengeance étant comme les *a priori* du ressentiment ? C'est ta faute si personne ne m'aime, c'est ta faute si j'ai raté ma vie, ta faute aussi si tu rates la tienne ; tes malheurs et les miens sont également ta faute. Nous retrouvons ici la redoutable puissance féminine du ressentiment : elle ne se contente pas de dénoncer les crimes et les criminels, elle veut des fautifs, des responsables. Nous devinons ce que veut la créature du ressentiment : elle veut que les autres soient méchants, elle a besoin que les autres soient méchants pour pouvoir se sentir bonne. *Tu es méchant, donc je suis bon :* telle est la formule fondamentale de l'esclave, elle traduit l'essentiel du ressentiment du point de vue typologique, elle résume et réunit tous les caractères précédents. Que l'on compare cette formule avec celle du maître : *je suis bon, donc tu es*

1. *GS*, 21 : « Le prochain loue le désintéressement parce qu'il en tire son bénéfice. Si le prochain raisonnait lui-même d'une façon désintéressée, il ne voudrait pas ce sacrifice de force, ce dommage dont il profite, il s'opposerait à la naissance de ces penchants, surtout il manifesterait son propre désintéressement en disant qu'ils ne sont pas bons. Voilà ce qui indique la contradiction fondamentale de cette morale qu'on prône de nos jours : ses motifs sont en opposition avec son principe. »

2. *EH*, I, 7.

méchant. La différence entre les deux mesure la révolte de l'esclave et son triomphe : « Ce renversement du coup d'œil appréciateur appartient en propre au ressentiment ; la morale des esclaves a toujours et avant tout besoin pour prendre naissance d'un monde opposé et extérieur[1]. » L'esclave a besoin *d'abord* de poser que l'autre est méchant.

5. EST-IL BON ? EST-IL MÉCHANT ?

Voici les deux formules : Je suis bon donc tu es méchant. – Tu es méchant donc je suis bon. Nous disposons de la méthode de dramatisation. Qui prononce l'une de ces formules ? Qui prononce l'autre ? Et qu'est-ce que veut chacun ? Ce ne peut pas être le même qui prononce les deux, *car le bon de l'une est précisément le méchant de l'autre*. « Le concept de bon n'est pas unique[2] » ; les mots *bon*, *méchant*, et même *donc*, ont plusieurs sens. Là encore, on vérifiera que la méthode de dramatisation, essentiellement pluraliste et immanente, donne sa règle à la recherche. Celle-ci ne trouve pas ailleurs la règle scientifique qui la constitue comme une séméiologie et une axiologie, lui permettant de déterminer le sens et la valeur d'un mot. Nous demandons : quel est celui qui *commence* par dire : « Je suis bon » ? Certes, ce n'est pas celui qui se compare aux autres, ni qui compare ses actions et ses œuvres à des valeurs supérieures ou transcendantes : il ne commencerait pas… Celui qui dit : « Je suis bon » n'attend pas d'être dit bon. Il s'appelle ainsi, il se nomme et se dit ainsi, dans la mesure même où il agit, affirme et jouit. Bon qualifie l'activité, l'affirmation, la jouissance qui s'éprouvent dans leur exercice : une certaine qualité

1. *GM*, I, 10.
2. *GM*, I, 11.

d'âme, « une certaine certitude fondamentale qu'une âme possède au sujet d'elle-même, quelque chose qu'il est impossible de chercher, de trouver et peut-être même de perdre[1] ». Ce que Nietzsche appelle souvent *la distinction* est le caractère interne de ce qu'on affirme (on n'a pas à le chercher), de ce qu'on met en action (on ne le trouve pas), de ce dont on jouit (on ne peut pas le perdre). Celui qui affirme et qui agit est en même temps celui qui est : « Le mot *esthlos* signifie d'après sa racine quelqu'un qui est, qui a de la réalité, qui est réel, qui est vrai[2]. » « Celui-là a conscience qu'il confère de l'honneur aux choses, qu'il crée les valeurs. Tout ce qu'il trouve en soi, il l'honore ; une telle morale consiste dans la glorification de soi-même. Elle met au premier plan le sentiment de la plénitude, de la puissance qui veut déborder, le bien-être d'une haute tension interne, la conscience d'une richesse désireuse de donner et de se prodiguer[3]. » « Ce sont les bons eux-mêmes, c'est-à-dire les hommes de distinction, les puissants, ceux qui sont supérieurs par leur situation et leur élévation d'âme qui se sont eux-mêmes considérés comme bons, qui ont jugé leurs actions bonnes, c'est-à-dire de premier ordre, établissant cette taxation par opposition à tout ce qui était bas, mesquin, vulgaire[4]. » Aucune comparaison n'intervient pourtant dans le principe. Que d'autres soient méchants dans la mesure où ils n'affirment pas, n'agissent pas, ne jouissent pas, ce n'est qu'une conséquence secondaire, une conclusion négative. Bon désigne d'abord le maître. Méchant signifie la conséquence et désigne l'esclave. Méchant, c'est négatif, passif, mauvais, malheureux. Nietzsche esquisse le commentaire du poème admirable de Théognis, tout entier

1. *BM*, 287.
2. *GM*, I, 5.
3. *BM*, 260 (cf. la volonté de puissance comme « vertu qui donne »).
4. *GM*, I, 2.

construit sur l'affirmation lyrique fondamentale : nous les bons, eux les méchants, les mauvais. On chercherait en vain la moindre nuance morale dans cette appréciation aristocratique ; il s'agit d'une éthique et d'une typologie, typologie des forces, éthique des manières d'être correspondantes.

« Je suis bon, donc tu es méchant » : dans la bouche des maîtres, le mot *donc* introduit seulement une conclusion négative. Ce qui est négatif, c'est la conclusion. Et celle-ci est seulement posée comme la conséquence d'une pleine affirmation : « Nous les aristocrates, les beaux, les heureux [1]. » Chez le maître, tout le positif est dans les prémisses. Il lui faut les prémisses de l'action et de l'affirmation, et la jouissance de ces prémisses, pour conclure à quelque chose de négatif qui n'est pas l'essentiel et n'a guère d'importance. Ce n'est qu'un « accessoire, une nuance complémentaire [2] ». Sa seule importance est d'augmenter la teneur de l'action et de l'affirmation, de souder leur alliance et de redoubler la jouissance qui leur correspond : le bon « ne cherche son antipode que pour s'affirmer soi-même avec plus de joie [3] ». Tel est le statut de *l'agressivité* : elle est le négatif, mais le négatif comme conclusion de prémisses positives, le négatif comme produit de l'activité, le négatif comme conséquence d'une puissance d'affirmer. Le maître se reconnaît à un syllogisme, où il faut deux propositions positives pour faire une négation, la négation finale étant seulement un moyen de renforcer les prémisses. – « Tu es méchant, donc je suis bon. » Tout a changé : le négatif passe dans les prémisses, le positif est conçu comme une conclusion, conclusion de prémisses négatives. C'est le négatif qui contient l'essentiel, et le positif n'existe que par la néga-

1. *GM*, I, 10.
2. *GM*, I, 11.
3. *GM*, I, 10.

tion. Le négatif est devenu « l'idée originale, le commencement, l'acte par excellence »[1]. À l'esclave, il faut les prémisses de la réaction et de la négation, du ressentiment et du nihilisme, pour obtenir une conclusion apparemment positive. Et encore n'a-t-elle que l'apparence de la positivité. C'est pourquoi Nietzsche tient tant à distinguer le ressentiment et l'agressivité : ils diffèrent en nature. L'homme du ressentiment a besoin de concevoir un non-moi, puis de s'opposer à ce non-moi pour se poser enfin comme soi. Étrange syllogisme de l'esclave : il lui faut deux négations pour faire une apparence d'affirmation. Nous sentons déjà sous quelle forme le syllogisme de l'esclave a eu tant de succès en philosophie : *la dialectique*. La dialectique, comme idéologie du ressentiment.

« Tu es méchant, donc je suis bon. » Dans cette formule, c'est l'esclave qui parle. On ne niera pas que là encore des valeurs ne soient créées. Mais quelles valeurs bizarres ! On commence par poser l'autre méchant. Celui qui se disait bon, voilà maintenant qu'on le dit méchant. Ce méchant, c'est celui qui agit, qui ne se retient pas d'agir, donc qui ne considère pas l'action du point de vue des conséquences qu'elle aura sur des tiers. Et le bon, maintenant, c'est celui qui se retient d'agir : il est bon précisément en ceci, qu'il rapporte toute action au point de vue de celui qui n'agit pas, au point de vue de celui qui en éprouve les *conséquences*, ou mieux encore au point de vue plus subtil d'un tiers divin qui en scrute les *intentions*. « Est bon quiconque ne fait violence à personne, quiconque n'offense personne ni n'attaque, n'use pas de représailles et laisse à Dieu le soin de la vengeance, quiconque se tient caché comme nous, évite la rencontre du mal et, du reste, attend peu de choses de la vie, comme nous, les patients, les humbles et les justes[2]. » Voici naître

1. *GM*, I, 11.
2. *GM*, I, 13.

le bien et le mal : la détermination éthique, celle du bon et du mauvais, fait place au jugement moral. Le bon de l'éthique est devenu le méchant de la morale, le mauvais de l'éthique est devenu le bon de la morale. Le bien et le mal ne sont pas le bon et le mauvais, mais au contraire l'échange, l'inversion, le *renversement* de leur détermination. Nietzsche insistera sur le point suivant : « Par-delà le bien et le mal » ne veut pas dire : « Par-delà le bon et le mauvais. » Au contraire[1]... Le bien et le mal sont des valeurs nouvelles, mais quelle étrangeté dans la manière de créer ces valeurs ! On les crée en renversant le bon et le mauvais. On les crée non pas en agissant, mais en se retenant d'agir. Non pas en affirmant, mais en commençant par nier. C'est pourquoi on les dit non créées, divines, transcendantes, supérieures à la vie. Mais songeons à ce que ces valeurs cachent, à leur mode de création. Elles cachent une haine extraordinaire, haine contre la vie, haine contre tout ce qui est actif et affirmatif dans la vie. Il n'y a pas de valeurs morales qui survivraient un seul instant, si elles étaient séparées de ces prémisses dont elles sont la conclusion. Et plus profondément, pas de valeurs religieuses qui soient séparables de cette haine et de cette vengeance dont elles tirent la conséquence. La positivité de la religion est une positivité apparente : on conclut que les misérables, les pauvres, les faibles, les esclaves sont les bons, puisque les forts sont « méchants » et « damnés ». On a inventé le malheureux bon, le faible bon : il n'y a pas de meilleure vengeance contre les forts et les heureux. Que serait l'amour chrétien sans la puissance du ressentiment judaïque qui l'anime et le dirige ? L'amour chrétien n'est pas le contraire du ressentiment judaïque, mais sa conséquence, sa conclusion, son couronnement[2]. La religion cache plus ou moins (et souvent,

1. *GM*, I, 17.
2. *GM*, I, 8.

dans les périodes de crise, elle ne cache plus du tout) les principes dont elle est directement issue : le poids des prémisses négatives, l'esprit de vengeance, la puissance du ressentiment.

6. LE PARALOGISME

Tu es méchant ; je suis le contraire de ce que tu es ; donc je suis bon. – En quoi consiste le paralogisme ? Supposons un agneau logicien. Le syllogisme de l'agneau bêlant se formule ainsi : les oiseaux de proie sont méchants (c'est-à-dire les oiseaux de proie sont tous les méchants, les méchants sont oiseaux de proie) ; or je suis le contraire d'un oiseau de proie ; donc je suis bon [1]. Il est clair que, dans la mineure, l'oiseau de proie est pris pour ce qu'il est : une force qui ne se sépare pas de ses effets ou de ses manifestations. Mais dans la majeure, on suppose que l'oiseau de proie pourrait ne pas manifester sa force, qu'il pourrait retenir ses effets, et se séparer de ce qu'il peut : il est méchant, puisqu'il ne se retient pas. On suppose donc que c'est une seule et même force qui se retient effectivement dans l'agneau vertueux mais qui se donne libre cours dans l'oiseau de proie méchant. Puisque le fort pourrait s'empêcher d'agir, le faible est quelqu'un qui pourrait agir, s'il ne s'empêchait pas.

Voici sur quoi repose le paralogisme du ressentiment : *la fiction d'une force séparée de ce qu'elle peut.* C'est grâce à cette fiction que les forces réactives triomphent. Il ne leur suffit pas, en effet, de se dérober à l'activité ; il faut encore qu'elles renversent le rapport des forces, qu'elles s'opposent aux forces actives et se représentent comme

1. *GM*, I, 13 : « Ces oiseaux de proie sont méchants ; et celui qui est un oiseau de proie aussi peu que possible, voire même tout le contraire, un agneau – celui-là ne serait-il pas bon ? »

supérieures. Le processus de l'accusation dans le ressentiment remplit cette tâche : les forces réactives « projettent » une image abstraite et neutralisée de la force ; une telle force séparée de ses effets sera *coupable* d'agir, *méritante* au contraire si elle n'agit pas ; bien plus, on imaginera qu'il faut plus de force (abstraite) pour se retenir que pour agir. Il est d'autant plus important d'analyser le détail de cette *fiction* que par elle, nous le verrons, les forces réactives acquièrent un pouvoir contagieux, les forces actives deviennent *réellement* réactives : 1° Moment de la causalité : on dédouble la force. Alors que la force ne se sépare pas de sa manifestation, on fait de la manifestation un effet qu'on rapporte à la force comme à une cause distincte et séparée : « On tient le même phénomène d'abord pour une cause et ensuite pour l'effet de cette cause. Les physiciens ne font pas mieux quand ils disent que la force actionne, que la force produit tel ou tel effet[1]. » On prend pour une cause « un simple signe mnémotechnique, une formule abrégée » : quand on dit par exemple que l'éclair luit[2]. On substitue au rapport réel de signification un rapport imaginaire de causalité[3]. On commence par refouler la force en elle-même, puis on fait de sa manifestation quelque chose d'autre qui trouve dans la force une cause efficiente distincte ; 2° Moment de la substance : on projette la force ainsi dédoublée dans un substrat, dans un sujet qui serait libre de la manifester ou non. On neutralise la force, on en fait l'acte d'un sujet qui pourrait aussi bien ne pas agir. Nietzsche ne cesse de dénoncer dans « le sujet » une fiction ou une fonction grammaticales. Que ce soit l'atome des épicuriens, la substance de Descartes, la chose en soi de Kant, tous ces sujets sont la projection de

1. *GM*, I, 13.
2. *VP*, I, 100.
3. Cf. *Cr. Id.*, « Les quatre grandes erreurs » : critique détaillée de la causalité.

« petits incubes imaginaires »[1] ; 3° Moment de la détermination réciproque : on moralise la force ainsi neutralisée. Car si l'on suppose qu'une force peut fort bien ne pas manifester la force qu'elle « a », il n'est pas plus absurde inversement de supposer qu'une force pourrait manifester la force qu'elle « n'a pas ». Dès que les forces sont projetées dans un sujet fictif, ce sujet s'avère coupable ou méritant, coupable de ce que la force active exerce l'activité qu'elle a, méritant si la force réactive n'exerce pas celle qu'elle… n'a pas : « Comme si la faiblesse même du faible, c'est-à-dire son essence, toute sa réalité unique, inévitable et indélébile, était un accomplissement libre, quelque chose de volontairement choisi, un acte de mérite[2]. » À la distinction concrète entre les forces, à la différence originelle entre forces qualifiées (le bon et le mauvais), on substitue l'opposition morale entre forces substantialisées (le bien et le mal).

7. DÉVELOPPEMENT DU RESSENTIMENT : LE PRÊTRE JUDAÏQUE

L'analyse nous a fait passer d'un premier à un second aspect du ressentiment. Lorsque Nietzsche parlera de la mauvaise conscience, il en distinguera explicitement deux aspects : un premier où la mauvaise conscience est « à l'état brut », pure matière ou « question de psychologie animale, pas davantage » ; un second sans lequel la mauvaise conscience ne serait pas ce qu'elle est, moment qui tire parti de cette matière préalable et l'amène à prendre forme[3]. Cette distinction correspond à la topologie et à la typologie. Or tout indique qu'elle vaut déjà pour le

1. *GM*, I, 13 ; sur la critique du *cogito* cartésien, cf. *VP*, I, 98.
2. *GM*, I, 13.
3. *GM*, III, 20.

ressentiment. Le ressentiment, lui aussi, a deux aspects ou deux moments. L'un, topologique, question de psychologie animale, constitue le ressentiment comme matière brute : il exprime la manière dont les forces réactives se dérobent à l'action des forces actives (*déplacement* des forces réactives, envahissement de la conscience par la mémoire des traces). Le deuxième, typologique, exprime la manière dont le ressentiment prend forme : la mémoire des traces devient un caractère typique, parce qu'elle incarne l'esprit de vengeance et mène une entreprise d'accusation perpétuelle ; alors les forces réactives s'opposent aux forces actives et les séparent de ce qu'elles peuvent (*renversement* du rapport de forces, *projection* d'une image réactive). On remarquera que la révolte des forces réactives ne serait pas encore un triomphe, ou que ce triomphe local ne serait pas encore un triomphe complet, sans ce deuxième aspect du ressentiment. On remarquera aussi que, dans aucun des deux cas, les forces réactives ne triomphent en formant une force plus grande que celle des forces actives : dans le premier cas, tout se passe entre forces réactives *(déplacement)* ; dans le deuxième, les forces réactives séparent les forces actives de ce qu'elles peuvent, mais par une fiction, par une mystification *(renversement par projection)*. Dès lors, deux problèmes nous restent à résoudre pour comprendre l'ensemble du ressentiment : 1° Comment les forces réactives produisent-elles cette fiction ? 2° Sous quelle influence la produisent-elles ? C'est-à-dire : qui fait passer les forces réactives de la première à la seconde étape ? Qui élabore la matière du ressentiment ? Qui met en forme le ressentiment, quel est « l'artiste » du ressentiment ?

Les forces ne sont pas séparables de l'élément différentiel dont dérive leur qualité. Mais les forces réactives donnent de cet élément une image renversée : la différence des forces, vue du côté de la réaction, devient l'opposition des forces réactives aux forces actives. Il suffirait donc que les forces réactives aient l'occasion de développer ou de projeter cette image, pour que le rapport des forces et les valeurs qui correspondent à ce rapport soient, à leur tour, renversés. Or, cette occasion, elles la rencontrent en même temps qu'elles trouvent le moyen de se dérober à l'activité. Cessant d'être agies, les forces réactives *projettent* l'image renversée. C'est cette projection réactive que Nietzsche appelle une fiction : fiction d'un monde supra-sensible en opposition avec ce monde, fiction d'un Dieu en contradiction avec la vie. C'est elle que Nietzsche distingue de la puissance active du rêve, et même de l'image positive de dieux qui affirment et glorifient la vie : « Alors que le monde des rêves reflète la réalité, le monde des fictions ne fait que la fausser, la déprécier et la nier[1]. » C'est *elle* qui préside à toute l'évolution du ressentiment, c'est-à-dire aux opérations par lesquelles, à la fois, la force active est séparée de ce qu'elle peut (falsification), accusée et traitée de coupable (dépréciation), les valeurs correspondantes renversées (négation). C'est dans cette fiction, par cette fiction, que les forces réactives *se représentent comme supérieures*. « Pour pouvoir dire non en réponse à tout ce qui représente le mouvement ascendant de la vie, à tout ce qui est bien né, puissance, beauté, affirmation de soi sur terre, il fallut que l'instinct de ressentiment, devenu génie, s'inventât un autre monde, d'où cette affirmation de la vie nous apparût comme le mal, la chose réprouvable en soi[2]. »

Encore fallait-il que le ressentiment devînt « génie ». Encore fallait-il un artiste en fiction, capable de profiter de l'occasion, et de diriger la projection, de mener l'accusation, d'opérer le renversement. Ne croyons pas que le passage d'un moment à l'autre du ressentiment, si prompt et ajusté soit-il, se réduise à un simple enchaînement

1. *AC*, 15, et aussi 16 et 18.
2. *AC*, 24.

mécanique. Il faut l'intervention d'un artiste génial. La question nietzschéenne « Qui ? » retentit plus pressante que jamais. « *La Généalogie de la morale contient la première psychologie du prêtre*[1]. » Celui qui met en forme le ressentiment, celui qui mène l'accusation et poursuit toujours plus loin l'entreprise de vengeance, celui qui ose le renversement des valeurs, c'est le prêtre. Et plus particulièrement le prêtre juif, le prêtre sous sa forme judaïque[2]. C'est lui, maître en dialectique, qui donne à l'esclave l'idée du syllogisme réactif. C'est lui qui forge les prémisses négatives. C'est lui qui conçoit l'amour, un nouvel amour que les chrétiens prennent à leur compte, comme la conclusion, le couronnement, la fleur vénéneuse d'une haine incroyable. C'est lui qui commence par dire « Les misérables seuls sont les bons ; les pauvres, les impuissants, les petits seuls sont les bons ; ceux qui souffrent, les nécessiteux, les malades, les difformes sont aussi les seuls pieux, les seuls bénis de Dieu ; c'est à eux seuls qu'appartiendra la béatitude. Par contre, vous autres, vous qui êtes nobles et puissants, vous êtes de toute éternité les mauvais, les cruels, les avides, les insatiables, les impies et, éternellement, vous demeurerez aussi les réprouvés, les maudits, les damnés[3] ! » Sans lui, jamais l'esclave n'aurait su s'élever au-dessus de l'état brut du ressentiment. Dès lors, pour apprécier correctement l'intervention du prêtre, il faut voir de quelle manière il est complice des forces réactives, mais seulement complice et ne se confondant pas avec elles. Il assure le triomphe des forces réactives, il a besoin de ce triomphe, mais il poursuit un but qui ne se confond pas avec le leur. Sa volonté est volonté de puissance, sa volonté de puissance est le

1. *EH*, III, « Généalogie de la morale ».

2. NIETZSCHE résume son interprétation de l'histoire du peuple juif dans *AC*, 24, 25, 26 : le prêtre juif est déjà celui qui déforme la tradition des rois d'Israël et de l'Ancien Testament.

3. *GM*, III, 7.

nihilisme[1]. Que le nihilisme, la puissance de nier ait besoin des forces réactives, nous retrouvons cette proposition fondamentale, mais aussi sa réciproque : c'est le nihilisme, la puissance de nier, qui mène les forces réactives au triomphe. Ce double jeu donne au prêtre juif une profondeur, une ambivalence inégalées : « Il prend parti, librement, par une profonde intelligence de conservation, pour tous les instincts de décadence, *non qu'il soit dominé par eux*, mais il a deviné en eux une puissance qui pouvait le faire aboutir contre le *monde*[2]. »

Nous aurons à revenir sur ces pages célèbres, où Nietzsche traite du judaïsme et du prêtre juif. Elles ont suscité souvent les interprétations les plus douteuses. On sait que les nazis eurent avec l'œuvre de Nietzsche des rapports ambigus : ambigus, parce qu'ils aimaient à s'en réclamer, mais ne pouvaient le faire sans tronquer des citations, falsifier des éditions, interdire des textes principaux. En revanche, Nietzsche lui-même n'avait pas de rapports ambigus avec le régime bismarckien. Encore moins avec le pangermanisme et l'antisémitisme. Il les méprisait, les haïssait. « Ne fréquentez personne qui soit impliqué dans cette fumisterie éhontée des races[3]. » Et le cri du cœur : « Mais enfin, que croyez-vous que j'éprouve lorsque le nom de Zarathoustra sort de la bouche des antisémites[4] ! » Pour comprendre le sens des réflexions

1. *AC*, 18 : « Déclarer la guerre, au nom de Dieu, à la vie, à la nature, à la volonté de vivre. Dieu, la formule pour toutes les calomnies de l'en-deçà, pour tous les mensonges de l'au-delà ? Le néant divinisé en Dieu, la volonté du néant sanctifiée… » – *AC*, 26 : « Le prêtre abuse du nom de Dieu : il appelle règne de Dieu un état de choses où c'est le prêtre qui fixe les valeurs, il appelle volonté de Dieu les moyens qu'il emploie pour atteindre ou maintenir un tel état de choses… »

2. *AC*, 24. – *GM*, I, 6, 7, 8 : ce prêtre ne se confond pas avec l'esclave, mais forme une caste particulière.

3. *Œuvres posthumes* (trad. BOLLE, Mercure).

4. Lettres à Fritsch, 23 et 29 mars 1887. – Sur tous ces points, sur les falsifications de Nietzsche par les nazis, cf. le livre de P. M. NICOLAS, *De Nietzsche à Hitler* (Fasquelle, 1936), où les deux lettres à Fritsch sont

nietzschéennes sur le judaïsme, il faut se rappeler que la « question juive » était devenue, dans l'école hégélienne, un thème dialectique par excellence. Là encore, Nietzsche reprend la question, mais conformément à sa propre méthode. Il demande : comment le prêtre s'est-il constitué dans l'histoire du peuple juif ? Dans quelles conditions s'est-il constitué, conditions qui s'avéreront *décisives pour l'ensemble de l'histoire européenne* ? Rien n'est plus frappant que l'admiration de Nietzsche pour les rois d'Israël et l'Ancien Testament[1]. Le problème juif ne fait qu'un avec le problème de la constitution du prêtre dans ce monde d'Israël : tel est le vrai problème de nature typologique. C'est pourquoi Nietzsche insiste tant sur le point suivant : je suis l'inventeur de la psychologie du prêtre[2]. Il est vrai que les considérations raciales ne manquent pas chez Nietzsche. Mais la race n'intervient jamais que comme élément dans un *croisement*, comme facteur dans un *complexe* physiologique, et aussi psychologique, politique, historique et social. Un tel complexe est précisément ce que Nietzsche appelle un type. Le type du prêtre, il n'y a pas d'autre problème pour Nietzsche. Et ce même peuple juif qui, à un moment de son histoire, a trouvé ses conditions d'existence dans le prêtre, est aujourd'hui le plus apte à sauver l'Europe, à la protéger contre elle-même, en inventant de nouvelles conditions[3]. On ne lira

reproduites. – Un beau cas de texte de Nietzsche, utilisé par les antisémites, alors que son sens est exactement inverse, se trouve dans *BM*, 251.

1. *BM*, 52 : « Le goût pour l'Ancien Testament est une pierre de touche de la grandeur ou de la médiocrité des âmes… Avoir relié ensemble, sous une même couverture, l'Ancien Testament et le Nouveau, qui est à tous égards le triomphe du goût rococo, pour n'en faire qu'un seul et même livre, la Bible, le Livre par excellence, c'est peut-être la plus grande impudence et le pire péché contre l'esprit dont l'Europe littéraire se soit rendue coupable. »

2. *EH*, III, « Généalogie de la morale ».

3. Cf. *BM*, 251 (texte célèbre sur les juifs, les Russes et les Allemands).

pas les pages de Nietzsche sur le judaïsme sans évoquer ce qu'il écrivait à Fritsch, auteur antisémite et raciste : « Je vous prie de bien vouloir ne plus m'envoyer vos publications : je crains pour ma patience. »

8. MAUVAISE CONSCIENCE ET INTÉRIORITÉ

Voici l'objet du ressentiment sous ses deux aspects : priver la force active de ses conditions matérielles d'exercice ; la séparer formellement de ce qu'elle peut. Mais s'il est vrai que la force active est séparée de ce qu'elle peut fictivement, il n'est pas moins vrai que quelque chose de réel lui arrive, comme résultat de cette fiction. De ce point de vue, notre question n'a pas fini de rebondir : que devient réellement la force active ? La réponse de Nietzsche est extrêmement précise : quelle que soit la raison pour laquelle une force active est faussée, privée de ses conditions d'exercice et séparée de ce qu'elle peut, *elle se retourne en dedans, elle se retourne contre soi.* S'intérioriser, se retourner contre soi, telle est la façon dont la force active devient réellement réactive. « Tous les instincts qui n'ont pas de débouché, que quelque force répressive empêche d'éclater au-dehors, retournent en dedans : c'est là ce que j'appelle l'intériorisation de l'homme… C'est là l'origine de la mauvaise conscience[1]. » C'est en ce sens que la mauvaise conscience prend le relais du ressentiment. Tel qu'il nous est apparu, le ressentiment ne se sépare pas d'une horrible invitation, d'une tentation comme d'une volonté de répandre une contagion. Il cache sa haine sous les auspices d'un amour tentateur : Moi qui t'accuse, c'est pour ton bien ; je t'aime, pour que tu me rejoignes, jusqu'à ce que tu me rejoignes, jusqu'à ce que tu deviennes toi-

1. *GM*, II, 16.

même un être douloureux, malade, réactif, un être bon… « Quand est-ce que les hommes du ressentiment parviendront au triomphe sublime, définitif, éclatant de leur vengeance ? Indubitablement quand ils arriveront à *jeter* dans la conscience des heureux leur propre misère et toutes les misères : de sorte que ceux-ci commenceraient à rougir de leur bonheur et à se dire peut-être les uns aux autres : il y a une honte à être heureux en présence de tant de misères[1]. » Dans le ressentiment, la force réactive accuse et se projette. Mais le ressentiment ne serait rien s'il n'amenait l'accusé lui-même à reconnaître ses torts, à « se tourner en dedans » : *l'introjection* de la force active n'est pas le contraire de la *projection*, mais la conséquence et la suite de la projection réactive. On ne verra pas dans la mauvaise conscience un type nouveau : tout au plus trouvons-nous dans le type réactif, dans le type de l'esclave, des variétés concrètes où le ressentiment est presque à l'état pur ; d'autres où la mauvaise conscience, atteignant son plein développement, recouvre le ressentiment. Les forces réactives n'en finissent pas de parcourir les étapes de leur triomphe : la mauvaise conscience prolonge le ressentiment, nous mène encore plus loin dans un domaine où la contagion gagne. La force active devient réactive, le maître devient esclave.

Séparée de ce qu'elle peut, la force active ne s'évapore pas. Se retournant contre soi, *elle produit de la douleur.* Non plus jouir de soi, mais produire la douleur : « Ce travail inquiétant, plein d'une joie épouvantable, le travail d'une âme volontairement disjointe, qui *se* fait souffrir par plaisir de faire souffrir » ; « la souffrance, la maladie, la laideur, le dommage volontaire, la mutilation, les mortifications, le sacrifice de soi sont recherchés à l'égal d'une jouissance[2] ». La douleur, au lieu d'être réglée par les

1. *GM*, III, 14.
2. *GM*, II, 18 et III, 11.

forces réactives, est produite par l'ancienne force active. Il en résulte un curieux phénomène, insondable : une multiplication, une autofécondation, une hyperproduction de douleur. La mauvaise conscience est la conscience qui multiplie sa douleur, elle a trouvé le moyen de la faire fabriquer : retourner la force active contre soi, l'immonde usine. *Multiplication de la douleur par intériorisation de la force, par introjection de la force*, telle est la première définition de la mauvaise conscience.

9. LE PROBLÈME DE LA DOULEUR

Telle est du moins la définition du premier aspect de la mauvaise conscience : aspect topologique, état brut ou matériel. L'intériorité est une notion complexe. Ce qui est intériorisé d'abord, c'est la force active ; mais la force intériorisée devient fabricatrice de douleur ; et la douleur étant produite avec plus d'abondance, l'intériorité gagne « en profondeur, en largeur, en hauteur », gouffre de plus en plus vorace. C'est dire, en second lieu, que la douleur à son tour est *intériorisée*, sensualisée, spiritualisée. Que signifient ces expressions ? *On invente un nouveau sens pour la douleur, un sens interne, un sens intime :* on fait de la douleur la conséquence d'un péché, d'une faute. Tu as fabriqué ta douleur parce que tu as péché, tu te sauveras en fabriquant ta douleur. La douleur conçue comme la conséquence d'une faute intime et le mécanisme intérieur d'un salut, la douleur intériorisée au fur et à mesure qu'on la fabrique, « la douleur transformée en sentiment de faute, de crainte, de châtiment »[1] : voilà le deuxième aspect de la mauvaise conscience, son moment typologique, la mauvaise conscience comme sentiment de culpabilité.

1. *GM*, III, 20.

Pour comprendre la nature de cette invention, il faut estimer l'importance d'un problème plus général : quel est le sens de la douleur ? Le sens de l'existence en dépend tout entier ; l'existence a un sens pour autant que la douleur en a un dans l'existence[1]. Or la douleur est une réaction. Il semble bien que son seul sens réside dans la possibilité d'agir cette réaction, ou du moins d'en localiser, d'en isoler la trace, afin d'éviter toute propagation jusqu'à ce qu'on puisse à nouveau ré-agir. Le sens actif de la douleur apparaît donc comme un *sens externe*. Pour juger la douleur d'un point de vue actif, il faut la maintenir dans l'élément de son extériorité. Et il y faut tout un art, qui est celui des maîtres. Les maîtres ont un secret. Ils savent que la douleur n'a qu'un sens : faire plaisir à quelqu'un, faire plaisir à quelqu'un qui l'inflige ou qui la contemple. Si l'homme actif est capable de ne pas prendre au sérieux sa propre douleur, c'est parce qu'il imagine toujours quelqu'un à qui elle fait plaisir. Une telle imagination n'est pas pour rien dans la croyance aux dieux actifs qui peuplent le monde grec : « Tout mal est justifié du moment qu'un dieu se complaît à la regarder… Quel sens avaient, en dernière analyse, la guerre de Troie et d'autres horreurs tragiques ? Il n'y a aucun doute : c'étaient des jeux pour réjouir les regards des dieux[2]. » On a tendance aujourd'hui à invoquer la douleur comme argument contre l'existence ; cette argumentation témoigne d'une manière de penser qui nous est chère, une manière réactive. Nous nous plaçons non seulement du point de vue de celui qui souffre, mais du point de vue de l'homme du ressentiment qui n'agit plus ses réactions. Comprenons que le sens actif de la douleur apparaît dans d'autres perspectives : la douleur n'est pas un argument contre la vie, mais au contraire un excitant de la vie, « un

1. *Co. In.*, II, « Schopenhauer éducateur », 5.
2. *GM*, II, 7.

appât pour la vie », un argument en sa faveur. Voir souffrir ou même infliger la souffrance est une structure de la vie comme vie active, une manifestation active de la vie. La douleur a un sens immédiat en faveur de la vie : son sens externe. « Il répugne… à notre délicatesse, ou plutôt à notre tartuferie, de se représenter avec toute l'énergie voulue jusqu'à tel point la cruauté était la réjouissance préférée de l'humanité primitive et entrait comme ingrédient dans presque tous ses plaisirs… Sans cruauté pas de réjouissance, voilà ce que nous apprend la plus ancienne et la plus longue histoire de l'homme. Et le châtiment aussi a des allures de fête[1]. » Telle est la contribution de Nietzsche au problème particulièrement spiritualiste : quel est le sens de la douleur et de la souffrance ?

Il faut d'autant plus admirer l'étonnante invention de la mauvaise conscience : un nouveau sens pour la souffrance, *un sens interne*. Il n'est plus question d'agir sa douleur, ni de la juger d'un point de vue actif. Au contraire, on s'étourdit contre la douleur au moyen de la passion. « Passion des plus sauvages » : on fait de la douleur la conséquence d'une faute et le moyen d'un salut ; on se guérit de la douleur en fabriquant encore plus de douleur, en l'intériorisant encore plus ; on s'étourdit, c'est-à-dire on se guérit de la douleur en infectant la blessure[2]. Déjà, dans l'*Origine de la tragédie*, Nietzsche indiquait une thèse essentielle : la tragédie meurt en même temps que le drame devient un conflit intime et que la souffrance est intériorisée. Mais qui invente et veut le sens interne de la douleur ?

1. *GM*, II, 6.
2. *GM*, III, 15.

10. DÉVELOPPEMENT DE LA MAUVAISE CONSCIENCE : LE PRÊTRE CHRÉTIEN

Intériorisation de la force, puis intériorisation de la douleur elle-même : le passage du premier au second moment de la mauvaise conscience n'est pas plus automatique que n'était l'enchaînement des deux aspects du ressentiment. Là encore, il faut l'intervention du prêtre. Cette seconde incarnation du prêtre est l'incarnation chrétienne : « Ce n'est que dans les mains du prêtre, ce véritable artiste pour le sentiment de faute, que ce sentiment a commencé par prendre forme[1]. » C'est le prêtre-chrétien qui fait sortir la mauvaise conscience de son état brut ou animal, c'est lui qui préside à l'intériorisation de la douleur. C'est lui, prêtre-médecin, qui guérit la douleur en infectant la blessure. C'est lui, prêtre-artiste, qui amène la mauvaise conscience à sa forme supérieure : la douleur, conséquence d'un péché. – Mais comment procède-t-il ? « Si l'on voulait résumer en une courte formule la valeur de l'existence du prêtre, il faudrait dire : le prêtre est *l'homme qui change la direction du ressentiment*[2]. » On se rappelle que l'homme du ressentiment, essentiellement douloureux, cherche une cause de sa souffrance. Il accuse, il accuse tout ce qui est actif dans la vie. Déjà le prêtre surgit ici sous une première forme : il préside à l'accusation, il l'organise. Vois ces hommes qui se disent bons, moi je te dis : ce sont des méchants. La puissance du ressentiment est donc tout entière dirigée sur l'autre, contre les autres. Mais le ressentiment est une matière explosive ; il fait que les forces actives deviennent réactives. Il faut, alors, que le ressentiment s'adapte à ces

1. *GM*, III, 20.
2. *GM*, III, 15.

conditions nouvelles ; il faut qu'il change de direction. C'est *en lui-même*, maintenant, que l'homme réactif doit trouver la cause de sa souffrance. Cette cause, la mauvaise conscience lui suggère qu'il doit la chercher « en lui-même, dans une faute commise dans le temps passé, qu'il doit l'interpréter comme un châtiment[1] ». Et le prêtre apparaît une seconde fois pour présider à ce changement de direction : « C'est vrai, ma brebis, quelqu'un doit être cause de ce que tu souffres ; mais tu es toi-même cause de tout cela, tu es toi-même cause de toi-même[2]. » Le prêtre invente la notion du *péché* : « Le péché est resté jusqu'à présent l'événement capital dans l'histoire de l'âme malade ; il représente pour nous le tour d'adresse le plus néfaste de l'interprétation religieuse[3]. » Le mot *faute* renvoie maintenant à la faute que j'ai commise, à ma propre faute, à ma culpabilité. Voilà comment la douleur est intériorisée ; conséquence d'un péché, elle n'a plus d'autre sens qu'un sens intime.

Le rapport du christianisme et du judaïsme doit être évalué de deux points de vue. D'une part, le christianisme est l'aboutissement du judaïsme. Il en poursuit, il en achève l'entreprise. Toute la puissance du ressentiment aboutit au Dieu des pauvres gens, des malades et des pécheurs. Dans des pages célèbres, Nietzsche insiste sur le caractère haineux de saint Paul, sur la bassesse du Nouveau Testament[4]. Même la mort du Christ est un détour qui ramène aux valeurs judaïques : par cette mort, on instaure une pseudo-opposition entre l'amour et la haine, on rend cet amour plus séducteur comme s'il était indépendant de cette haine, opposé à cette haine, victime de cette haine[5]. On se cache la vérité que Ponce Pilate

1. *GM*, III, 20.
2. *GM*, III, 15.
3. *GM*, III, 20.
4. *AC*, 42-43, 46.
5. *GM*, I, 8.

avait su découvrir : le christianisme est la conséquence du judaïsme, il y trouve toutes ses prémisses, il est seulement la conclusion de *ces* prémisses. – Mais il est vrai que, d'un autre point de vue, le christianisme apporte une note nouvelle. Il ne se contente pas d'achever le ressentiment, il en change la direction. Il impose cette invention nouvelle, la mauvaise conscience. Or, là non plus, on ne croira pas que la nouvelle direction du ressentiment dans la mauvaise conscience s'oppose à la direction première. Là encore, il s'agit seulement d'une tentation, d'une séduction supplémentaires. Le ressentiment disait « c'est ta faute », la mauvaise conscience dit « c'est ma faute ». Mais précisément le ressentiment ne s'apaise pas tant que sa contagion n'est pas répandue. Son but est que toute la vie devienne réactive, que les bien portants deviennent malades. Il ne lui suffit pas d'accuser, il faut que l'accusé se sente coupable. Or c'est dans la mauvaise conscience que le ressentiment montre l'exemple, et qu'il atteint le sommet de sa puissance contagieuse : en changeant de direction. C'est ma faute, c'est ma faute, jusqu'à ce que le monde entier reprenne ce refrain désolé, jusqu'à ce que tout ce qui est actif dans la vie développe ce même sentiment de culpabilité. Et il n'y a pas d'autres conditions pour la puissance du prêtre : par nature, le prêtre est celui qui se rend maître de ceux qui souffrent[1].

En tout cela, on retrouve l'ambition de Nietzsche : là où les dialecticiens voient des antithèses ou des oppositions, montrer qu'il y a des différences plus fines à découvrir, des coordinations et des corrélations plus profondes à évaluer : non pas la conscience malheureuse hégélienne, qui n'est qu'un symptôme, mais la mauvaise conscience ! La définition du premier aspect de la mauvaise conscience était : *multiplication de la douleur par intériorisation de la force*. La définition du deuxième aspect est : *intériori-*

1. *GM*, III, 15.

sation de la douleur par changement de direction du ressentiment. Nous avons insisté sur la manière dont la mauvaise conscience prend le relais du ressentiment. Il faut insister aussi sur le parallélisme de la mauvaise conscience et du ressentiment. Non seulement chacune de ces variétés a deux moments, topologique et typologique, mais le passage d'un moment à l'autre fait intervenir le personnage du prêtre. Et le prêtre agit toujours par fiction. Nous avons analysé la fiction sur laquelle repose le renversement des valeurs dans le ressentiment. Mais un problème nous reste à résoudre : sur quelle fiction reposent l'intériorisation de la douleur, le changement de direction du ressentiment dans la mauvaise conscience ? Ce problème est d'autant plus complexe que, selon Nietzsche, il met en jeu l'ensemble du phénomène qu'on appelle *culture*.

11. LA CULTURE ENVISAGÉE DU POINT DE VUE PRÉHISTORIQUE

Culture signifie dressage et sélection. Nietzsche appelle le mouvement de la culture « moralité des mœurs[1] » ; celle-ci n'est pas séparable des carcans, des tortures, des moyens atroces qui servent à dresser l'homme. Mais dans ce dressage violent, l'œil du généalogiste distingue deux éléments[2] : 1° Ce à quoi l'on obéit, dans un peuple, une race ou une classe, est toujours historique, arbitraire, grotesque, stupide et borné ; cela représente le plus souvent les pires forces *réactives* ; 2° Mais dans le fait qu'on obéisse à quelque chose, peu importe à quoi, apparaît un principe qui dépasse les peuples, les races et les classes. Obéir à la loi parce que c'est la loi : la

1. *A*, 9.
2. *BM*, 188.

forme de la loi signifie qu'une certaine *activité*, une certaine force active s'exerce sur l'homme et se donne pour tâche de le dresser. *Même inséparables dans l'histoire*, ces deux aspects ne doivent pas être confondus : d'une part, la pression historique d'un État, d'une Église, etc., sur les individus qu'il s'agit d'assimiler ; d'autre part, l'activité de l'homme comme être générique, l'activité de l'espèce humaine en tant qu'elle s'exerce sur l'individu comme tel. D'où l'emploi par Nietzsche des mots « primitif », « préhistorique » : la moralité des mœurs *précède* l'histoire universelle[1] ; la culture est l'activité générique, « le véritable travail de l'homme sur lui-même pendant la plus longue période de l'espèce humaine, tout son travail *préhistorique*..., quel que soit d'ailleurs le degré de cruauté, de tyrannie, de stupidité et d'idiotie qui lui est propre[2] ». Toute loi historique est arbitraire, mais ce qui n'est pas arbitraire, ce qui est préhistorique et générique, c'est la loi d'obéir à des lois. (Bergson retrouvera cette thèse, quand il montrera dans *Les deux sources* que toute habitude est arbitraire, mais qu'est naturelle l'habitude de prendre des habitudes.)

Préhistorique signifie générique. La culture est l'activité préhistorique de l'homme. Mais en quoi consiste cette activité ? Il s'agit toujours de donner à l'homme des habitudes, de le faire obéir à des lois, de le dresser. Dresser l'homme signifie le former de telle manière qu'il puisse agir ses forces réactives. L'activité de la culture s'exerce en principe sur les forces réactives, leur donne des habitudes et leur impose des modèles, pour les rendre aptes à être agies. En tant que telle, la culture s'exerce dans plusieurs directions. Elle s'attaque même aux forces réactives de l'inconscient, aux forces digestives et intestinales les plus souterraines (régime alimentaire, et quelque

1. *A*, 18.
2. *GM*, II, 2.

chose d'analogue à ce que Freud appellera l'éducation des sphincters)[1]. Mais son objet principal est de renforcer la conscience. Cette conscience qui se définit par le caractère fugitif des excitations, cette conscience qui s'appuie elle-même sur la faculté d'oubli, il faut lui donner une consistance et une fermeté qu'elle n'a pas par elle-même. La culture dote la conscience d'une nouvelle faculté qui s'oppose en apparence à la faculté d'oubli : la mémoire[2]. Mais la mémoire dont il s'agit ici n'est pas la mémoire des traces. Cette mémoire originale n'est plus fonction du passé, mais fonction du futur. Elle n'est pas mémoire de la sensibilité, mais de la volonté. Elle n'est pas mémoire des traces, mais des paroles[3]. Elle est faculté de promettre, engagement de l'avenir, souvenir du futur lui-même. Se souvenir de la promesse qu'on a faite n'est pas se rappeler qu'on l'a faite à tel moment passé, mais qu'on doit la tenir à tel moment futur. Voilà précisément l'objet sélectif de la culture : former un homme capable de promettre, donc de disposer de l'avenir, un homme libre et puissant. Seul un tel homme est actif; il agit ses réactions, en lui tout est actif ou agi. La faculté de promettre est l'effet de la culture comme activité de l'homme sur l'homme ; l'homme qui peut promettre est le produit de la culture comme activité générique.

Nous comprenons pourquoi la culture ne recule en

1. *EH*, II : « Pourquoi je suis si malin. »

2. *GM*, II, 1 : « Cet animal nécessairement oublieux, pour qui l'oubli est une force et la manifestation d'une santé robuste, s'est créé une faculté contraire, la mémoire, par quoi, *dans certains cas*, il tiendra l'oubli en échec. »

3. *GM*, II, 1. – Sur ce point, la ressemblance entre Freud et Nietzsche se confirme. Freud attribue au « préconscient » des traces *verbales*, distinctes des traces mnémiques propres au système inconscient. Cette distinction lui permet de répondre à la question : « Comment rendre (pré) conscients des éléments refoulés ? » La réponse est : « En rétablissant ces membres intermédiaires préconscients que sont les souvenirs verbaux. » La question de Nietzsche s'énoncerait ainsi : comment est-il possible d'« agir » les forces réactives ?

principe devant aucune violence : « Peut-être n'y a-t-il rien de plus terrible et de plus inquiétant dans la préhistoire de l'homme que sa mnémotechnique... Cela ne se passait jamais sans supplices, sans martyres ni sacrifices sanglants, quand l'homme jugeait nécessaire de se créer une mémoire[1]. » Avant d'arriver au but (l'homme libre, actif et puissant), combien de supplices sont nécessaires pour dresser les forces réactives, pour les contraindre à être agies. La culture a toujours employé le moyen suivant : elle a fait de la douleur un moyen d'échange, une monnaie, un équivalent ; précisément l'exact équivalent d'un oubli, d'un dommage causé, d'une promesse non tenue[2]. La culture rapportée à ce moyen s'appelle *justice* ; ce moyen lui-même s'appelle *châtiment*. Dommage causé = douleur subie, voilà l'équation du châtiment qui détermine un rapport de l'homme avec l'homme. Ce rapport entre les hommes est déterminé, d'après l'équation, comme *rapport d'un créancier et d'un débiteur* : la justice rend l'homme *responsable d'une dette*. Le rapport créancier-débiteur exprime l'activité de la culture dans son processus de dressage ou de formation. Correspondant à l'activité préhistorique, ce rapport lui-même est le rapport de l'homme avec l'homme, « le plus primitif entre individus », antérieur même « aux origines de n'importe quelle organisation sociale »[3]. Bien plus, il sert de modèle « aux complexions sociales les plus primitives et les plus grossières ». C'est dans le crédit, non dans l'échange, que Nietzsche voit l'archétype de l'organisation sociale. L'homme qui paie par sa douleur le dommage qu'il cause, l'homme tenu pour responsable d'une dette, l'homme traité comme responsable de ses

1. *GM*, II, 3.
2. *GM*, II, 4.
3. *GM*, II, 8. – Dans la relation créancier-débiteur, « la personne s'opposera pour la première fois à la personne, se mesurant de personne à personne ».

forces réactives : voilà le moyen mis en œuvre par la culture pour parvenir à son but. – Nietzsche nous présente donc la lignée génétique suivante : 1° La culture comme activité préhistorique ou générique, entreprise de dressage et de sélection ; 2° Le moyen mis en œuvre par cette activité, l'équation du châtiment, le rapport de la dette, l'homme responsable ; 3° Le produit de cette activité : l'homme actif, libre et puissant, l'homme qui peut promettre.

12. LA CULTURE ENVISAGÉE DU POINT DE VUE POST-HISTORIQUE

Nous posions un problème concernant la mauvaise conscience. La ligne génétique de la culture ne semble nullement nous rapprocher d'une solution. Au contraire : la conclusion la plus évidente est que ni la mauvaise conscience, ni le ressentiment n'interviennent dans le processus de la culture et de la justice. « La mauvaise conscience, cette plante la plus étrange et la plus intéressante de notre flore terrestre, *n'a pas* sa racine dans ce sol-là[1]. » D'une part, la justice n'a nullement pour origine la vengeance, le ressentiment. Il arrive à des moralistes, même à des socialistes, de faire dériver la justice d'un sentiment réactif : sentiment de l'offense ressentie, esprit de vengeance, réaction justicière. Mais une telle dérivation n'explique rien : resterait à montrer comment la douleur d'autrui peut être une satisfaction de la vengeance, une réparation pour la vengeance. Or on ne comprendra jamais la cruelle équation dommage causé = douleur subie, si l'on n'introduit pas un troisième terme, le plaisir qu'on éprouve à infliger une douleur ou à la contempler[2].

1. *GM*, II, 14.
2. *GM*, II, 6 : « Celui qui, lourdement, introduit ici l'idée de vengeance,

Mais ce troisième terme, sens externe de la douleur, a lui-même une tout autre origine que la vengeance ou la réaction : il renvoie à un point de vue actif, à des forces actives, qui se donnent pour tâche et pour plaisir de dresser les forces réactives. La justice est l'activité générique qui dresse les forces réactives de l'homme, qui les rend aptes à être agies et tient l'homme pour responsable de cette aptitude elle-même. On opposera à la justice la manière dont le ressentiment, puis la mauvaise conscience se forment : par le triomphe des forces réactives, par leur inaptitude à être agies, par leur haine de tout ce qui est actif, par leur résistance, par leur injustice foncière. Aussi bien le ressentiment, loin d'être à l'origine de la justice, « est le dernier domaine conquis par l'esprit de justice... L'homme actif, agressif, même violemment agressif, est encore cent fois plus prêt de la justice que l'homme réactif[1] ».

Et pas plus que la justice n'a le ressentiment pour origine, le châtiment n'a pour produit la mauvaise conscience. Quelle que soit la multiplicité des sens du châtiment, il y a toujours un sens que le châtiment *n'a pas*. Le châtiment n'a pas la propriété d'éveiller chez le coupable le sentiment de la faute. « Le véritable remords est excessivement rare, en particulier chez les malfaiteurs et les criminels ; les prisons, les bagnes ne sont pas les endroits propices à l'éclosion de ce ver rongeur... En thèse générale, le châtiment refroidit et endurcit ; il concentre ; il aiguise les sentiments d'aversion ; il augmente la force de résistance. S'il arrive qu'il brise l'éner-

ne fait que rendre les ténèbres plus épaisses au lieu de les dissiper. La vengeance ramène au même problème : comment faire souffrir peut-il être une réparation ? » Voici ce qui manque à la plupart des théories : montrer de quel point de vue « faire souffrir » fait plaisir.

1. *GM*, II, 11 : « Le droit sur terre est précisément l'emblème de la lutte contre les sentiments réactifs, de la guerre que livrent à ces sentiments les puissances actives et agressives. »

gie et amène une pitoyable prostration, une humiliation volontaire, un tel résultat est certainement encore moins édifiant que l'effet moyen du châtiment : c'est le plus généralement une gravité sèche et morne. Si nous nous reportons maintenant à ces milliers d'années qui *précèdent* l'histoire de l'homme, nous prétendrons hardiment que c'est le châtiment qui a le plus puissamment retardé le développement du sentiment de culpabilité, du moins chez les victimes des autorités répressives[1]. » On opposera point par point l'état de la culture où l'homme, au prix de sa douleur, se sent responsable de ses forces réactives, et l'état de la mauvaise conscience où l'homme, au contraire, se sent coupable pour ses forces actives et les ressent comme coupables. De quelque manière que nous considérions la culture ou la justice, partout nous y voyons l'exercice d'une activité formatrice, le contraire du ressentiment, de la mauvaise conscience.

Cette impression se renforce encore si nous considérons le produit de l'activité culturelle : l'homme actif et libre, l'homme qui peut promettre. De même que la culture est l'élément préhistorique de l'homme, le produit de la culture est l'élément post-historique de l'homme. « Plaçons-nous au bout de l'énorme processus, à l'endroit où l'arbre mûrit enfin ses fruits, où la société et sa moralité des mœurs présentent enfin ce pourquoi elles n'étaient que des moyens ; et nous trouverons que le fruit le plus mûr de l'arbre est *l'individu souverain*, l'individu qui n'est semblable qu'à lui-même, l'individu affranchi de la moralité des mœurs, l'individu autonome et super-moral (car autonome et moral s'excluent), bref l'homme à la volonté propre, indépendante et persistante, l'homme qui peut promettre[2]... » Nietzsche nous apprend ici qu'il ne faut pas confondre le produit de la culture avec son

1. *GM*, II, 14.
2. *GM*, II, 2.

moyen. L'activité générique de l'homme constitue l'homme comme responsable de ses forces réactives : *responsabilité-dette*. Mais cette responsabilité n'est qu'un moyen de dressage et de sélection : elle mesure progressivement l'aptitude des forces réactives à être agies. Le produit fini de l'activité générique n'est nullement l'homme responsable lui-même ou l'homme moral, mais l'homme autonome et super-moral, c'est-à-dire celui qui agit effectivement ses forces réactives et chez qui toutes les forces réactives sont agies. Celui-là seul « peut » promettre, précisément parce qu'il n'est plus responsable devant aucun tribunal. Le produit de la culture n'est pas l'homme qui obéit à la loi, mais l'individu souverain et législateur qui se définit par la puissance sur soi-même, sur le destin, sur la loi : le libre, le léger, *l'irresponsable*. Chez Nietzsche la notion de responsabilité, même sous sa forme supérieure, a la valeur limitée d'un simple moyen : l'individu autonome n'est plus responsable de ses forces réactives devant la justice, il en est le maître, le souverain, le législateur, l'auteur et l'acteur. C'est lui qui parle, il n'a plus à *répondre*. La responsabilité-dette n'a pas d'autre sens actif que de disparaître dans le mouvement par lequel l'homme se libère : le créancier se libère parce qu'il participe au droit des maîtres, le débiteur se libère, même au prix de sa chair et de sa douleur ; tous deux se libèrent, se dégagent du processus qui les a dressés[1]. Tel est le mouvement général de la culture : que le moyen disparaisse dans le produit. La responsabilité comme responsabilité devant la loi, la loi comme loi de la justice, la justice comme moyen de la culture, tout cela disparaît dans le produit de la culture elle-même. La moralité des mœurs produit l'homme affranchi de la moralité des mœurs, l'esprit des lois produit l'homme affranchi de la loi. C'est pourquoi Nietzsche parle d'une autodestruction de la

1. *GM*, II, 5, 13 et 21.

justice[1]. La culture est l'activité générique de l'homme ; mais toute cette activité étant sélective, elle produit l'individu comme son but final où le générique est lui-même supprimé.

13. LA CULTURE ENVISAGÉE DU POINT DE VUE HISTORIQUE

Nous avons fait comme si la culture allait de la préhistoire à la post-histoire. Nous l'avons considérée comme une activité générique qui, par un long travail de préhistoire, arrivait à l'individu comme à son produit post-historique. Et en effet, c'est bien là son essence, conforme à la supériorité des forces actives sur les forces réactives. Mais nous avons négligé un point important : le triomphe, en fait, des forces inférieures et réactives. Nous avons négligé *l'histoire*. De la culture nous devons dire à la fois qu'elle a disparu depuis longtemps et qu'elle n'a pas encore commencé. L'activité générique se perd dans la nuit du passé, comme son produit, dans la nuit du futur. La culture dans l'histoire reçoit un sens très différent de sa propre essence, étant capturée par des forces étrangères d'une tout autre nature. L'activité générique dans l'histoire ne se sépare pas d'un mouvement qui la dénature, et qui dénature son produit. Bien plus, l'histoire est cette dénaturation même, elle se confond avec la « dégénérescence de la culture ». – À la place de l'activité générique, l'histoire nous présente des races, des peuples, des classes, des Églises et des États. Sur l'activité générique se greffrent des organisations sociales, des associations, des communautés de caractère *réactif*, parasites qui viennent la recouvrir et l'absorber. À la faveur de l'activité

1. *GM*, II, 10 : La justice « finit, comme toute chose excellente en ce monde, par se détruire elle-même ».

générique, dont elles faussent le mouvement, les forces réactives forment des collectivités, ce que Nietzsche appelle des « troupeaux[1] ». – À la place de la justice et de son processus d'autodestruction, l'histoire nous présente des sociétés qui ne veulent pas périr et qui n'imaginent rien de supérieur à leurs lois. Quel est l'État qui écouterait le conseil de Zarathoustra : « Laissez-vous donc renverser[2] » ? La loi se confond dans l'histoire avec le contenu qui la détermine, contenu réactif qui la leste et l'empêche de disparaître, sauf au profit d'autres contenus, plus stupides et plus pesants. – Au lieu de l'individu souverain comme produit de la culture, l'histoire nous présente son propre produit, l'homme domestiqué, dans lequel elle trouve le fameux sens de l'histoire : « l'avorton sublime », « l'animal grégaire, être docile, maladif, médiocre, l'Européen d'aujourd'hui[3] ». – Toute la violence de la culture, l'histoire nous la présente comme la propriété légitime des peuples, des États et des Églises, comme la manifestation de *leur* force. Et en fait, tous les procédés de dressage sont employés, mais retournés, détournés, renversés. Une morale, une Église, un État sont encore des entreprises de sélection, des théories de la hiérarchie. Dans les lois les plus stupides, dans les communautés les plus bornées, il s'agit encore de dresser l'homme et de faire servir ses forces réactives. Mais les faire servir à quoi ? Opérer quel dressage, quelle sélection ? On se sert des procédés de dressage, mais pour faire de l'homme l'animal grégaire, la créature docile et domestiquée. On se sert des procédés de sélection, mais pour briser les forts, pour trier les faibles, les souffrants ou les esclaves. La sélection et la hiérarchie sont mises à l'envers. La sélection devient le contraire de ce qu'elle était du point de vue de l'activité ; elle n'est

1. *GM*, III, 18.
2. *Z*, II, « Des grands événements ».
3. *BM*, 62. – *GM*, I, 11.

plus qu'un moyen de conserver, d'organiser, de propager la vie réactive[1].

L'histoire apparaît donc comme l'acte par lequel les forces réactives s'emparent de la culture ou la détournent à leur profit. Le triomphe des forces réactives n'est pas un accident dans l'histoire, mais le principe et le sens de « l'histoire universelle. » Cette idée d'une dégénérescence historique de la culture occupe, dans l'œuvre de Nietzsche, une place prédominante : elle servira d'argument dans la lutte de Nietzsche contre la philosophie de l'histoire et contre la dialectique. Elle inspire la déception de Nietzsche : de « grecque » la culture devient « allemande »... Dès les *Considérations inactuelles*, Nietzsche essaie d'expliquer pourquoi et comment la culture passe au service des forces réactives qui la dénaturent[2]. Plus profondément Zarathoustra développe un symbole obscur : le chien de feu[3]. Le chien de feu est l'image de l'activité générique, il exprime le rapport de l'homme avec la terre. Mais justement la terre a deux maladies, l'homme et le chien de feu lui-même. Car l'homme est l'homme domestiqué ; l'activité générique est l'activité déformée, dénaturée, qui se met au service des forces réactives, qui se confond avec l'Église, avec l'État. – « Église ? c'est une espèce d'État et l'espèce la plus mensongère. Mais tais-toi, chien hypocrite, tu connais ton espèce mieux que personne ! L'État est un chien hypocrite comme toi-même ; comme toi, il aime à parler en fumée et en hurlements, pour faire croire comme toi que sa parole sort des entrailles des choses. Car l'État veut absolument être la bête la plus importante sur terre ; et on le croit. » – Zarathoustra en appelle à un autre chien

1. *GM*, III, 13-20. – *BM*, 62.

2. *Co. In.*, II, « Schopenhauer éducateur », 6. – Nietzsche explique le détournement de la culture en invoquant « trois égoïsmes » : l'égoïsme des *acquéreurs*, l'égoïsme de l'*État*, l'égoïsme de la *science*.

3. *Z*, II, « Des grands événements ».

de feu : « Celui-là parle réellement du cœur de la terre. » Est-ce encore l'activité générique – mais, cette fois, l'activité générique saisie dans l'élément de la préhistoire, auquel correspond l'homme en tant qu'il est produit dans l'élément de la post-histoire ? Même insuffisante, cette interprétation doit être envisagée. Dans les *Considérations inactuelles*, Nietzsche mettait déjà sa confiance dans « l'élément non historique et supra-historique de la culture » (ce qu'il appelait le sens grec de la culture)[1].

À vrai dire, il y a un certain nombre de questions auxquelles nous ne pouvons pas encore répondre. Quel est le statut de ce double élément de la culture ? A-t-il une réalité ? Est-il autre chose qu'une « vision » de Zarathoustra ? La culture ne se sépare pas dans l'histoire du mouvement qui la dénature et la met au service des forces réactives ; mais la culture ne se sépare pas davantage de l'histoire elle-même. L'activité de la culture, l'activité générique de l'homme : n'est-ce pas une simple idée ? Si l'homme est essentiellement (c'est-à-dire génériquement) un être *réactif*, comment pourrait-il avoir, ou même avoir eu dans une préhistoire, une *activité* générique ? Comment un homme actif pourrait-il apparaître, même dans une post-histoire ? Si l'homme est essentiellement réactif, il semble que l'activité doive concerner un être différent de l'homme. Si l'homme au contraire a une activité générique, il semble qu'elle ne puisse être déformée que de manière accidentelle. Pour le moment, nous pouvons seulement recenser les thèses de Nietzsche, remettant à plus tard le soin d'en chercher la signification : l'homme est essentiellement réactif ; il n'y en a pas moins une activité générique de l'homme, mais nécessairement déformée, ratant nécessairement son but, aboutissant à

1. *Co. In.*, I, « De l'utilité et de l'inconvénient des études historiques », 10 et 8.

l'homme domestiqué ; cette activité doit être reprise sur un autre plan, plan sur lequel elle produit, mais produit autre chose que l'homme…

Toutefois, il est déjà possible d'expliquer pourquoi l'activité générique tombe nécessairement dans l'histoire et tourne au profit des forces réactives. Si le schéma des *Considérations inactuelles* est insuffisant, l'œuvre de Nietzsche présente d'autres directions dans lesquelles une solution peut être trouvée. L'activité de la culture se propose de dresser l'homme, c'est-à-dire de rendre les forces réactives aptes à servir, à être agies. Mais, en cours de dressage, cette aptitude à servir reste profondément ambiguë. Car elle permet en même temps aux forces réactives de se mettre au service d'autres forces réactives, de donner à celles-ci une apparence d'activité, une apparence de justice, de former avec elles une fiction qui l'emporte sur les forces actives. On se rappelle que, dans le ressentiment, certaines forces réactives empêchaient d'autres forces réactives d'être agies. La mauvaise conscience emploie pour la même fin des moyens presque contraires : *dans la mauvaise conscience, des forces réactives se servent de leur aptitude à être agies pour donner à d'autres forces réactives un air d'agir*. Il n'y a pas moins de fiction dans ce procédé que dans le procédé du ressentiment. *C'est ainsi que se forment, à la faveur de l'activité générique, des associations de forces réactives.* Celles-ci se greffent sur l'activité générique et la détournent nécessairement de son sens. Les forces réactives trouvent à la faveur du dressage une occasion prodigieuse : l'occasion de s'associer, de former une réaction collective usurpant l'activité générique.

14. MAUVAISE CONSCIENCE, RESPONSABILITÉ, CULPABILITÉ

Quand les forces réactives se greffent ainsi sur l'activité générique, elles en interrompent la « lignée ». Là encore une projection intervient : c'est la dette, c'est la relation créancier-débiteur qui est projetée, et qui change de nature dans cette projection. Du point de vue de l'activité générique, l'homme était tenu pour responsable de ses forces réactives ; ses forces réactives elles-mêmes étaient considérées comme responsables devant un tribunal actif. Maintenant, les forces réactives profitent de leur dressage pour former une association complexe avec d'autres forces réactives : elles se sentent responsables devant ces autres forces, ces autres forces se sentent juges et maîtresses des premières. L'association des forces réactives s'accompagne ainsi d'une transformation de la dette ; celle-ci devient dette envers « la divinité », envers « la société », envers « l'État », envers des instances réactives. Tout se passe alors entre forces réactives. La dette perd le caractère actif par lequel elle participait à la libération de l'homme : sous sa nouvelle forme, elle est inépuisable, *impayable*. « Il faudra que la perspective d'une libération définitive disparaisse une fois pour toutes dans la brume pessimiste, il faudra que le regard désespéré se décourage devant une impossibilité de fer, il faudra que ces notions de dette et de devoir se retournent. Se retournent contre qui donc ? Il n'y a aucun doute : en premier lieu contre le débiteur… en dernier lieu contre le créancier[1]. » Qu'on examine ce que le christianisme appelle « rachat ». Il ne s'agit plus d'une libération de la dette, mais d'un approfondissement de la

1. *GM*, II, 21.

dette. Il ne s'agit plus d'une douleur par laquelle on paie la dette, mais d'une douleur par laquelle on s'y enchaîne, par laquelle on se sent débiteur pour toujours. La douleur ne paie plus que les intérêts de la dette ; *la douleur est intériorisée, la responsabilité-dette est devenue responsabilité-culpabilité*. Si bien qu'il faudra que le créancier lui-même prenne la dette à son compte, qu'il prenne sur soi le corps de la dette. Coup de génie du christianisme, dit Nietzsche : « Dieu lui-même s'offrant en sacrifice pour payer les dettes de l'homme, Dieu se payant à lui-même, Dieu parvenant seul à libérer l'homme de ce qui, pour l'homme même, est devenu irrémissible. »

On verra une différence de nature entre les deux formes de responsabilité, la responsabilité-dette et la responsabilité-culpabilité. L'une a pour origine l'activité de la culture ; elle est seulement le moyen de cette activité, elle développe le sens externe de la douleur, elle doit disparaître dans le produit pour faire place à la belle irresponsabilité. Tout dans l'autre est réactif : elle a pour origine l'accusation du ressentiment, elle se greffe sur la culture et la détourne de son sens, elle entraîne elle-même un changement de direction du ressentiment qui ne cherche plus un coupable au-dehors, elle s'éternise en même temps qu'elle intériorise la douleur. – Nous disions : le prêtre est celui qui intériorise la douleur en changeant la direction du ressentiment ; par là, il donne une forme à la mauvaise conscience. Nous demandions : comment le ressentiment peut-il changer de direction tout en gardant ses propriétés de haine et de vengeance ? La longue analyse précédente nous donne les éléments d'une réponse : 1° À la faveur de l'activité générique et usurpant cette activité, les forces réactives constituent des associations (troupeaux). Certaines forces réactives ont l'air d'agir, d'autres servent de matière : « Partout où il y a des troupeaux, c'est l'instinct de faiblesse qui les a voulus, l'habileté du prêtre qui les a organisés[1] » ; 2° C'est dans ce milieu que la mauvaise conscience prend forme. Abstraite de l'activité générique, la dette se projette dans l'association réactive. La dette devient la relation d'un débiteur qui n'en finira pas de payer, et d'un créancier qui n'en finira pas d'épuiser les intérêts de la dette : « Dette envers la divinité. » La douleur du débiteur est intériorisée, la responsabilité de la dette devient un sentiment de culpabilité. C'est ainsi que le prêtre arrive à changer la direction du ressentiment : nous, êtres réactifs, n'avons pas à chercher de coupable au-dehors, nous sommes tous coupables envers lui, envers l'Église, envers Dieu[2] ; 3° Mais le prêtre n'empoisonne pas seulement le troupeau, il l'organise, il le défend. Il invente les moyens qui nous font supporter la douleur multipliée, intériorisée. Il rend vivable la culpabilité qu'il injecte. Il nous fait participer à une apparente activité, à une apparente justice, le service de Dieu ; il nous *intéresse* à l'association, il éveille en nous « le désir de voir prospérer la communauté[3] ». Notre insolence de domestiques sert d'antidote à notre mauvaise conscience. Mais surtout le ressentiment, en changeant de direction, n'a rien perdu de ses sources de satisfaction, de sa virulence ni de sa haine contre *les autres*. C'est ma faute, voilà le cri d'amour par lequel, nouvelles sirènes, nous attirons les autres et les détournons de leur chemin. En changeant la direction du ressentiment, les hommes de la mauvaise conscience ont trouvé le moyen de mieux satisfaire la vengeance, de mieux répandre la contagion : « Ils sont eux-mêmes prêts à faire expier, ils ont soif de jouer le rôle de bourreaux…[4] » ; 4° On remarquera en tout ceci que la

1. *GM*, III, 18.
2. *GM*, II, 20-22.
3. *GM*, III, 18-19.
4. *GM*, III, 14 : « Ils passent au milieu de nous comme de vivants reproches, comme s'ils voulaient servir d'avertissement – comme si la santé, la robustesse, la fierté, le sentiment de la puissance étaient simple-

forme de la mauvaise conscience implique une fiction, non moins que la forme du ressentiment. La mauvaise conscience repose sur le détournement de l'activité générique, sur l'usurpation de cette activité, sur la *projection* de la dette.

15. L'IDÉAL ASCÉTIQUE ET L'ESSENCE DE LA RELIGION

Il arrive que Nietzsche fasse comme s'il y avait lieu de distinguer deux et même plusieurs types de religions. En ce sens, la religion ne serait pas essentiellement liée au ressentiment ni à la mauvaise conscience. Dionysos est un Dieu. « Je ne saurais guère douter qu'il n'y ait de nombreuses variétés de dieux. Il n'en manque pas qui semblent inséparables d'un certain alcyonisme, d'une certaine insouciance. Les pieds légers font peut-être partie des attributs de la divinité[1]. » Nietzsche ne cesse pas de dire qu'il y a des dieux actifs et affirmatifs, des religions actives et affirmatives. Toute sélection implique une religion. Suivant la méthode qui lui est chère, Nietzsche reconnaît une pluralité de sens à la religion, d'après les forces diverses qui peuvent s'en emparer : aussi y a-t-il une religion des forts, dont le sens est profondément sélectif, éducatif. Bien plus, si l'on considère le Christ comme type personnel en le distinguant du christianisme comme type collectif, il faut reconnaître

ment des vices qu'il faudrait expier, amèrement expier ; car, au fond, ils sont eux-mêmes prêts à faire expier, ils ont soif de jouer un rôle de bourreaux ! Parmi eux, il y a quantité de vindicatifs déguisés en *juges*, ayant toujours à la bouche, une bouche aux lèvres pincées, de la bave empoisonnée qu'ils appellent *justice* et qu'ils sont toujours prêts à lancer sur tout ce qui n'a pas l'air mécontent, sur tout ce qui, d'un cœur léger, suit son chemin. »

1. *VP*, IV, 580.

à quel point le Christ manquait de ressentiment, de mauvaise conscience ; il se définit par un joyeux message, il nous présente une vie qui n'est pas celle du christianisme, autant que le christianisme une religion qui n'est pas celle du Christ[1].

Mais ces remarques typologiques risquent de nous cacher l'essentiel. Non que la typologie ne soit pas l'essentiel, mais il n'y a de bonne typologie que celle qui tient compte du principe suivant : le degré supérieur ou l'affinité des forces. (« En toute chose, seuls les degrés supérieurs importent. ») La religion a autant de sens qu'il y a de forces capables de s'en emparer. Mais la religion elle-même est une force en affinité plus ou moins grande avec les forces qui s'en emparent ou dont elle s'empare elle-même. Tant que la religion est tenue par des forces d'une autre nature, elle n'atteint pas son degré supérieur, le seul qui importe, où elle cesserait d'être un moyen. Au contraire, quand elle est conquise par des forces de même nature ou bien quand, grandissante, elle s'empare de ces forces et secoue le joug de celles qui la dominaient dans son enfance, alors elle découvre sa propre essence avec son degré supérieur. Or, chaque fois que Nietzsche nous parle d'une religion active, d'une religion des forts, d'une religion sans ressentiment ni mauvaise conscience, il s'agit d'un état où la religion se trouve précisément subju-

1. La religion des forts et sa signification sélective : *BM*, 61. – Les religions affirmatives et actives, qui s'opposent aux religions nihilistes et réactives : *VP*, I, 332, et *AC*, 16. – Sens affirmatif du paganisme comme religion : *VP*, IV, 464. – Sens actif des dieux grecs : *GM*, II, 23. – Le bouddhisme, religion nihiliste, mais sans esprit de vengeance ni sentiment de faute : *AC*, 20-23, *VP*, I, 342-343. – Le type personnel du Christ, absence de ressentiment, de mauvaise conscience et d'idée de péché : *AC*, 31-35, 40-41. – La fameuse formule par laquelle Nietzsche résume sa philosophie de la religion : « Au fond, seul le Dieu *moral* est réfuté », *VP*, III, 482 ; III, 8. – C'est sur tous ces textes que s'appuient les commentateurs qui veulent faire de l'athéisme de Nietzsche un athéisme tempéré, ou même qui veulent réconcilier Nietzsche avec Dieu.

guée par des forces d'une tout autre nature que la sienne et ne peut pas se démasquer : la religion comme « procédé de sélection et d'éducation entre les mains des philosophes [1] ». Même avec le Christ, la religion comme croyance ou comme foi reste entièrement subjuguée par la force d'une pratique, qui donne seule « le sentiment d'être divin [2] ». En revanche, quand la religion arrive à « agir souverainement par elle-même », quand c'est aux autres forces d'emprunter un masque pour survivre, on le paie toujours « d'un prix lourd et terrible », en même temps que la religion trouve sa propre essence. C'est pourquoi, selon Nietzsche, *la religion d'une part et d'autre part la mauvaise conscience, le ressentiment sont essentiellement liés*. Envisagés dans leur état brut, le ressentiment et la mauvaise conscience représentent les forces réactives, qui s'emparent des éléments de la religion pour les libérer du joug où les forces actives les maintenaient. Dans leur état formel, le ressentiment et la mauvaise conscience représentent les forces réactives que la religion conquiert elle-même et développe en exerçant sa nouvelle souveraineté. Ressentiment et mauvaise conscience, tels sont les degrés supérieurs de la religion comme telle. L'inventeur du christianisme n'est pas le Christ, mais saint Paul, l'homme de la mauvaise conscience, l'homme du ressentiment. (La question « Qui ? » appliquée au christianisme [3].)

1. *BM*, 62.
2. *AC*, 33.
3. *AC*, 42 : « Le joyeux message fut suivi de près par le pire de tous : celui de saint Paul. En saint Paul s'incarne le type contraire du joyeux messager, le génie dans la haine, dans la vision de la haine, dans l'implacable logique de la haine. Combien de choses ce *dysangéliste* n'a-t-il pas sacrifiées à la haine ! Avant tout le Sauveur : il le cloua à *sa* croix. » – C'est saint Paul qui a « inventé » le sens de la faute : il a « interprété » la mort du Christ comme si le Christ mourait *pour nos péchés* (*VP*, I, 366 et 390).

Type	Variété du type	Mécanisme	Principe	Produit	Qualité de la volonté de puissance
Type actif : Le Maître (les forces actives l'emportent sur les forces réactives ; les forces réactives sont agies).	*Le rêve et l'ivresse.*	Les excitants de la vie, les stimulants de la volonté de puissance.	Apollon et Dionysos.	*L'artiste.*	AFFIRMATION
	La conscience : Système de l'appareil réactif, où les forces réactives ré-agissent aux excitations.	Distinction de la trace et de l'excitation (refoulement de la mémoire des traces).	Faculté d'oubli (comme principe régulateur).	*Le noble.*	
	La culture : Activité générique par laquelle les forces réactives sont dressées et domptées.	Mécanisme de la violence ; *sens externe* de la douleur ; instauration du rapport débiteur-créancier ; responsabilité-dette.	Faculté de mémoire : mémoire des paroles (comme principe téléologique).	*L'individu-souverain, le législateur.*	

Triomphe des forces réactives					
Type réactif : L'Esclave (les forces réactives l'emportent sur les forces actives ; elles triomphent sans former une force plus grande).	Ressentiment.	Aspect topologique : *déplacement* (déplacement des forces réactives).	Mémoire des traces : montée de la mémoire des traces ; confusion de l'excitation avec la trace.	L'homme qui n'en finit avec rien.	NÉGATION
		Aspect typologique : *renversement* (renversement des valeurs ou du rapport des forces).	Première FICTION : projection réactive de l'image renversée.	L'accusateur perpétuel. (Noble.)	
		Aspect topologique : *retournement* (intériorisation de la force).	Force active séparée de ce qu'elle peut.	L'homme qui multiplie sa douleur.	

Triomphe des forces réactives					
	Mauvaise conscience. (Intériorisation.)	Aspect typologique : *changement de direction* (intériorisation de la douleur par changement de direction du ressentiment).	Deuxième FICTION : projection réactive de la dette ; usurpation de la culture et formation de troupeaux.	*L'homme coupable* : sens interne de la douleur, responsabilité-culpabilité. *L'homme domestiqué.* (≠ Législateur.)	
	Idéal ascétique.	Moyens de rendre supportables la mauvaise conscience et le ressentiment.	Troisième FICTION : position d'un outre-monde.	L'homme ascétique.	
		Expression de la volonté de néant.		(Artiste.)	

La religion n'est pas seulement une force. Jamais les forces réactives ne triompheraient, portant la religion jusqu'à son degré supérieur, si la religion de son côté n'était animée par une volonté, volonté qui mène les forces réactives au triomphe. Au-delà du ressentiment et de la mauvaise conscience, Nietzsche traite de l'idéal ascétique, troisième étape. Mais aussi bien *l'idéal ascétique était présent dès le début.* Suivant un premier sens, l'idéal ascétique désigne le complexe du ressentiment et de la mauvaise conscience : il croise l'un avec l'autre, il renforce l'un par l'autre. En second lieu, il exprime l'ensemble des moyens par lesquels la maladie du ressentiment, la souffrance de la mauvaise conscience deviennent vivables, bien plus, s'organisent et se propagent ; le prêtre ascétique est à la fois jardinier, éleveur, berger, médecin. Enfin, et c'est son sens le plus profond, l'idéal ascétique exprime la volonté qui fait triompher les forces réactives. « L'idéal ascétique exprime une volonté[1]. » Nous retrouvons l'idée d'une complicité fondamentale (non pas une identité, mais une complicité) entre les forces réactives et une forme de la volonté de puissance[2]. Jamais les forces réactives ne l'emporteraient sans une volonté qui développe les projections, qui organise les fictions nécessaires. La fiction d'un outre-monde dans l'idéal ascétique : voilà ce qui accompagne les démarches du ressentiment et de la mauvaise conscience, voilà ce qui permet de déprécier la vie et tout ce qui est actif dans la vie, voilà ce qui donne au monde une valeur d'apparence ou de néant. La fiction d'un autre monde était déjà présente dans les autres fictions comme la condition qui les rendait possibles. Inversement, la volonté de néant a besoin des forces réactives :

1. *GM*, III, 23.

2. On se souvient que le prêtre ne se confond pas avec les forces réactives : il les mène, il les fait triompher, il en tire parti, il leur insuffle une volonté de puissance (*GM*, III, 15 et 18).

non seulement elle ne supporte la vie que sous forme réactive, mais elle a besoin de la vie réactive comme du moyen par lequel la vie *doit* se contredire, se nier, s'anéantir. Que seraient les forces réactives séparées de la volonté de néant ? Mais que serait la volonté de néant sans les forces réactives ? Peut-être deviendrait-elle tout autre chose que ce que nous la voyons être. Le sens de l'idéal ascétique est donc celui-ci : exprimer l'affinité des forces réactives avec le nihilisme, exprimer le nihilisme comme « moteur » des forces réactives.

16. TRIOMPHE DES FORCES RÉACTIVES

La typologie nietzschéenne met en jeu toute une psychologie des « profondeurs » ou des « cavernes ». Notamment les mécanismes, qui correspondent à chaque moment du triomphe des forces réactives, forment une théorie de l'inconscient qui devrait être confrontée avec l'ensemble du freudisme. On se gardera pourtant d'accorder aux concepts nietzschéens une signification exclusivement psychologique. Non seulement un type est aussi une réalité biologique, sociologique, historique et politique ; non seulement la métaphysique et la théorie de la connaissance dépendent elles-mêmes de la typologie. Mais Nietzsche, à travers cette typologie, développe une philosophie qui doit, selon lui, remplacer la vieille métaphysique et la critique transcendantale, et donner aux sciences de l'homme un nouveau fondement : la philosophie généalogique, c'est-à-dire la philosophie de la volonté de puissance. La volonté de puissance ne doit pas être interprétée psychologiquement, comme si la volonté voulait la puissance en vertu d'un mobile ; la généalogie ne doit pas davantage être interprétée comme une simple genèse psychologique. (Cf. tableau récapitulatif, p. 226.)

Chapitre V

Le surhomme : contre la dialectique

1. LE NIHILISME

Dans le mot nihilisme, *nihil* ne signifie pas le non-être, mais d'abord une valeur de néant. La vie prend une valeur de néant pour autant qu'on la nie, la déprécie. La dépréciation suppose toujours une fiction : c'est par fiction qu'on fausse et qu'on déprécie, c'est par fiction qu'on oppose quelque chose à la vie [1]. La vie tout entière devient donc irréelle, elle est représentée comme apparence, elle prend dans son ensemble une valeur de néant. L'idée d'un autre monde, d'un monde suprasensible avec toutes ses formes (Dieu, l'essence, le bien, le vrai), l'idée de valeurs supérieures à la vie n'est pas un exemple parmi d'autres, mais l'élément constitutif de toute fiction. Les valeurs supérieures à la vie ne se séparent pas de leur effet : la dépréciation de la vie, la négation de ce monde. Et si elles ne se séparent pas de cet effet, c'est parce qu'elles ont pour principe une volonté de nier, de déprécier. Gardons-nous de croire que les valeurs supérieures forment un seuil où la volonté s'arrête, comme si, face

1. *AC*, 15 (l'opposition du rêve et de la fiction).

au divin, nous étions délivrés de la contrainte de vouloir. Ce n'est pas la volonté qui se nie dans les valeurs supérieures, ce sont les valeurs supérieures qui se rapportent à une volonté de nier, d'anéantir la vie. « Néant de volonté » : ce concept de Schopenhauer est seulement un symptôme ; il signifie d'abord une volonté d'anéantissement, une volonté de néant... « Mais c'est du moins, et cela demeure toujours une volonté[1]. » Nihil *dans nihilisme signifie la négation comme qualité de la volonté de puissance.* Dans son premier sens et dans son fondement, nihilisme signifie donc : valeur de néant prise par la vie, fiction des valeurs supérieures qui lui donnent cette valeur de néant, volonté de néant qui s'exprime dans ces valeurs supérieures.

Le nihilisme a un second sens, plus courant. Il ne signifie plus une volonté, mais une réaction. On réagit contre le monde suprasensible et contre les valeurs supérieures, on nie leur existence, on leur dénie toute validité. Non plus dévalorisation de la vie au nom de valeurs supérieures, mais dévalorisation des valeurs supérieures elles-mêmes. Dévalorisation ne signifie plus valeur de néant prise par la vie, mais néant des valeurs, des valeurs supérieures. La grande nouvelle se propage : il n'y a rien à voir derrière le rideau, « les signes distinctifs que l'on a donnés de la véritable essence des choses sont les signes caractéristiques du non-être, du néant[2] ». Ainsi le nihiliste nie Dieu, le bien et même le vrai, toutes les formes du suprasensible. Rien n'est vrai, rien n'est bien, Dieu est mort. Néant de volonté n'est plus seulement un symptôme pour une volonté de néant, mais, à la limite, une négation de toute volonté, un *taedium vitae*. Il n'y a plus de volonté de l'homme ni de la terre. « Partout de la neige, la vie est muette ici ; les dernières corneilles dont on entend la voix

1. *GM*, III, 28.
2. *Cr. Id.*, « La raison dans la philosophie », 6.

croassent : À quoi bon ? En vain ! Nada ! Rien ne pousse et ne croît plus ici[1]. » – Ce second sens resterait familier, mais n'en serait pas moins incompréhensible si l'on ne voyait comment il découle du premier et suppose le premier. Tout à l'heure, on dépréciait la vie du haut des valeurs supérieures, on la niait au nom de ces valeurs. Ici, au contraire, on reste seul avec la vie, mais cette vie est encore la vie dépréciée, qui se poursuit maintenant dans un monde sans valeurs, dénuée de sens et de but, roulant toujours plus loin vers son propre néant. Tout à l'heure, on opposait l'essence à l'apparence, on faisait de la vie une apparence. Maintenant on nie l'essence, mais on garde l'apparence : tout n'est qu'apparence, cette vie qui nous reste est restée pour elle-même apparence. Le premier sens du nihilisme trouvait son principe dans la volonté de nier comme volonté de puissance. Le second sens, « pessimisme de la faiblesse », trouve son principe dans la vie réactive toute seule et toute nue, dans les forces réactives réduites à elles-mêmes. Le premier sens est un *nihilisme négatif* ; le second sens, un *nihilisme réactif*.

2. ANALYSE DE LA PITIÉ

La complicité fondamentale entre la volonté de néant et les forces réactives consiste en ceci : c'est la volonté de néant qui fait triompher les forces réactives. Quand, sous la volonté de néant, la vie universelle devient irréelle, la vie comme vie particulière devient réactive. C'est en même temps que la vie devient irréelle dans son ensemble et réactive en particulier. Dans son entreprise de nier la vie, pour une part la volonté de néant tolère la vie réactive, pour une autre part elle en a besoin. Elle la tolère comme

1. *GM*, III, 26.

état de la vie voisin de zéro, elle en a besoin comme du moyen par lequel la vie est amenée à se nier, à se contredire. C'est ainsi que, dans leur victoire, les forces réactives ont un *témoin*, pire un *meneur*. Or il arrive que les forces réactives, triomphantes, supportent de moins en moins ce meneur et ce témoin. Elles veulent triompher seules, elles ne veulent plus devoir leur triomphe à personne. Peut-être redoutent-elles le but obscur que la volonté de puissance atteint pour son compte à travers leur propre victoire, peut-être craignent-elles que cette volonté de puissance ne se retourne contre elles et ne les détruisent à leur tour. *La vie réactive brise son alliance avec la volonté négative*, elle veut régner toute seule. Voilà que les forces réactives projettent leur image, mais cette fois pour prendre la place de la volonté qui les menait. Jusqu'où iront-elles dans cette voie ? Plutôt pas de « volonté » du tout que cette volonté trop puissante, trop vivante encore. Plutôt nos troupeaux stagnants que le berger qui nous mène encore trop loin. Plutôt nos seules forces qu'une volonté dont nous n'avons plus besoin. Jusqu'où les forces réactives iront-elles ? *Plutôt s'éteindre passivement !* Le « nihilisme réactif » prolonge d'une certaine façon le « nihilisme négatif » : triomphantes, les forces réactives prennent la place de cette puissance de nier qui les menait au triomphe. Mais le « nihilisme passif » est l'extrême aboutissement du nihilisme réactif : s'éteindre passivement plutôt qu'être mené du dehors.

Cette histoire se raconte aussi d'une autre manière. Dieu est mort, mais de quoi est-il mort ? *Il est mort de pitié*, dit Nietzsche. Tantôt cette mort est présentée comme accidentelle : vieux et fatigué, las de vouloir, Dieu « finit par étouffer un jour de sa trop grande pitié[1] ». Tantôt cette mort est l'effet d'un acte criminel : « Sa pitié ne connaissait pas de pudeur ; il s'insinuait dans mes replis les plus

1. *Z*, IV, « Hors de service » : version du « dernier pape ».

immondes. Il fallait que mourût ce curieux entre tous les curieux, cet indiscret, ce miséricordieux. Il m'a sans cesse vu, moi ; je voulus me venger d'un tel *témoin*, ou cesser de vivre moi-même. Le Dieu qui voyait tout, même l'homme : ce Dieu devait mourir ! L'homme ne supporte pas qu'un tel témoin vive[1]. » – Qu'est-ce que la pitié ? Elle est cette tolérance pour les états de la vie voisins de zéro. La pitié est amour de la vie, mais de la vie faible, malade, réactive. Militante, elle annonce la victoire finale des pauvres, des souffrants, des impuissants, des petits. Divine, elle leur donne cette victoire. *Qui* éprouve la pitié ? Précisément celui qui ne tolère la vie que réactive, celui qui a besoin de cette vie et de ce triomphe, celui qui installe ses temples sur le sol marécageux d'une telle vie. Celui qui hait tout ce qui est actif dans la vie, celui qui se sert de la vie pour nier et déprécier la vie, pour l'opposer à elle-même. La pitié, dans le symbolisme de Nietzsche, désigne toujours ce complexe de la volonté de néant et des forces réactives, cette affinité de l'une avec les autres, cette tolérance de l'une pour les autres. « La pitié, c'est la pratique du nihilisme… La pitié persuade du néant ! On ne dit pas le néant, on met à la place l'au-delà, ou bien Dieu, ou la vie véritable ; ou bien le nirvana, le salut, la béatitude. Cette innocente rhétorique, qui rentre dans le domaine de l'idiosyncrasie religieuse et morale, paraîtra beaucoup moins innocente dès que l'on comprendra quelle est la tendance qui se drape ici dans un manteau de paroles sublimes : l'inimitié de la vie[2]. » Pitié pour la vie réactive au nom des valeurs supérieures, pitié de Dieu pour l'homme réactif : on devine la volonté qui se cache dans cette manière d'aimer la vie, dans ce Dieu de miséricorde, dans ces valeurs supérieures.

1. *Z*, IV, « Le plus hideux des hommes » : version du « meurtrier de Dieu ».
2. *AC*, 7.

Dieu s'étouffe de pitié : tout se passe comme si la vie réactive lui rentrait dans la gorge. L'homme réactif met Dieu à mort parce qu'il ne supporte plus sa pitié. L'homme réactif ne supporte plus de témoin, il veut être seul avec son triomphe, et avec ses seules forces. *Il se met à la place de Dieu* : il ne connaît plus de valeurs supérieures à la vie, mais seulement une vie réactive qui se contente de soi, qui prétend sécréter ses propres valeurs. Les armes que Dieu lui donna, le ressentiment, même la mauvaise conscience, toutes les figures de son triomphe, il les tourne contre Dieu, il les oppose à Dieu. Le ressentiment devient athée, mais cet athéisme est encore ressentiment, toujours ressentiment, toujours mauvaise conscience[1]. Le meurtrier de Dieu est l'homme réactif, « le plus hideux des hommes », « gargouillant de fiel et plein de honte cachée[2] ». Il *réagit* contre la pitié de Dieu : « Il y a aussi un bon goût dans le domaine de la pitié ; ce bon goût a fini par dire : Enlevez-nous ce Dieu. Plutôt pas de Dieu du tout, plutôt décider du destin à sa tête, plutôt être fou, plutôt être soi-même Dieu[3]. » – Jusqu'où ira-t-il dans cette voie ? Jusqu'au grand dégoût. Plutôt pas de valeurs du tout que les valeurs supérieures, plutôt pas de volonté du tout, plutôt un néant de volonté qu'une volonté de néant. Plutôt s'éteindre passivement. C'est *le devin*, « devin de la grande lassitude », qui annonce les conséquences de la mort de Dieu : la vie réactive seule avec elle-même, n'ayant même plus la volonté de disparaître, rêvant d'une extinction passive. « Tout est vide, tout est égal, tout est révolu !... Toutes les sources sont taries pour nous et la mer s'est retirée. Tout sol se dérobe, mais l'abîme ne veut pas nous engloutir.

1. Sur l'athéisme du ressentiment : *VP*, III, 458 ; cf. *EH*, II, 1 : comment Nietzsche oppose à l'athéisme du *ressentiment* sa propre *agressivité* contre la religion.
2. *Z*, IV, « Le plus hideux des hommes ».
3. *Z*, IV, « Hors de service ».

Hélas ! où y a-t-il encore une mer où l'on puisse se noyer ?... En vérité, nous sommes déjà trop fatigués pour mourir[1]. » *Le dernier des hommes*, voilà le descendant du meurtrier de Dieu : plutôt pas de volonté du tout, plutôt un seul troupeau. « On ne devient plus ni pauvre ni riche : c'est trop pénible. Qui voudrait encore gouverner ? Qui voudrait encore obéir ? C'est trop pénible. *Point de berger et un seul troupeau !* Chacun veut la même chose, tous sont égaux[2]... »

Ainsi racontée, l'histoire nous mène encore à la même conclusion : *le nihilisme négatif* est remplacé par *le nihilisme réactif*, le nihilisme réactif aboutit au *nihilisme passif*. De Dieu au meurtrier de Dieu, du meurtrier de Dieu au dernier des hommes. Mais cet aboutissement est le savoir du devin. Avant d'en arriver là, combien d'avatars, combien de variations sur le thème nihiliste. Longtemps la vie réactive s'efforce de sécréter ses propres valeurs, l'homme réactif prend la place de Dieu : l'adaptation, l'évolution, le progrès, le bonheur pour tous, le bien de la communauté ; l'Homme-Dieu, l'homme moral, l'homme véridique, l'homme social. Telles sont les valeurs nouvelles qu'on nous propose à la place des valeurs supérieures, tels sont les personnages nouveaux qu'on nous propose à la place de Dieu. Les derniers des hommes disent encore : « Nous avons inventé le bonheur[3]. » Pourquoi l'homme aurait-il tué Dieu, sinon pour en prendre la place toute chaude ? Heidegger remarque, commentant Nietzsche : « Si Dieu a quitté sa place dans le monde suprasensible, cette place, quoique vide, demeure. La région vacante du monde suprasensible et du monde idéal

1. *Z*, II, « Le devin ». – *GS*, 125 : « N'allons-nous pas errant comme par un néant infini ? Ne sentons-nous pas le souffle du vide sur notre face ? Ne fait-il pas plus froid ? Ne vient-il pas toujours des nuits, toujours plus de nuits ? »
2. *Z*, Prologue, 5.
3. *Z*, Prologue, 5.

peut être maintenue. La place vide appelle même en quelque sorte à être occupée de nouveau, et à remplacer le Dieu disparu par autre chose[1]. » Bien plus : c'est toujours la même vie, cette vie qui bénéficiait en premier lieu de la dépréciation de l'ensemble de la vie, cette vie qui profitait de la volonté de néant pour obtenir sa victoire, cette vie qui triomphait dans les temples de Dieu, à l'ombre des valeurs supérieures ; puis, en second lieu, cette vie qui se met à la place de Dieu, qui se retourne contre le principe de son propre triomphe et ne reconnaît plus d'autres valeurs que les siennes ; enfin cette vie exténuée qui préférera ne pas vouloir s'éteindre passivement plutôt qu'être animée d'une volonté qui la dépasse. C'est encore et toujours la même vie : vie dépréciée, réduite à sa forme réactive. Les valeurs peuvent changer, se renouveler ou même disparaître. Ce qui ne change pas et ne disparaît pas, c'est la perspective nihiliste qui préside à cette histoire, du début à la fin, et dont dérivent toutes ces valeurs aussi bien que leur absence. C'est pourquoi Nietzsche peut penser que le nihilisme n'est pas un événement dans l'histoire, mais le moteur de l'histoire de l'homme comme histoire universelle. *Nihilisme négatif, réactif et passif* : c'est pour Nietzsche une seule et même histoire jalonnée par le judaïsme, le christianisme, la réforme, la libre pensée, l'idéologie démocratique et socialiste, etc. Jusqu'au dernier des hommes[2].

1. HEIDEGGER, *Holzwege* (« le mot de Nietzsche : Dieu est mort », tr. fr., *Arguments*, n° 15).

2. NIETZSCHE ne s'en tient pas à une histoire européenne. Le bouddhisme lui semble une religion du nihilisme passif ; le bouddhisme donne même au nihilisme passif une noblesse. Aussi Nietzsche pense-t-il que l'Orient est en avance sur l'Europe : le christianisme en reste encore aux stades négatif et réactif du nihilisme (cf. *VP*, I, 343 ; *AC*, 20-23).

3. DIEU EST MORT

Les propositions spéculatives mettent en jeu l'idée de Dieu du point de vue de sa forme. Dieu n'existe pas, *ou* existe, pour autant que son idée implique ou n'implique pas contradiction. Mais la formule « Dieu est mort » est d'une tout autre nature : elle fait dépendre l'existence de Dieu d'une synthèse, elle opère la synthèse de l'idée de Dieu avec le temps, avec le devenir, avec l'histoire, avec l'homme. Elle dit à la fois : Dieu a existé *et* il est mort *et* il ressuscitera, Dieu est devenu Homme *et* l'Homme est devenu Dieu. La formule « Dieu est mort » n'est pas une proposition spéculative, mais une proposition dramatique, la proposition dramatique par excellence. On ne peut faire de Dieu l'objet d'une connaissance synthétique sans mettre en lui la mort. L'existence ou la non-existence cessent d'être des déterminations absolues qui découlent de l'idée de Dieu, mais la vie et la mort deviennent des déterminations relatives qui correspondent aux forces entrant en synthèse avec l'idée de Dieu ou dans l'idée de Dieu. La proposition dramatique est synthétique, donc essentiellement pluraliste, typologique et différentielle. Qui meurt, et qui met Dieu à mort ? « Lorsque les dieux meurent, ils meurent toujours de plusieurs sortes de morts[1]. »

1° *Du point de vue du nihilisme négatif : moment de la conscience judaïque et chrétienne.* – L'idée de Dieu exprime la volonté de néant, la dépréciation de la vie ; « quand on ne place pas le centre de gravité de la vie dans la vie, mais dans l'au-delà, *dans le néant*, on a enlevé à la vie son centre de gravité[2] ». Mais la dépréciation, la haine de la vie dans son ensemble, entraîne une glorification de

1. *Z*, IV, « Hors de service ».
2. *AC*, 43.

la vie réactive en particulier : eux les méchants, les pécheurs... nous les bons. Le principe et la conséquence. La conscience judaïque ou conscience du ressentiment (après la belle époque des rois d'Israël) présente ces deux aspects : l'universel y apparaît comme cette haine de la vie, le particulier, comme cet amour pour la vie, à condition qu'elle soit malade et réactive. Mais que ces deux aspects soient dans un rapport de prémisses et de conclusion, de principe et de conséquence, que cet amour soit la conséquence de cette haine, il importe au plus haut point de le cacher. Il faut rendre la volonté de néant plus séductrice en opposant un aspect à l'autre, en faisant de l'amour une antithèse de la haine. Le Dieu juif met son fils à mort pour le rendre indépendant de lui-même et du peuple juif : tel est le premier sens de la mort de Dieu[1]. Même Saturne n'avait pas cette subtilité dans les motifs. La conscience judaïque met Dieu à mort dans la personne du Fils : elle invente un Dieu d'amour qui souffrirait de la haine, au lieu d'y trouver ses prémisses et son principe. La conscience judaïque rend Dieu dans son Fils indépendant des prémisses juives elles-mêmes. En mettant Dieu à mort, elle a trouvé le moyen de faire de *son* Dieu un Dieu universel « pour tous » et vraiment cosmopolite[2].

Le Dieu chrétien, c'est donc le Dieu juif, mais devenu cosmopolite, conclusion séparée de ses prémisses. Sur la croix, Dieu cesse d'apparaître comme juif. Aussi bien, sur

1. *GM*, I, 8 : « N'est-ce pas par l'occulte magie noire d'une politique vraiment grandiose de la vengeance, d'une vengeance prévoyante, souterraine, lente à saisir et à calculer ses coups, qu'Israël même a dû renier et mettre en croix à la face du monde le véritable instrument de sa vengeance, comme si cet instrument était son ennemi mortel, afin que le monde entier, c'est-à-dire tous les ennemis d'Israël, eussent moins de scrupules à mordre à cet appât ? »

2. *AC*, 17 : « Autrefois Dieu n'avait que son peuple, son peuple élu. Depuis lors, il s'en est allé à l'étranger, tout comme son peuple, il s'est mis à voyager sans plus jamais tenir en place : jusqu'à ce que partout il fût chez lui, le grand cosmopolite. »

la croix, est-ce le vieux Dieu qui meurt et le Dieu nouveau qui naît. Il naît orphelin et se refait un père à son image : Dieu d'amour, mais cet amour est encore celui de la vie réactive. Voilà le second sens de la mort de Dieu : le Père meurt, le Fils nous refait un Dieu. Le Fils nous demande seulement de croire en lui, de l'aimer comme il nous aime, de devenir réactif pour éviter la haine. À la place d'un père qui nous faisait peur, un fils qui demande un peu de confiance, un peu de croyance [1]. Apparemment détaché de ses prémisses haineuses, il faut que l'amour de la vie réactive vaille par lui-même et devienne l'universel pour la conscience chrétienne.

Troisième sens de la mort de Dieu : saint Paul s'empare de cette mort, il en donne une interprétation qui constitue le christianisme. Les Évangiles avaient commencé, saint Paul pousse à la perfection une falsification grandiose. D'abord le Christ serait mort pour nos *péchés* ! Le créancier aurait donné son propre fils, il se serait payé avec son propre fils, tant le débiteur avait une dette immense. Le père ne tue plus son fils pour le rendre indépendant, mais pour nous, à cause de nous [2]. Dieu met son fils en croix

1. Le thème de la mort de Dieu, interprétée comme mort du Père, est cher au romantisme : par exemple Jean-Paul (*Choix de rêves*, trad. BÉGUIN). NIETZSCHE en donne une version admirable dans *VO*, 84 : le gardien de prison étant absent, un prisonnier sort des rangs et dit à voix haute : « Je suis le fils du gardien de la prison et je puis tout sur lui. Je puis vous sauver, je veux vous sauver. Mais, bien entendu, je ne sauverai que ceux d'entre vous qui *croient* que je suis le fils du gardien de la prison. » Alors se répand la nouvelle que le gardien de la prison « vient de mourir subitement ». Le fils parle à nouveau : « Je vous l'ai dit, je laisserai libre chacun de ceux qui ont foi en moi, je l'affirme avec autant de certitude que j'affirme que mon père est encore vivant. » – Cette exigence chrétienne : avoir des croyants, Nietzsche la dénonce souvent. *Z*, II, « Des poètes » : « La foi ne sauve pas, la foi en moi-même moins qu'aucune autre. » *EH*, IV, 1 : « Je ne veux pas de croyants, je crois que je suis trop méchant pour cela, je ne crois même pas en moi-même. Je ne parle jamais aux masses… J'ai une peur épouvantable qu'on ne veuille un jour me canoniser. »

2. Premier élément de l'interprétation de saint Paul, *AC*, 42, 49 ; *VP*, I, 390.

par amour ; nous répondrons à cet amour pour autant que nous nous sentirons coupables, coupables de cette mort, et que nous la réparerons en nous accusant, en payant les intérêts de la dette. Sous l'amour de Dieu, sous le sacrifice de son fils, toute la vie devient réactive. – La vie meurt, mais elle renaît comme réactive. La vie réactive est le contenu de la survivance en tant que telle, le contenu de la résurrection. Elle seule est élue de Dieu, elle seule trouve grâce devant Dieu, devant la volonté de néant. Le Dieu mis en croix *ressuscite* : telle est l'autre falsification de saint Paul, la résurrection du Christ et la survie pour nous, l'unité de l'amour et de la vie réactive. Ce n'est plus le père qui tue le fils, ce n'est plus le fils qui tue le père : le père meurt dans le fils, le fils ressuscite dans le père, pour nous, à cause de nous. « Au fond saint Paul ne pouvait pas du tout se servir de la vie du Sauveur, il avait besoin de la mort sur la croix, et encore de quelque chose d'autre… » : la résurrection[1]. – Dans la conscience chrétienne, on ne cache pas seulement le ressentiment, on en change la direction : la conscience judaïque était conscience du ressentiment, la conscience chrétienne est mauvaise conscience. La conscience chrétienne est la conscience judaïque renversée, retournée : l'amour de la vie, mais comme vie réactive, est devenu l'universel ; l'amour est devenu principe, la haine toujours vivace apparaît seulement comme une conséquence de cet amour, le moyen contre ce qui résiste à cet amour. Jésus guerrier, Jésus haineux, mais par amour.

2° *Du point de vue du nihilisme réactif : moment de la conscience européenne.* – Jusqu'ici la mort de Dieu signifie la synthèse dans l'idée de Dieu de la volonté de néant et de la vie réactive. Cette synthèse a des proportions diverses. Mais dans la mesure où la vie réactive

1. *AC*, 42. – Deuxième élément de l'interprétation de saint Paul, *AC*, 42, 43 ; *VP*, I, 390.

devient l'essentiel, le christianisme nous mène à une étrange issue. Il nous apprend que c'est nous qui mettons Dieu à mort. Il sécrète par là son propre athéisme, athéisme de la mauvaise conscience et du ressentiment. La vie réactive à la place de la volonté divine, l'Homme réactif à la place de Dieu, l'Homme-Dieu non plus le Dieu-Homme, *l'Homme européen*. L'homme a tué Dieu, mais qui a tué Dieu ? L'homme réactif, « le plus hideux des hommes ». La volonté divine, la volonté de néant ne tolérait pas d'autre vie que la vie réactive ; celle-ci ne tolère même plus de Dieu, elle ne supporte pas la pitié de Dieu, elle le prend au mot de son sacrifice, elle l'étouffe au piège de sa miséricorde. Elle l'empêche de ressusciter, elle s'assied sur le couvercle. Non plus corrélation de la volonté divine et de la vie réactive, mais déplacement, remplacement de Dieu par l'homme réactif. Voilà le quatrième sens de la mort de Dieu : Dieu s'étouffe par amour de la vie réactive, Dieu est étouffé par l'ingrat qu'il aime trop.

3° *Du point de vue du nihilisme passif : moment de la conscience bouddhique.* – Si l'on fait la part des falsifications qui commencent avec les Évangiles et qui trouvent leur forme définitive avec saint Paul, que reste-t-il du Christ, quel est *son type personnel*, quel est le sens de sa mort ? Ce que Nietzsche appelle « la contradiction béante » de l'Évangile doit nous guider. Ce que les textes nous laissent deviner du véritable Christ : *le joyeux message* qu'il apportait, la *suppression* de l'idée de péché, *l'absence* de tout ressentiment et de tout esprit de vengeance, *le refus* de toute guerre même par conséquence, *la révélation* d'un royaume de Dieu ici-bas comme état du cœur, et surtout *l'acceptation de la mort comme preuve de sa doctrine*[1]. On voit où Nietzsche veut en venir : le Christ

1. *AC*, 33, 34, 35, 40. – Le véritable Christ, selon Nietzsche, ne fait pas appel à une croyance, il apporte une pratique : « La vie du Sauveur

était le contraire de ce qu'en a fait saint Paul, le Christ véritable était une espèce de Bouddha, « un Bouddha sur un terrain peu indou[1] ». Il était trop en avance sur son époque, dans son milieu : il apprenait déjà à la vie réactive à mourir sereinement, à s'éteindre passivement, il montrait à la vie réactive sa véritable issue quand celle-ci en était encore à se débattre avec la volonté de puissance. Il donnait un hédonisme à la vie réactive, une noblesse au dernier des hommes, quand les hommes en étaient encore à se demander s'ils prendraient ou non la place de Dieu. Il donnait une noblesse au nihilisme passif, quand les hommes en étaient encore au nihilisme négatif, quand le nihilisme réactif commençait à peine. Au-delà de la mauvaise conscience et du ressentiment, Jésus donnait une leçon à l'homme réactif : il lui apprenait à mourir. Il était le plus doux des décadents, le plus intéressant[2]. Le Christ n'était ni juif ni chrétien, mais bouddhiste ; plus proche du Dalaï-Lama que du pape. Tellement en avance dans son pays, dans son milieu, que sa mort devait être déformée, toute son histoire falsifiée, rétrogradée, mise au service des stades précédents, tournée au profit du nihilisme négatif ou réactif. « Tordue et transformée par saint Paul en une doctrine de mystères païens, qui finit par se concilier avec toute l'organisation politique… et par apprendre à faire la guerre, à condamner, à torturer, à jurer, à haïr » : la haine

n'était pas autre chose que cette pratique, sa mort ne fut pas autre chose non plus… Il ne résiste pas, il ne défend pas son droit, il ne fait pas un pas pour éloigner de lui la chose extrême, plus encore il la provoque. Et il prie, souffre et aime avec ceux qui lui font du mal. Ne point se défendre, ne point se mettre en colère, ne point rendre responsable. Mais aussi ne point résister au mal, aimer le mal… Par sa mort, Jésus ne pouvait rien vouloir d'autre, en soi, que de donner la preuve la plus éclatante de sa doctrine. »

1. *AC*, 31. – *AC*, 42 : « Un effort nouveau, tout à fait primesautier, vers un mouvement d'apaisement bouddhique » ; *VP*, I, 390 : « Le christianisme est un naïf commencement de pacifisme bouddhique, surgi du troupeau même qu'anime le ressentiment. »

2. *AC*, 31.

devenue le moyen de ce Christ très doux[1]. Car voilà la différence entre le bouddhisme et le christianisme officiel de saint Paul : le bouddhisme est la religion du nihilisme passif, « le bouddhisme est une religion pour la fin et la lassitude de la civilisation ; le christianisme ne trouve pas encore cette civilisation, il la crée si cela est nécessaire[2] ». Le propre de l'histoire chrétienne et européenne est de réaliser, par le fer et le feu, une fin qui, ailleurs, est déjà donnée et naturellement atteinte : l'aboutissement du nihilisme. Ce que le bouddhisme était arrivé à vivre comme fin réalisée, comme perfection atteinte, le christianisme le vit seulement comme moteur. Il n'est pas exclu qu'il rejoigne cette fin ; il n'est pas exclu que le christianisme aboutisse à une « pratique » débarrassée de toute la mythologie paulinienne, il n'est pas exclu qu'il retrouve la vraie pratique du Christ. « Le bouddhisme progresse en silence dans toute l'Europe[3]. » Mais que de haine et de guerres pour en arriver là. Le Christ personnellement s'était installé dans cette fin ultime, il l'avait atteinte d'un coup d'aile, oiseau de Bouddha dans un milieu qui n'était pas bouddhique. Il faut que le christianisme, au contraire, repasse par tous les stades du nihilisme pour que cette fin devienne aussi la sienne, à l'issue d'une longue et terrible politique de vengeance.

4. CONTRE LE HÉGÉLIANISME

On ne verra pas, dans cette philosophie de l'histoire et de la religion, une reprise ou même une caricature des conceptions de Hegel. Le rapport est plus profond, la différence, plus profonde. Dieu est mort, Dieu est devenu

1. *VP*, I, 390.
2. *AC*, 22.
3. *VP*, III, 87.

Homme, l'Homme est devenu Dieu : Nietzsche, à la différence de ses prédécesseurs, ne croit pas à cette mort-là. Il ne parie pas sur cette croix. C'est-à-dire : il ne fait pas de cette mort un événement qui posséderait son sens en soi. La mort de Dieu a autant de sens qu'il y a de forces capables de s'emparer du Christ et de le faire mourir ; mais précisément nous attendons encore les forces ou la puissance qui porteront cette mort à son degré supérieur, et en feront autre chose qu'une mort apparente et abstraite. Contre tout le romantisme, contre toute la dialectique, Nietzsche se méfie de la mort de Dieu. Avec lui cesse l'âge de la confiance naïve, où l'on saluait tantôt la réconciliation de l'homme et de Dieu, tantôt le remplacement de Dieu par l'homme. Nietzsche n'a pas foi dans les grands événements bruyants[1]. À un événement, il faut beaucoup de silence et de temps pour qu'il trouve enfin les forces qui lui donnent une essence. – Sans doute, pour Hegel aussi, il faut du temps pour qu'un événement rejoigne sa véritable essence. Mais ce temps est seulement nécessaire pour que le sens tel qu'il est « en soi » devienne aussi « pour soi ». La mort du Christ interprétée par Hegel signifie l'opposition surmontée, la réconciliation du fini et de l'infini, l'unité de Dieu et de l'individu, de l'immuable et du particulier ; or il faudra que la conscience chrétienne passe par d'autres figures de l'opposition pour que cette unité devienne aussi pour soi ce qu'elle est déjà en soi. Le temps dont parle Nietzsche, au contraire, est nécessaire à la formation de forces qui donnent à la mort de Dieu un sens qu'elle ne contenait pas en soi, qui lui apportent une essence déterminée comme le spendide cadeau de l'extériorité. Chez Hegel la diversité des sens, le choix de

1. *Z*, II, « Des grands événements » : « J'ai perdu la foi dans les grands événements, dès qu'il y a beaucoup de hurlements et de fumée autour d'eux… Et avoue-le donc ! Peu de chose avait été accompli lorsque se dissipaient ton fracas et ta fumée », *GS*, 125.

l'essence, la nécessité du temps sont autant d'apparences, seulement des apparences [1].

Universel et singulier, immuable et particulier, infini et fini, qu'est-ce que tout cela ? Rien d'autre que des symptômes. Qui est ce particulier, ce singulier, ce fini ? Et qu'est-ce que cet universel, cet immuable, cet infini ? L'un est sujet, mais *qui* est ce sujet, quelles forces ? L'autre est prédicat ou objet, mais *de quelle volonté* est-il « objet » ? La dialectique n'effleure même pas l'interprétation, elle ne dépasse jamais le domaine des symptômes. Elle confond l'interprétation avec le développement du symptôme non interprété. C'est pourquoi, en matière de développement et de changement, elle ne conçoit rien de plus profond qu'une permutation abstraite, où le sujet devient prédicat et le prédicat, sujet. Mais celui qui est sujet et ce qu'est le prédicat n'ont pas changé, ils restent à la fin aussi peu déterminés qu'au début, aussi peu interprétés que possible : tout s'est passé dans les régions moyennes. Que la dialectique procède par opposition, développement de l'opposition ou contradiction, solution de la contradiction, on ne peut s'en étonner. Elle ignore l'élément réel dont dérivent les forces, leurs qualités, et leurs rapports ; elle connaît seulement de cet élément l'image renversée qui se réfléchit dans les symptômes abstraitement considérés. L'opposition peut être la loi du rapport entre les produits abstraits, mais la différence est le seul principe de genèse ou de production, qui produit elle-même l'opposition comme simple apparence. La dialectique se nourrit d'oppositions parce qu'elle ignore les mécanismes différentiels autrement subtils et souterrains :

1. Sur la mort de Dieu et son sens dans la philosophie de Hegel, cf. les commentaires essentiels de M. Wahl *(Le malheur de la conscience dans la philosophie de Hegel)* et de M. Hyppolite *(Genèse et structure de la phénoménologie de l'esprit)*. – Et aussi le bel article de M. Birault (« L'Onto-théo-logique hégélienne et la dialectique », in *Tijdschrift vooz Philosophie*, 1958).

les déplacements topologiques, les variations typologiques. On le voit bien dans un exemple cher à Nietzsche : toute sa théorie de la mauvaise conscience doit être comprise comme une réinterprétation de la conscience malheureuse hégélienne ; cette conscience, apparemment déchirée, trouve son sens dans les rapports différentiels de forces qui se cachent sous des oppositions feintes. De même, le rapport du christianisme avec le judaïsme ne laisse pas subsister l'opposition, sinon comme couverture et comme prétexte. Destituée de toutes ses ambitions, l'opposition cesse d'être formatrice, motrice et coordinatrice : un symptôme, rien qu'un symptôme à interpréter. Destituée de sa prétention à rendre compte de la différence, la contradiction apparaît telle qu'elle est : contresens perpétuel sur la différence elle-même, renversement confus de la généalogie. En vérité, pour l'œil du généalogiste, le travail du négatif n'est qu'une grossière approximation des jeux de la volonté de puissance. Considérant les symptômes abstraitement, faisant du mouvement de l'apparence la loi génétique des choses, ne retenant du principe qu'une image renversée, toute la dialectique opère et se meut dans l'élément de la *fiction*. Comment ses solutions ne seraient-elles pas fictives, ses problèmes étant eux-mêmes fictifs ? Pas une fiction dont elle ne fasse un moment de l'esprit, un de ses propres moments. Marcher les pieds en l'air n'est pas une chose qu'un dialecticien puisse reprocher à un autre, c'est le caractère fondamental de la dialectique elle-même. Comment dans cette position garderait-elle encore un œil critique ? De trois manières l'œuvre de Nietzsche est dirigée contre la dialectique : celle-ci méconnaît le sens, parce qu'elle ignore la nature des forces qui s'approprient concrètement les phénomènes ; elle méconnaît l'essence, parce qu'elle ignore l'élément réel dont dérivent les forces, leurs qualités et leurs rapports ; elle méconnaît le changement et la transformation, parce qu'elle se contente d'opérer des permutations entre termes abstraits et irréels.

Toutes ces insuffisances ont une même origine : l'ignorance de la question : Qui ? Toujours le même mépris socratique pour l'art des sophistes. On nous annonce à la manière hégélienne que l'homme et Dieu se réconcilient, et aussi que la religion et la philosophie se réconcilient. On nous annonce à la manière de Feuerbach que l'homme prend la place de Dieu, qu'il récupère le divin comme son bien propre ou son essence, et aussi que la théologie devient anthropologie. Mais *qui est Homme et qu'est-ce que Dieu ? Qui est particulier, qu'est-ce que l'universel ?* Feuerbach dit que l'homme a changé, qu'il est devenu Dieu ; Dieu a changé, l'essence de Dieu est devenue l'essence de l'homme. Mais celui qui est Homme n'a pas changé : l'homme réactif, l'esclave, qui ne cesse pas d'être esclave en se présentant comme Dieu, toujours l'esclave, machine à fabriquer le divin. Ce qu'est Dieu n'a pas davantage changé : toujours le divin, toujours l'Être suprême, machine à fabriquer l'esclave. Ce qui a changé, ou plutôt ce qui a échangé ses déterminations, c'est le concept intermédiaire, ce sont les termes moyens qui peuvent être aussi bien sujet ou prédicat l'un de l'autre : Dieu ou l'Homme [1].

Dieu devient Homme, l'Homme devient Dieu. Mais qui est Homme ? Toujours l'être réactif, le représentant, le sujet d'une vie faible et dépréciée. Qu'est-ce que Dieu ? Toujours l'Être suprême comme moyen de déprécier la vie, « objet » de la volonté de néant, « prédicat » du

1. Sous les critiques de Stirner, Feuerbach en convenait : je laisse subsister les prédicats de Dieu, « mais il (me) faut bien les laisser subsister, sans quoi (je) ne pourrais même pas laisser subsister la nature et l'homme ; car Dieu est un être composé de réalités, c'est-à-dire des prédicats de la nature et de l'humanité » (cf. « L'essence du christianisme dans son rapport à l'Unique et sa propriété », *Manifestes philosophiques*, trad. ALTHUSSER (Presses Universitaires de France).

nihilisme. Avant et après la mort de Dieu, l'homme reste « qui il est » comme Dieu reste « ce qu'il est » : forces réactives et volonté de néant. La dialectique nous annonce la réconciliation de l'Homme et de Dieu. Mais qu'est-ce que cette réconciliation, sinon la vieille complicité, la vieille affinité de la volonté de néant et de la vie réactive ? La dialectique nous annonce le remplacement de Dieu par l'homme. Mais qu'est-ce que ce remplacement, sinon la vie réactive à la place de la volonté de néant, la vie réactive produisant maintenant ses propres valeurs ? À ce point, il semble que toute la dialectique se meuve dans les limites des forces réactives, qu'elle évolue tout entière dans la perspective nihiliste. Précisément, il y a bien un point de vue d'où l'opposition apparaît comme l'élément génétique de la force ; c'est le point de vue des forces réactives. Vu du côté des forces réactives, l'élément différentiel est renversé, réfléchi à l'envers, devenu opposition. Il y a bien une perspective qui oppose la fiction au réel, qui développe la fiction comme le moyen par lequel les forces réactives triomphent ; c'est le nihilisme, la perspective nihiliste. Le travail du négatif est au service d'une volonté. Il suffit de demander : quelle est cette volonté ? pour pressentir l'essence de la dialectique. La découverte chère à la dialectique est la conscience malheureuse, l'approfondissement de la conscience malheureuse, la solution de la conscience malheureuse, la glorification de la conscience malheureuse et de ses ressources. *Ce sont les forces réactives qui s'expriment dans l'opposition, c'est la volonté de néant qui s'exprime dans le travail du négatif.* La dialectique est l'idéologie naturelle du ressentiment, de la mauvaise conscience. Elle est la pensée dans la perspective du nihilisme et du point de vue des forces réactives. D'un bout à l'autre, elle est pensée fondamentalement chrétienne : impuissante à créer de nouvelles manières de penser, de nouvelles manières de sentir. La mort de Dieu, grand événement dialectique et bruyant ;

mais événement qui se passe dans le fracas des forces réactives, dans la fumée du nihilisme.

5. LES AVATARS DE LA DIALECTIQUE

Dans l'histoire de la dialectique Stirner a une place à part, la dernière, la place extrême. Stirner fut ce dialecticien audacieux qui essaya de concilier la dialectique avec l'art des sophistes. Il sut retrouver le chemin de la question : Qui ? Il sut en faire la question essentielle à la fois contre Hegel, contre Bauer, contre Feuerbach. « La question : Qu'est-ce que l'Homme ? devient : Qui est l'Homme ?, et c'est à Toi de répondre. Qu'est-ce que ? visait le concept à réaliser ; commençant par *qui est*, la question n'en est plus une, car la réponse est personnellement présente dans celui qui interroge[1]. » En d'autres termes, il suffit de poser la question : Qui ? pour mener la dialectique à sa véritable issue : *saltus mortalis*. Feuerbach annonçait l'Homme à la place de Dieu. Mais *je* ne suis pas plus l'homme ou l'être générique, je ne suis pas plus l'essence de l'homme que je n'étais Dieu et l'essence de Dieu. On fait permuter l'Homme et Dieu ; mais le travail du négatif, une fois déclenché, est là pour nous dire : ce n'est pas encore Toi. « Je ne suis ni Dieu ni l'Homme, je ne suis ni l'essence suprême ni mon essence, et c'est au fond tout un que je conçoive l'essence en moi ou hors de moi. » « Comme l'homme ne représente qu'un autre être suprême, l'être suprême n'a subi en somme qu'une simple métamorphose, et la crainte de l'Homme n'est qu'un aspect différent de la

1. STIRNER, *L'unique et sa propriété*, p. 449. – Sur Stirner, Feuerbach et leurs rapports, cf. les livres de M. ARVON : *Aux sources de l'existentialisme : Max Stirner ; Ludwig Feuerbach ou la transformation du sacré* (Presses Universitaires de France).

crainte de Dieu[1]. » – Nietzsche dira : le plus hideux des hommes, ayant tué Dieu parce qu'il n'en supportait pas la pitié, est encore en butte à la pitié des Hommes[2].

Le moteur spéculatif de la dialectique est la contradiction et sa solution. Mais son moteur pratique est l'aliénation et la suppression de l'aliénation, l'aliénation et la réappropriation. La dialectique révèle ici sa vraie nature : art procédurier entre tous, art de discuter sur les propriétés et de changer de propriétaires, art du ressentiment. Stirner encore atteint la vérité de la dialectique dans le titre même de son grand livre : *L'unique et sa propriété.* Il considère que la liberté hégélienne reste un concept abstrait ; « je n'ai rien contre la liberté, mais je te souhaite plus que de la liberté. Tu ne devrais pas seulement être débarrassé de ce que tu ne veux pas, tu devrais aussi posséder ce que tu veux, tu ne devrais pas seulement être un homme libre, tu devrais être également un propriétaire ». – Mais qui s'approprie ou se réapproprie ? Quelle est l'instance réappropriatrice ? L'esprit objectif de Hegel, le savoir absolu n'est-il pas encore une aliénation, une forme spirituelle et raffinée d'aliénation ? La conscience de soi de Bauer, la critique humaine, pure ou absolue ? L'être générique de Feuerbach, l'homme en tant qu'espèce, essence et être sensible ? Je ne suis *rien* de tout cela. Stirner n'a pas de peine à montrer que l'idée, la conscience ou l'espèce ne sont pas moins des aliénations que la théologie traditionnelle. Les réappropriations relatives sont encore des aliénations absolues. Rivalisant avec la théologie, l'anthropologie fait de moi la propriété de l'Homme. Mais la dialectique ne s'arrêtera pas tant que moi ne deviendrai pas enfin propriétaire… Quitte à déboucher dans le néant, s'il le faut. – En même temps que l'instance réappropriatrice diminue en longueur, lar-

1. STIRNER, p. 36, p. 220.
2. *Z*, IV, « Le plus hideux des hommes ».

geur et profondeur, l'acte de réapproprier change de sens, s'exerçant sur une base de plus en plus étroite. Chez Hegel, il s'agissait d'une réconciliation : la dialectique était prompte à se réconcilier avec la religion, avec l'Église, avec l'État, avec toutes les forces qui nourrissaient la sienne. On sait ce que signifient les fameuses transformations hégéliennes : elles n'oublient pas de conserver pieusement. La transcendance reste transcendante au sein de l'immanent. Avec Feuerbach, le sens de « réapproprier » change : moins réconciliation que récupération, récupération humaine des propriétés transcendantes. Rien n'est conservé, sauf toutefois l'humain comme « être absolu et divin ». Mais cette conservation, cette dernière aliénation disparaît dans Stirner ; l'État et la religion, mais aussi l'essence humaine, sont niés dans le MOI, qui ne se réconcilie avec rien parce qu'il anéantit tout, pour sa propre « puissance », pour son propre « commerce », pour sa propre « jouissance ». Surmonter l'aliénation signifie alors pur et froid anéantissement, reprise qui ne laisse rien subsister de ce qu'elle reprend : « Le moi n'est pas tout, mais il détruit tout[1]. »

Le moi qui anéantit tout est aussi le moi qui n'est rien : « Seul le moi qui se décompose lui-même, le moi qui n'est jamais est réellement moi. » « Je suis le propriétaire de ma puissance, et je le suis quand je me sais unique. Dans l'unique, le possesseur retourne au rien créateur dont il est sorti. Tout être supérieur à moi, que ce soit Dieu ou que ce soit l'Homme, faiblit devant le sentiment de mon unicité et pâlit au soleil de cette conscience. Si je base ma cause sur moi, l'unique, elle repose sur son créateur éphémère et périssable qui se dévore lui-même, et je puis dire : je n'ai basé ma cause sur Rien[2]. » L'intérêt du livre de Stirner était triple : *une profonde analyse de*

1. STIRNER, p. 216.
2. STIRNER, p. 216, p. 449.

l'insuffisance des réappropriations chez ses précédesseurs ; la découverte du rapport essentiel entre la dialectique et une théorie du moi, le moi seul étant instance réappropriatrice ; une vision profonde de ce qu'était l'aboutissement de la dialectique, avec le moi, dans le moi. L'histoire en général et le hégélianisme en particulier trouvaient leur issue, mais leur plus complète dissolution, dans un nihilisme triomphant. La dialectique aime et contrôle l'histoire, mais elle a elle-même une histoire dont elle souffre et qu'elle ne contrôle pas. Le sens de l'histoire et de la dialectique réunies n'est pas la réalisation de la raison, de la liberté ni de l'homme en tant qu'espèce, mais le nihilisme, rien d'autre que le nihilisme. *Stirner est le dialecticien qui révèle le nihilisme comme vérité de la dialectique.* Il lui suffit de poser la question : Qui ? Le moi unique rend au néant tout ce qui n'est pas lui, et ce néant est précisément son propre néant, le néant même du moi. Stirner est trop dialecticien pour penser autrement qu'en termes de propriété, d'aliénation et de réappropriation. Mais trop exigeant pour ne pas voir où mène cette pensée : au moi qui n'est rien, au nihilisme. – Alors le problème de Marx, dans l'*Idéologie allemande*, trouve un de ses sens les plus importants : il s'agit pour Marx d'arrêter ce glissement fatal. Il accepte la découverte de Stirner, la dialectique comme théorie du moi. Sur un point, il donne raison à Stirner : l'espèce humaine de Feuerbach est encore une aliénation. Mais le moi de Stirner, à son tour, est une abstraction, une projection de l'égoïsme bourgeois. Marx élabore sa fameuse doctrine du moi conditionné : l'espèce et l'individu, l'être générique et le particulier, le social et l'égoïsme se réconcilient dans le moi conditionné suivant les rapports historiques et sociaux. Est-ce suffisant ? Qu'est-ce que l'espèce, et *qui* est individu ? La dialectique a-t-elle trouvé son point d'équilibre et d'arrêt, ou seulement un dernier avatar, l'avatar socialiste avant l'aboutissement nihiliste ?

Difficile, en vérité, d'arrêter la dialectique et l'histoire sur la pente commune où elles s'entraînent l'une l'autre : Marx fait-il autre chose que marquer une dernière étape avant la fin, l'étape prolétarienne [1] ?

6. NIETZSCHE ET LA DIALECTIQUE

Nous avons toutes raisons de supposer chez Nietzsche une connaissance profonde du mouvement hégélien, de Hegel à Stirner lui-même. Les connaissances philosophiques d'un auteur ne s'évaluent pas aux citations qu'il fait, ni d'après des relevés de bibliothèques toujours fantaisistes et conjecturaux, mais d'après les directions apologétiques ou polémiques de son œuvre elle-même. On comprend mal l'ensemble de l'œuvre de Nietzsche si l'on ne voit pas « contre qui » les principaux concepts en sont dirigés. Les thèmes hégéliens sont présents dans cette œuvre comme l'ennemi qu'elle combat. Nietzsche ne cesse de dénoncer : *le caractère théologique et chrétien de la philosophie allemande* (le « séminaire de Tubingue ») – *l'impuissance de cette philosophie à sortir de la perspective nihiliste* (nihilisme négatif de Hegel, nihilisme réactif de Feuerbach,

1. M. Merleau-Ponty écrivit un beau livre sur *Les aventures de la dialectique*. Entre autres choses, il dénonce l'aventure objectiviste, qui s'appuie sur « l'illusion d'une *négation* réalisée dans l'histoire et dans sa matière » (p. 123), ou qui « concentre toute la négativité dans une formation historique existante, la classe prolétaire » (p. 278). Cette illusion entraîne nécessairement la formation d'un corps qualifié : « les fonctionnaires du négatif » (p. 184). – Mais, à vouloir maintenir la dialectique sur le terrain d'une subjectivité et d'une intersubjectivité mouvantes, il est douteux qu'on échappe à ce nihilisme organisé. Il y a des figures de la conscience qui sont déjà les fonctionnaires du négatif. La dialectique a moins d'aventures que d'avatars ; naturaliste ou ontologique, objective ou subjective, elle est, dirait Nietzsche, nihiliste par principe ; et l'image qu'elle donne de la positivité est toujours une image négative ou renversée.

nihilisme extrême de Stirner) – *l'incapacité de cette philosophie d'aboutir à autre chose que le moi, l'homme ou les phantasmes de l'humain* (le surhomme nietzschéen contre la dialectique) – *le caractère mystificateur des prétendues transformations dialectiques* (la transvaluation contre la réappropriation, contre les permutations abstraites). Il est certain que, en tout ceci, Stirner joue le rôle de révélateur. C'est lui qui porte la dialectique à ses dernières conséquences, montrant à quoi elle aboutit et quel en est le moteur. Mais justement, parce que Stirner pense encore en dialecticien, parce qu'il ne sort pas des catégories de la propriété, de l'aliénation et de sa suppression, il se jette lui-même dans le néant qu'il creuse sous les pas de la dialectique. Qui est homme ? Moi, rien que moi. Il se sert de la question qui ?, mais seulement pour dissoudre la dialectique dans le néant de ce moi. Il est incapable de poser cette question dans d'autres perspectives que celles de l'humain, sous d'autres conditions que celles du nihilisme ; il ne peut pas laisser cette question se développer pour elle-même, ni la poser dans un autre élément qui lui donnerait une réponse affirmative. Il lui manque une méthode, typologique, qui correspondrait à la question.

La tâche positive de Nietzsche est double : le surhomme et la transvaluation. Non pas qui est homme ?, *mais qui surmonte l'homme ?* « Les plus soucieux demandent aujourd'hui : comment conserver l'homme ? Mais Zarathoustra demande, ce qu'il est le seul et le premier à demander : comment l'homme sera-t-il surmonté ? Le surhomme me tient au cœur, *c'est lui qui est pour moi l'Unique*, et non pas l'homme : non pas le prochain, non pas le plus misérable, non pas le plus affligé, non pas le meilleur[1]. » Surmonter s'oppose à conserver, mais aussi à approprier, réapproprier. Transvaluer s'oppose aux valeurs

1. *Z*, IV, « De l'homme supérieur ». – L'allusion à Stirner est évidente.

en cours, mais aussi aux pseudo-transformations dialectiques. Le surhomme n'a rien de commun avec l'être générique des dialecticiens, avec l'homme en tant qu'espèce ni avec le moi. Ce n'est pas moi qui suis l'unique, ni l'homme. L'homme de la dialectique est le plus misérable, parce qu'il n'est plus rien qu'homme, ayant tout anéanti de ce qui n'était pas lui. Le meilleur aussi, parce qu'il a supprimé l'aliénation, remplacé Dieu, récupéré ses propriétés. Ne croyons pas que le surhomme de Nietzsche soit une surenchère : il diffère en nature avec l'homme, avec le moi. Le surhomme se définit par *une nouvelle manière de sentir* : un autre sujet que l'homme, un autre type que le type humain. *Une nouvelle manière de penser*, d'autres prédicats que le divin ; car le divin est encore une manière de conserver l'homme, et de conserver l'essentiel de Dieu, Dieu comme attribut. *Une nouvelle manière d'évaluer* : non pas un changement de valeurs, non pas une permutation abstraite ou un renversement dialectique, mais un changement et un renversement dans l'élément dont dérive la valeur des valeurs, une « transvaluation ».

Du point de vue de cette tâche positive toutes les intentions critiques de Nietzsche trouvent leur unité. L'amalgame, procédé cher aux hégéliens, est retourné contre les hégéliens eux-mêmes. Dans une même polémique Nietzsche englobe le christianisme, l'humanisme, l'égoïsme, le socialisme, le nihilisme, les théories de l'histoire et de la culture, la dialectique en personne. Tout cela, pris à parti, forme la théorie de *l'homme supérieur* : objet de la critique nietzschéenne. Dans l'homme supérieur, la disparité se manifeste, comme le désordre et l'indiscipline des moments dialectiques eux-mêmes, comme l'amalgame des idéologies humaines et trop humaines. Le cri de l'homme supérieur est multiple : « C'était un long cri, étrange et multiple, et Zarathoustra distinguait parfaitement qu'il se composait de beaucoup de voix ; quoique, à distance, il ressemblât au cri d'une seule bouche[1]. » Mais l'unité de l'homme supérieur est aussi l'unité critique : tout fait de pièces et de morceaux que la dialectique a ramassés pour son compte, il a pour unité celle du fil qui retient l'ensemble, fil du nihilisme et de la réaction[2].

7. THÉORIE DE L'HOMME SUPÉRIEUR

La théorie de l'homme supérieur occupe le livre IV de Zarathoustra ; et ce livre IV est l'essentiel du Zarathoustra publié. Les personnages qui composent l'homme supérieur sont : le devin, les deux rois, l'homme à la sangsue, l'enchanteur, le dernier pape, le plus hideux des hommes, le mendiant volontaire et l'ombre. Or, à travers cette diversité de personnes, on découvre vite ce qui constitue l'ambivalence de l'homme supérieur : l'être réactif de l'homme, mais aussi l'activité générique de l'homme. L'homme supérieur est l'image dans laquelle l'homme réactif se représente comme « supérieur » et, mieux encore, se déifie. En même temps, l'homme supérieur est l'image dans laquelle apparaît le produit de la culture ou de l'activité générique. – Le *devin* est devin de la grande lassitude, représentant du nihilisme passif, prophète du dernier des hommes. Il cherche une mer à boire, une mer où se noyer ; mais toute mort lui paraît encore trop active, nous sommes trop fatigués pour mourir. Il veut la mort, mais comme une extinction passive[3]. *L'enchanteur* est la

1. *Z*, IV, « La salutation ». – « Il me paraît pourtant que vous vous accordez fort mal les uns aux autres lorsque vous êtes réunis ici, vous qui poussez des cris de détresse. »

2. Cf. *Z*, II, « Du pays de la culture » : *L'homme de ce temps* est à la fois la représentation de l'homme supérieur et le portrait du dialecticien. « Vous semblez pétris de couleurs et de bouts de papier assemblés à la colle… Comment pourriez-vous croire, bariolés comme vous l'êtes ! Vous qui êtes des peintures de tout ce qui a jamais été cru. »

3. *Z*, II, « Le devin » : IV, « Le cri de détresse ».

mauvaise conscience, « le faux-monnayeur », « l'expiateur de l'esprit », « le démon de la mélancolie » qui fabrique sa souffrance pour exciter la pitié, pour répandre la contagion. « Tu farderais même ta maladie si tu te montrais nu devant ton médecin » : l'enchanteur maquille la douleur, il lui invente un nouveau sens, il trahit Dionysos, il s'empare de la chanson d'Ariane, lui, le faux tragique[1]. *Le plus hideux des hommes* représente le nihilisme réactif : l'homme réactif a tourné son ressentiment contre Dieu, il s'est mis à la place du Dieu qu'il a tué, mais ne cesse pas d'être réactif, plein de mauvaise conscience et de ressentiment[2].

Les deux rois sont les mœurs, la moralité des mœurs, et les deux bouts de cette moralité, les deux extrémités de la culture. Ils représentent l'activité générique saisie dans le principe préhistorique de la détermination des mœurs, mais aussi dans le produit post-historique où les mœurs sont supprimées. Ils se désespèrent parce qu'ils assistent au triomphe d'une « populace » : ils voient sur les mœurs elles-mêmes se greffer des forces qui détournent l'activité générique, qui la déforment à la fois dans son principe et son produit[3]. *L'homme aux sangsues* représente le produit de la culture en tant que science. Il est « le consciencieux de l'esprit ». Il a voulu la certitude, et s'approprier la science, la culture : « Plutôt ne rien savoir du tout que de savoir beaucoup de choses à moitié. » Et dans cet effort vers la certitude, il apprend que la science n'est même pas une connaissance objective de la sangsue et de ses causes premières, mais seulement une connaissance du « cerveau » de la sangsue, une connaissance qui n'en est plus une parce qu'elle doit s'identifier à la sangsue, penser comme elle et se soumettre à elle. La connaissance est la

1. *Z*, IV, « L'enchanteur ».
2. *Z*, IV, « Le plus hideux des hommes ».
3. *Z*, IV, « Entretien avec les rois ».

vie contre la vie, la vie qui incise la vie, mais seule la sangsue incise la vie, seule elle est connaissance[1]. *Le dernier pape* a fait de son existence un long service. Il représente le produit de la culture comme religion. Il servit Dieu jusqu'à la fin, il y perdit un œil. L'œil perdu, c'est sans doute l'œil qui vit des dieux actifs, affirmatifs. L'œil restant suivit le dieu juif et chrétien dans toute son histoire : il a vu le néant, tout le nihilisme négatif et le remplacement de Dieu par l'homme. Vieux laquais qui se désespère d'avoir perdu son maître : « Je suis sans maître et néanmoins je ne suis pas libre ; aussi ne suis-je plus jamais joyeux sauf dans mes souvenirs[2]. » *Le mendiant volontaire* a parcouru toute l'espèce humaine, des riches aux pauvres. Il cherchait « le royaume des cieux », « le bonheur sur terre » comme la récompense, mais aussi le produit de l'activité humaine, générique et culturelle. Il voulait savoir à qui revenait ce royaume, et qui représentait cette activité. La science, la moralité, la religion ? Autre chose encore, la pauvreté, le travail ? Mais le royaume des cieux ne se trouve pas plus chez les pauvres que chez les riches : partout la populace, « populace en haut, populace en bas » ! Le mendiant volontaire a trouvé le royaume des cieux comme la seule récompense et le vrai produit d'une activité générique : mais seulement chez les vaches, seulement dans l'activité générique des vaches. Car les vaches savent ruminer, et ruminer est le produit de la culture en tant que culture[3]. *L'ombre* est le voyageur lui-même, l'activité générique elle-même, la culture et son mouvement. Le sens du voyageur et de son ombre, c'est que seule l'ombre voyage. L'ombre voyageuse est l'activité générique, mais en tant qu'elle perd

1. *Z*, IV, « La sangsue ». – On se rappellera aussi l'importance du cerveau dans les théories de Schopenhauer.
2. *Z*, IV, « Hors de service ».
3. *Z*, IV, « Le mendiant volontaire ».

son produit, en tant qu'elle perd son principe et les cherche follement[1]. – Les deux rois sont les gardiens de l'activité générique, l'homme aux sangsues est le produit de cette activité comme science, le dernier pape est le produit de cette activité comme religion ; le mendiant volontaire, au-delà de la science et de la religion, veut savoir quel est le produit adéquat de cette activité ; l'ombre est cette activité même en tant qu'elle perd son but et cherche son principe.

Nous avons fait comme si l'homme supérieur se divisait en deux espèces. Mais, en vérité, c'est chaque personnage de l'homme supérieur qui a les deux aspects suivant une proportion variable ; à la fois représentant des forces réactives et de leur triomphe, représentant de l'activité générique et de son produit. Nous devons tenir compte de ce double aspect afin de comprendre pourquoi Zarathoustra traite l'homme supérieur de deux façons : tantôt comme l'ennemi qui ne recule devant aucun piège, aucune infamie, pour détourner Zarathoustra de son chemin ; tantôt comme un hôte, presque un compagnon qui se lance dans une entreprise proche de celle de Zarathoustra lui-même[2].

1. *Z*, IV, « L'ombre ».

2. *Z*, IV, « La salutation » : « Ce n'est pas vous que j'attendais dans ces montagnes… Vous n'êtes pas mon bras droit… Avec vous je gâcherais même mes victoires… Vous n'êtes pas ceux à qui appartiennent mon nom et mon héritage. » *Z*, IV, « Le chant de la mélancolie » : « Tous ces hommes supérieurs, peut-être, ne sentent-ils pas bon. » Sur le piège qu'ils tendent à Zarathoustra, cf. *Z*, IV, « Le cri de détresse », « L'enchanteur », « Hors de service », « Le plus hideux des hommes ». – *Z*, IV, « La salutation » : « Ceci est mon royaume et mon domaine : mais ils seront vôtres pour ce soir et cette nuit. Que mes animaux vous servent, que ma caverne soit votre lieu de repos. » Les hommes supérieurs sont dits « des ponts », « des degrés », « des avant-coureurs » : « Il se peut que de votre semence naisse un jour, pour moi, un fils et un héritier parfait. »

8. L'HOMME EST-IL ESSENTIELLEMENT « RÉACTIF » ?

Cette ambivalence ne peut être interprétée avec exactitude que si l'on pose un problème plus général : dans quelle mesure l'homme est-il essentiellement réactif ? D'une part, Nietzsche présente le triomphe des forces réactives comme quelque chose d'essentiel dans l'homme et dans l'histoire. Le ressentiment, la mauvaise conscience sont constitutifs de l'humanité de l'homme, le nihilisme est le concept *a priori* de l'histoire universelle ; c'est pourquoi vaincre le nihilisme, libérer la pensée de la mauvaise conscience et du ressentiment, signifie surmonter l'homme, détruire l'homme, même le meilleur[1]. La critique de Nietzsche ne s'attaque pas à un accident, mais à l'essence même de l'homme ; c'est dans son essence que l'homme est dit maladie de peau de la terre[2]. Mais, d'autre part, Nietzsche parle des maîtres comme d'un type humain que l'esclave aurait seulement vaincu, de la culture comme d'une activité générique humaine que les forces réactives auraient simplement détournée de son sens, de l'individu libre et souverain comme du produit humain de cette activité que l'homme réactif aurait seulement déformé. Même l'histoire de l'homme semble comporter des périodes actives[3]. Il arrive à Zarathoustra d'évoquer ses hommes véritables, et d'annoncer que son règne est aussi le règne de l'homme[4].

Plus profondément que les forces ou les qualités de forces, il y a les devenirs de forces ou qualités de la volonté de puissance. À la question « L'homme est-il

1. *Z*, IV, « De l'homme supérieur » : « Il faut qu'il en périsse toujours plus et toujours des meilleurs de votre espèce. »
2. *Z*, II, « Des grands événements ».
3. *GM*, I, 16.
4. *Z*, IV, « Le signe ».

essentiellement réactif ? », nous devons répondre : ce qui constitue l'homme est encore plus profond. Ce qui constitue l'homme et son monde n'est pas seulement un type particulier de forces, mais un devenir des forces en général. Non pas les forces réactives en particulier, mais le devenir-réactif de toutes les forces. Or, un tel devenir exige toujours, comme son *terminus a quo*, la présence de la qualité contraire, qui passe dans son contraire en devenant. Il y a une santé dont le généalogiste sait bien qu'elle n'existe que comme le présupposé d'un devenir-malade. L'homme actif est cet homme beau, jeune et fort, mais sur le visage duquel on déchiffre les signes discrets d'une maladie qu'il n'a pas encore, d'une contagion qui ne l'atteindra que demain. Il faut défendre les forts contre les faibles, mais on sait le caractère désespéré de cette entreprise. Le fort peut s'opposer aux faibles, mais non pas au devenir-faible qui est le sien, qui lui appartient sous une sollicitation plus subtile. Chaque fois que Nietzsche parle des hommes actifs, ce n'est pas sans tristesse en voyant la destinée qui leur est promise comme leur devenir essentiel : le monde grec renversé par l'homme théorique, Rome renversée par la Judée, la Renaissance par la Réforme. Il y a donc bien une activité humaine, il y a bien des forces actives de l'homme ; mais ces forces particulières ne sont que l'aliment d'un devenir universel des forces, d'un devenir-réactif de toutes les forces, qui définit l'homme et le monde humain. C'est ainsi que se concilient chez Nietzsche les deux aspects de l'homme supérieur : son caractère réactif, son caractère actif. À première vue, l'activité de l'homme apparaît comme générique ; des forces réactives se greffent sur elle, qui la dénaturent et la détournent de son sens. Mais plus profondément le vrai générique est le devenir réactif de toutes les forces, l'activité n'étant que le terme particulier supposé par ce devenir.

Zarathoustra ne cesse pas de dire à ses « visiteurs » : vous êtes manqués, vous êtes des natures manquées[1]. Il faut comprendre cette expression au sens le plus fort : ce n'est pas l'homme qui n'arrive pas à être homme supérieur, ce n'est pas l'homme qui manque ou qui rate son but, ce n'est pas l'activité de l'homme qui manque ou qui rate son produit. Les visiteurs de Zarathoustra ne s'éprouvent pas comme de faux hommes supérieurs, ils éprouvent l'homme supérieur qu'ils sont comme quelque chose de faux. Le but lui-même est manqué, raté, non pas en vertu de moyens insuffisants, mais en vertu de sa nature, en vertu de ce qu'il est comme but. Si on le manque, ce n'est pas dans la mesure où on ne l'atteint pas ; c'est comme but atteint qu'il est aussi bien but manqué. Le produit lui-même est raté, non pas en vertu d'accidents qui surviendraient, mais en vertu de l'activité, de la nature de l'activité dont il est le produit. Nietzsche veut dire que l'activité générique de l'homme ou de la culture n'existe que comme le terme supposé d'un devenir-réactif qui fait du principe de cette activité un principe qui rate, du produit de cette activité un produit raté. La dialectique est le mouvement de l'activité en tant que telle ; elle aussi est essentiellement ratée et rate essentiellement ; le mouvement des réappropriations, l'activité dialectique, ne fait qu'un avec le devenir-réactif de l'homme et dans l'homme. Que l'on considère la façon dont les hommes supérieurs se présentent : leur désespoir, leur dégoût, leur cri de détresse, leur « conscience malheureuse ». Tous savent et éprouvent le caractère manqué du but qu'ils atteignent, le caractère raté du produit qu'ils sont[2]. L'ombre a perdu le but, non pas qu'elle ne l'ait pas atteint, mais le but qu'elle atteint est lui-même un but

1. *Z*, IV, « De l'homme supérieur ».
2. Par exemple, la manière dont les deux rois souffrent de la transformation des « bonnes mœurs » en « populace ».

perdu[1]. L'activité générique et culturelle est un faux chien de feu, non pas qu'elle soit une apparence d'activité, mais parce qu'elle a seulement la réalité qui sert de premier terme au devenir réactif[2]. C'est bien en ce sens que les deux aspects de l'homme supérieur sont conciliés : l'homme réactif comme l'expression sublimée ou divinisée des forces réactives, l'homme actif comme le produit essentiellement manqué d'une activité qui manque essentiellement son but. Nous devons donc refuser toute interprétation qui présenterait le surhomme comme réussissant là où l'homme supérieur échoue. Le surhomme n'est pas un homme qui *se* surpasse et réussit à se surpasser. Entre le surhomme et l'homme supérieur la différence est de nature, dans l'instance qui les produit respectivement, comme dans le but qu'ils atteignent respectivement. Zarathoustra dit : « *Vous, les hommes supérieurs, croyez-vous que je sois là pour réparer ce que vous avez mal fait*[3] *?* » Nous ne pouvons pas davantage suivre une interprétation comme celle de Heidegger qui fait du surhomme la réalisation et même la détermination de l'essence humaine[4]. Car l'essence humaine n'attend pas le surhomme pour se déterminer. Elle est déterminée comme humaine, trop humaine. L'homme a pour essence le devenir réactif des forces. Bien plus, il donne au monde une essence, ce devenir comme devenir universel. L'essence de l'homme, et du monde occupé par l'homme, c'est le devenir réactif de toutes les forces, le nihilisme et rien que le nihilisme. L'homme et son activité générique, voilà les deux maladies de peau de la terre[5].

Reste à demander : pourquoi l'activité générique, son

1. *Z*, IV, « L'ombre ».
2. *Z*, II, « Des grands événements ».
3. *Z*, IV, « De l'homme supérieur ».
4. HEIDEGGER, *Qu'appelle-t-on penser ?* (trad. BECKER et GRANEL, Presses Universitaires de France), pp. 53-55.
5. *Z*, II, « Des grands événements ».

but et son produit sont-ils essentiellement manqués ? Pourquoi n'existent-ils que comme ratés ? La réponse est simple, si l'on se rappelle que cette activité veut dresser les forces réactives, les rendre aptes à être agies, les rendre actives elles-mêmes. Or, comment ce projet serait-il viable sans la puissance d'affirmer qui constitue le devenir-actif ? Les forces réactives pour leur compte ont su trouver l'allié qui les mène à la victoire : le nihilisme, le négatif, la puissance de nier, la volonté de néant qui forme un devenir-réactif universel. Séparées d'une puissance d'affirmer, les forces actives ne peuvent rien de leur côté, sauf devenir réactives à leur tour ou se retourner contre elles-mêmes. Leur activité, leur but et leur produit sont manqués de tout temps. Elles manquent d'une volonté qui les dépasse, d'une qualité capable de manifester, de porter leur supériorité. Il n'y a de devenir-actif que par et dans une volonté qui affirme, tout comme il n'y a de devenir-réactif que par et dans la volonté de néant. Une activité qui ne s'élève pas jusqu'aux puissances d'affirmer, une activité qui se confie seulement au travail du négatif est promise à l'échec ; dans son principe même, elle tourne en son contraire. – Lorsque Zarathoustra considère les hommes supérieurs comme des hôtes, des compagnons, des avant-coureurs, il nous révèle ainsi que leur projet n'est pas sans ressemblance avec le sien : devenir actif. Mais nous apprenons vite que ces déclarations de Zarathoustra ne doivent être prises au sérieux qu'à moitié. Elles s'expliquent par la pitié. D'un bout à l'autre du livre IV les hommes supérieurs ne cachent pas à Zarathoustra qu'ils lui tendent un piège, qu'ils lui apportent une dernière tentation. Dieu éprouvait la pitié pour l'homme, cette pitié fut la cause de sa mort ; la pitié pour l'homme supérieur, telle est la tentation de Zarathoustra, qui le ferait mourir à son tour[1]. C'est dire

1. *Z*, IV, « Le cri de détresse » : « Le dernier péché qui m'ait été

que, quelle que soit la ressemblance entre le projet de l'homme supérieur et celui de Zarathoustra lui-même, une instance plus profonde intervient qui distingue en nature les deux entreprises.

L'homme supérieur en reste à l'élément abstrait de l'activité ; jamais il ne s'élève, même en pensée, jusqu'à l'élément de l'affirmation. L'homme supérieur prétend renverser les valeurs, convertir la réaction en action. Zarathoustra parle d'autre chose : transmuer les valeurs, convertir la négation en affirmation. Or, jamais la réaction ne deviendra action sans cette conversion plus profonde : il faut d'abord que la négation devienne puissance d'affirmer. Séparée des conditions qui la rendraient viable, l'entreprise de l'homme supérieur est manquée, non pas accidentellement, mais par principe et dans l'essence. Au lieu de former un devenir-actif, elle nourrit le devenir inverse, le devenir-réactif. Au lieu de renverser les valeurs, on change de valeurs, on les fait permuter, mais en gardant le point de vue nihiliste dont elles dérivent ; au lieu de dresser les forces et de les rendre actives, on organise des associations de forces réactives[1]. Inversement les conditions qui rendraient viable l'entreprise de l'homme supérieur sont des conditions qui en changeraient la nature : l'affirmation dionysiaque, non plus l'activité générique de l'homme. L'élément de l'affirmation, voilà l'élément du surhumain. L'élément de l'affirmation, voilà ce qui manque à l'homme, même et surtout à l'homme supérieur. De quatre façons, Nietzsche

réservé, sais-tu quel est son nom ? – *Pitié*, répondit le devin d'un cœur débordant, et il leva les deux mains : ô Zarathoustra, je viens pour t'entraîner à ton dernier péché ! » – *Z*, IV, « Le plus hideux des hommes » : « Toi-même, garde-toi de ta propre pitié !... Je connais la cognée qui peut l'abattre. » Et *Z*, IV, « Le signe » : un des derniers mots de Zarathoustra est : « Pitié, la pitié pour l'homme supérieur !... Eh bien, cela a eu son temps. »

1. Cf. *Z*, IV, « La salutation » : Zarathoustra dit aux hommes supérieurs : « En vous aussi, il y a de la populace cachée ».

exprime symboliquement ce manque comme l'insuffisance au cœur de l'homme : 1° Il y a des choses que l'homme supérieur ne sait pas faire : rire, jouer et danser [1]. Rire est affirmer la vie et, dans la vie, même la souffrance. Jouer est affirmer le hasard et, du hasard, la nécessité. Danser est affirmer le devenir et, du devenir, l'être ; 2° Les hommes supérieurs eux-mêmes reconnaissent l'âne comme leur « supérieur ». Ils l'adorent comme s'il était un dieu ; à travers leur vieille manière théologique de penser ils pressentent ce qui leur manque et ce qui les dépasse, ce qu'est le mystère de l'âne, ce que cachent son cri et ses longues oreilles : l'âne est l'animal qui dit I-A, l'animal affirmatif et affirmateur, l'animal dionysiaque [2] ; 3° Le symbolisme de l'ombre a un sens voisin. L'ombre est l'activité de l'homme, mais elle a besoin de la lumière comme d'une instance plus haute : sans elle, elle se dissipe ; avec elle, elle se transforme et il lui arrive de disparaître d'une autre façon, changeant de nature quand il est midi [3] ; 4° Des deux Chiens de feu, l'un est la caricature de l'autre. L'un s'active à la surface, dans le fracas et la fumée. Il prend sa nourriture à la surface, il fait entrer la fange en ébullition : c'est dire que son activité ne sert qu'à nourrir, à chauffer, à entretenir dans l'univers un devenir-réactif, un devenir cynique. Mais l'autre chien de feu est animal affirmatif : « Celui-là parle réellement du cœur de la terre… Le rire voltige autour de lui comme une nuée colorée [4]. »

1. *Z*, IV, « De l'homme supérieur ». – *Le jeu :* « Vous aviez manqué un coup de dé. Mais que vous importe, à vous autres joueurs de dés ! Vous n'avez pas appris à jouer et à narguer comme il faut jouer et narguer ! » – *La danse :* « Même la pire des choses a de bonnes jambes pour danser : apprenez donc vous-mêmes, ô hommes supérieurs, à vous tenir droit sur vos jambes ! » – *Le rire :* « J'ai canonisé le rire : hommes supérieurs, apprenez donc à rire ! »
2. *Z*, IV, « Le réveil », « La fête de l'âne ».
3. *VO*, cf. les dialogues de « L'ombre et du voyageur ».
4. *Z*, II, « Des grands événements ».

9. NIHILISME ET TRANSMUTATION : LE POINT FOCAL

Le règne du nihilisme est puissant. Il s'exprime dans les valeurs supérieures à la vie, mais aussi bien dans les valeurs réactives qui en prennent la place, et encore dans le monde sans valeurs du dernier des hommes. C'est toujours l'élément de la dépréciation qui règne, le négatif comme volonté de puissance, la volonté comme volonté de néant. Même quand les forces réactives se dressent contre le principe de leur triomphe, même quand elles aboutissent à un néant de volonté plutôt qu'à une volonté de néant, c'est toujours le même élément qui se manifestait dans le principe, et qui, maintenant, se nuance et se déguise dans la conséquence ou dans l'effet. Pas de volonté du tout, c'est encore le dernier avatar de la volonté de néant. Sous l'empire du négatif, c'est toujours l'ensemble de la vie qui est déprécié, et la vie réactive qui triomphe en particulier. L'activité ne peut rien, malgré sa supériorité sur les forces réactives ; sous l'empire du négatif, elle n'a pas d'autre issue que de se retourner contre soi ; séparée de ce qu'elle peut, elle devient elle-même réactive, elle ne sert plus que d'aliment au devenir-réactif des forces. Et, en vérité, le devenir-réactif des forces est aussi bien le négatif comme qualité de la volonté de puissance. – On sait ce que Nietzsche appelle transmutation, transvaluation : non pas un changement de valeurs, mais un changement dans l'élément dont dérive la valeur des valeurs. L'appréciation au lieu de la dépréciation, l'affirmation comme volonté de puissance, la volonté comme volonté affirmative. Tant qu'on reste dans l'élément du négatif, on a beau changer les valeurs ou même les supprimer, on a beau tuer Dieu : on en garde la place et l'attribut, on conserve le sacré et le divin, même si on laisse la place vide et le prédicat non attribué. Mais quand on change l'élément, alors, et alors seulement, on peut dire qu'on a renversé toutes les valeurs *connues ou connaissables jusqu'à ce jour*. On a vaincu le nihilisme : l'activité retrouve ses droits, mais seulement en rapport et en affinité avec l'instance plus profonde dont ceux-ci dérivent. Le devenir-actif apparaît dans l'univers, mais identique à l'affirmation comme volonté de puissance. La question est : comment vaincre le nihilisme ? Comment changer l'élément des valeurs lui-même, comment substituer l'affirmation à la négation ?

Peut-être sommes-nous plus près d'une solution que nous ne pouvons le croire. On remarquera que, pour Nietzsche, toutes les formes du nihilisme précédemment analysées, même la forme extrême ou passive, constituent un nihilisme *inachevé, incomplet*. N'est-ce pas dire inversement que la transmutation, qui vainc le nihilisme, est la seule forme complète et achevée du nihilisme lui-même ? En effet, le nihilisme est vaincu, mais vaincu *par lui-même*[1]. Nous nous approcherons d'une solution dans la mesure où nous comprendrons pourquoi la transmutation constitue le nihilisme achevé. – Une première raison peut être invoquée : c'est seulement en changeant l'élément des valeurs qu'on détruit toutes celles qui dépendent du vieil élément. La critique des valeurs connues jusqu'à ce jour n'est une critique radicale et absolue, excluant tout compromis, que si on la mène au nom d'une transmutation, à partir d'une transmutation. La transmutation serait donc un nihilisme achevé, parce qu'elle donnerait à la critique des valeurs une forme achevée, « totalisante ». Mais une telle interprétation ne nous dit pas encore pourquoi la transmutation est nihiliste, non seulement par ses conséquences, mais en elle-même et par elle-même.

Les valeurs qui dépendent de ce vieil élément du néga-

1. *VP*, liv. III. – *VP*, I, 22 : « Ayant poussé en lui-même le nihilisme jusqu'à son terme, il l'a mis derrière lui, au-dessous de lui, hors de lui. »

tif, les valeurs qui tombent sous la critique radicale, sont toutes les valeurs connues ou connaissables jusqu'à ce jour. « Jusqu'à ce jour » désigne le jour de la transmutation. Mais que signifie : toutes les valeurs *connaissables* ? Le nihilisme est la négation comme qualité de la volonté de puissance. Toutefois, cette définition reste insuffisante, si l'on ne tient pas compte du rôle et de la fonction du nihilisme : la volonté de puissance apparaît dans l'homme et se fait connaître, en lui, comme une volonté de néant. Et à dire vrai, nous saurions peu de choses sur la volonté de puissance si nous n'en saisissions la manifestation dans le ressentiment, dans la mauvaise conscience, dans l'idéal ascétique, dans le nihilisme qui nous force à la connaître. La volonté de puissance est esprit, mais que saurions-nous de l'esprit sans l'esprit de vengeance qui nous révèle d'étranges pouvoirs ? La volonté de puissance est corps, mais que saurions-nous du corps sans la maladie qui nous le fait connaître ? Ainsi le nihilisme, la volonté de néant, n'est pas seulement une volonté de puissance, une qualité de volonté de puissance, *mais la* ratio cognoscendi *de la volonté de puissance en général.* Toutes les valeurs connues et connaissables sont par nature des valeurs qui dérivent de cette raison. – Si le nihilisme nous fait connaître la volonté de puissance, inversement celle-ci nous apprend qu'elle nous est connue sous une seule forme, sous la forme du négatif qui n'en constitue qu'une face, une *qualité*. Nous « pensons » la volonté de puissance sous une forme distincte de celle où nous la connaissons (ainsi la *pensée* de l'éternel retour dépasse toutes les lois de notre *connaissance*). Lointaine survivance des thèmes de Kant et de Schopenhauer : ce que nous connaissons de la volonté de puissance est aussi bien douleur et supplice, mais la volonté de puissance est encore la joie inconnue, le bonheur inconnu, le dieu inconnu. Ariane chante dans sa plainte : « Je me courbe et je me tords, tourmentée par tous les martyrs éternels, frappée par toi, chasseur le plus cruel, toi, le dieu – inconnu… Parle enfin, toi qui te caches derrière les éclairs ? Inconnu ! parle ! Que veux-tu… ? Ô reviens, mon dieu inconnu ! ma douleur ! mon dernier bonheur[1]. » L'autre face de la volonté de puissance, la face inconnue, l'autre qualité de la volonté de puissance, la qualité inconnue : l'affirmation. Et l'affirmation, à son tour, n'est pas seulement une volonté de puissance, une qualité de volonté de puissance, elle est *ratio essendi de la volonté de puissance en général*. Elle est *ratio essendi* de toute la volonté de puissance, donc raison qui expulse le négatif de cette volonté, comme la négation était *ratio cognoscendi* de toute la volonté de puissance (donc raison qui ne manquait pas d'éliminer l'affirmatif de la connaissance de cette volonté). De l'affirmation dérivent les valeurs nouvelles : valeurs inconnues jusqu'à ce jour, c'est-à-dire jusqu'au moment où le législateur prend la place du « savant » ; *la création, celle de la connaissance elle-même* ; l'affirmation, celle de toutes les négations connues. – On voit donc que, entre le nihilisme et la transmutation, il y a un rapport plus profond que celui que nous indiquions d'abord. Le nihilisme exprime la qualité du négatif comme *ratio cognoscendi* de la volonté de puissance ; mais il ne s'achève pas sans se transmuer dans la qualité contraire, dans l'affirmation comme *ratio essendi* de cette même volonté. Transmutation dionysiaque de la douleur en joie, que Dionysos en réponse à Ariane annonce avec le mystère convenable : « Ne faut-il pas d'abord se haïr si l'on doit s'aimer[2] ? » C'est-à-dire : ne dois-tu pas me connaître comme négatif si tu dois m'éprouver comme affirmatif, m'épouser comme l'affirmatif, me penser comme l'affirmation ?

Mais pourquoi la transmutation est-elle le nihilisme

1. DD, « Plainte d'Ariane ».
2. DD, « Plainte d'Ariane ».

achevé, s'il est vrai qu'elle se contente de substituer un élément à un autre ? Une troisième raison doit intervenir ici, qui risque de passer inaperçue tant les distinctions de Nietzsche deviennent subtiles ou minutieuses. Reprenons l'histoire du nihilisme et de ses stades successifs : négatif, réactif, passif. Les forces réactives doivent leur triomphe à la volonté de néant ; une fois le triomphe acquis, elles brisent leur alliance avec cette volonté, elles veulent toutes seules faire valoir leurs propres valeurs. Voilà le grand événement bruyant : l'homme réactif à la place de Dieu. On sait quelle en est l'issue : le dernier des hommes, celui qui préfère un néant de volonté, s'éteindre passivement, plutôt qu'une volonté de néant. Mais cette issue est une issue pour l'homme réactif, non pas pour la volonté de néant elle-même. Celle-ci poursuit son entreprise, cette fois dans le silence, au-delà de l'homme réactif. *Les forces réactives brisant leur alliance avec la volonté de néant, la volonté de néant à son tour brise son alliance avec les forces réactives.* Elle inspire à l'homme un goût nouveau : se détruire, mais se détruire activement. On ne confondra surtout pas ce que Nietzsche appelle autodestruction, destruction active, avec l'extinction passive du dernier des hommes. On ne confondra pas dans la terminologie de Nietzsche « le dernier des hommes » et « l'homme qui veut périr [1] ». L'un est le dernier produit du devenir réactif, la dernière façon dont l'homme réactif se conserve, étant las de vouloir. L'autre est le produit d'une sélection, qui passe sans doute par les derniers hommes, mais qui ne s'y arrête pas. Zarathoustra chante l'homme de la destruction active : il veut être surmonté, il va au-delà de l'humain, déjà sur la route du surhomme, « franchissant le pont », père et ancêtre du surhumain. « J'aime

1. Sur la destruction active, *VP*, III, 8 et 102. – Comment Zarathoustra oppose « l'homme qui veut périr » aux derniers hommes ou « prédicateurs de la mort » : *Z*, Prologue, 4 et 5 ; I, « Des prédicateurs de la mort ».

celui qui vit pour connaître et qui veut connaître, afin qu'un jour vive le surhomme. *Aussi veut-il son propre déclin*[1]. » Zarathoustra veut dire : j'aime celui qui se sert du nihilisme comme de la *ratio cognoscendi* de la volonté de puissance, mais qui trouve dans la volonté de puissance une *ratio essendi* dans laquelle l'homme est surmonté, donc le nihilisme vaincu.

La destruction active signifie : le point, le moment de transmutation dans la volonté de néant. La destruction devient *active* au moment où, l'alliance étant brisée entre les forces réactives et la volonté de néant, celle-ci se convertit et passe du côté de l'*affirmation*, se rapporte à une *puissance d'affirmer* qui détruit les forces réactives elles-mêmes. La destruction devient active dans la mesure où le négatif est transmué, converti en puissance affirmative : « éternelle joie du devenir » qui se déclare en un instant, « joie de l'anéantissement », « *affirmation* de l'anéantissement et de la destruction[2] ». Tel est « le point décisif » de la philosophie dionysiaque : le point où la négation exprime une affirmation de la vie, détruit les forces réactives et restaure l'activité dans ses droits. Le négatif devient le coup de tonnerre et l'éclair d'une puissance d'affirmer. Point suprême, focal ou transcendant, *Minuit*, qui ne se définit pas chez Nietzsche par un équilibre ou une réconciliation des contraires, mais par une conversion. Conversion du négatif en son contraire, conversion de la *ratio cognoscendi* dans la *ratio essendi* de la volonté de puissance. Nous demandions : pourquoi la transmutation est-elle le nihilisme achevé ? C'est parce que, dans la transmutation, il ne s'agit pas d'une simple substitution, mais d'une conversion. C'est en passant par le dernier des hommes, mais en allant au-delà, que le nihilisme trouve son achèvement : dans l'homme qui veut

1. *Z*, Prologue, 4.
2. *EH*, III, « Origine de la tragédie », 3.

périr. Dans l'homme qui veut périr, qui veut être surmonté, la négation a rompu tout ce qui la retenait encore, elle s'est vaincue elle-même, elle est devenue puissance d'affirmer, déjà puissance du surhumain, puissance qui annonce et prépare le surhomme. « Vous pourriez vous transformer en pères et ancêtres du Surhomme : que ceci soit le meilleur de votre œuvre[1] ! » La négation faisant le *sacrifice* de toutes les forces réactives, devenant « destruction impitoyable de tout ce qui présente des caractères dégénérés et parasitaires », passant au service d'un *excédent* de la vie[2] : c'est là seulement qu'elle trouve son achèvement.

10. L'AFFIRMATION ET LA NÉGATION

Transmutation, transvaluation signifient : 1° *Changement de qualité dans la volonté de puissance.* Les valeurs, et leur valeur, ne dérivent plus du négatif, mais de l'affirmation comme telle. On affirme la vie au lieu de la déprécier ; et encore l'expression « au lieu » est fautive. C'est le lieu même qui change, il n'y a plus de place pour un autre monde. C'est l'élément des valeurs qui change de place et de nature, la valeur des valeurs qui change de principe, c'est toute l'évaluation qui change de caractère ; 2° *Passage de la* ratio cognoscendi *à la* ratio essendi *dans la volonté de puissance.* La raison sous laquelle la volonté de puissance est connue n'est pas la raison sous laquelle elle est. Nous penserons la volonté de puissance telle qu'elle est, nous la penserons comme être, pour autant que nous nous servirons de la raison de connaître comme d'une qualité qui passe dans son contraire, et que nous trouverons dans ce contraire la raison d'être inconnue ;

1. *Z*, II, « Sur les îles bienheureuses ».
2. *EH*, III, « Origine de la tragédie », 3-4.

3° *Conversion de l'élément dans la volonté de puissance.* Le négatif devient puissance d'affirmer : il se subordonne à l'affirmation, il passe au service d'un excédent de la vie. La négation n'est plus la forme sous laquelle la vie conserve tout ce qui est réactif en elle, mais, au contraire, l'acte par lequel elle sacrifie toutes ses formes réactives. L'homme qui veut périr, l'homme qui veut être surmonté : en lui la négation change de sens, elle est devenue puissance d'affirmer, condition préliminaire au développement de l'affirmatif, signe avant-coureur et serviteur zélé de l'affirmation comme telle ; 4° *Règne de l'affirmation dans la volonté de puissance.* Seule l'affirmation subsiste en tant que puissance indépendante ; le négatif en émane comme l'éclair, mais aussi bien se résorbe en elle, disparaît en elle comme un feu soluble. Dans l'homme qui veut périr le négatif annonçait le surhumain, mais seule l'affirmation produit ce que le négatif annonce. Pas d'autre puissance que d'affirmer, pas d'autre qualité, pas d'autre élément : la négation tout entière est convertie dans sa substance, transmuée dans sa qualité, *rien ne subsiste de sa propre puissance ou de son autonomie*. Conversion du lourd en léger, du bas en haut, de la douleur en joie : cette trinité de la danse, du jeu et du rire forme, à la fois, la transsubstantiation du néant, la transmutation du négatif, la transvaluation ou changement de puissance de la négation. Ce que Zarathoustra appelle « la Cène » ; 5° *Critique des valeurs connues.* Les valeurs connues jusqu'à ce jour perdent toute leur valeur. La négation réapparaît ici, mais toujours sous l'espèce d'une puissance d'affirmer, comme la conséquence inséparable de l'affirmation et de la transmutation. L'affirmation souveraine ne se sépare pas de la destruction de toutes les valeurs connues, elle fait de cette destruction une destruction totale ; 6° *Renversement du rapport des forces.* L'affirmation constitue un devenir-actif comme devenir universel des forces. Les forces réactives sont niées, toutes les forces deviennent actives. Le renversement des valeurs, la dévalorisation des valeurs réactives et l'instauration de valeurs actives sont autant d'opérations qui supposent la transmutation des valeurs, la conversion du négatif en affirmation.

Peut-être sommes-nous en mesure de comprendre les textes de Nietzsche qui concernent l'affirmation, la négation et leurs rapports. En premier lieu, la négation et l'affirmation s'opposent comme deux qualités de la volonté de puissance, deux raisons dans la volonté de puissance. Chacune est un contraire, mais aussi le tout qui exclut l'autre contraire. De la négation, c'est peu de dire qu'elle a dominé notre pensée, nos manières de sentir et d'évaluer jusqu'à ce jour. En vérité, elle est constitutive de l'homme. Et avec l'homme, c'est le monde entier qui s'abîme et devient malade, c'est la vie tout entière qui est dépréciée, tout le connu qui glisse vers son propre néant. Inversement l'affirmation ne se manifeste qu'au-dessus de l'homme, hors de l'homme, dans le surhumain qu'elle produit, dans l'inconnu qu'elle apporte avec soi. Mais le surhumain, l'inconnu, est aussi bien le tout qui chasse le négatif. Le surhomme comme espèce est aussi bien « l'espèce supérieure de *tout ce qui est* ». Zarathoustra dit oui et *amen* « d'une façon énorme et illimitée », il est lui-même « l'éternelle affirmation de *toutes choses*[1] ». « Je bénis et j'affirme toujours, pourvu que tu sois autour de moi, ciel clair, abîme de lumière ! Je porte dans tous les gouffres mon affirmation qui bénit[2]. » Tant que règne le négatif, on chercherait vainement le grain d'une affirmation ici-bas et dans l'autre monde : ce qu'on appelle affirmation est grotesque, triste fantôme agitant les chaînes du négatif[3]. Mais quand la

1. *EH*, III, « Ainsi parlait Zarathoustra », 6.
2. *Z*, III, « Avant le lever du soleil ».
3. *VP*, IV, 14 : « Il faudra estimer au plus juste les aspects jusqu'alors seuls *affirmés* de l'existence ; comprendre d'où vient cette affirmation et

transmutation survient, c'est la négation qui se dissipe, *rien n'en subsiste comme puissance indépendante*, en qualité ni en raison : « Constellation suprême de l'être, que nul vœu n'atteint, que nulle négation ne souille, éternelle affirmation de l'être, éternellement je suis ton affirmation[1]. »

Mais, alors, pourquoi arrive-t-il à Nietzsche de présenter l'affirmation comme inséparable d'une condition préliminaire négative, et aussi d'une conséquence prochaine négative ? « Je connais la joie de détruire à un degré qui est conforme à ma force de destruction[2]. » 1° Pas d'affirmation qui ne soit *immédiatement suivie* d'une négation non moins énorme et illimitée qu'elle-même. Zarathoustra s'élève à ce « suprême degré de négation ». *La destruction comme destruction active de toutes les valeurs connues* est la trace du créateur : « Voyez les bons et les justes ! Qui haïssent-ils le plus ? Celui qui brise leurs tables des valeurs, le destructeur, le criminel : or, c'est lui le créateur. » 2° Pas d'affirmation qui ne se fasse *précéder* aussi d'une négation immense : « Une des conditions essentielles de l'affirmation, c'est la négation et la destruction. » Zarathoustra dit : « Je suis devenu celui qui bénit et qui affirme, et j'ai longtemps lutté pour cela. » Le lion devient enfant, mais le « oui sacré » de l'enfant doit être précédé par le « non sacré » du lion[3]. *La destruction comme destruction active de l'homme qui veut périr et être surmonté* est l'annonce du créateur. Séparée de ces deux négations, l'affirmation n'est rien, impuissante elle-même à s'affirmer[4].

combien elle est peu convaincante dès qu'il s'agit d'une évaluation dionysiaque de l'existence. »

1. DD, « Gloire et éternité ».
2. *EH*, IV, 2.
3. *Z*, I, « Des trois métamorphoses ».
4. Cf. *EH* : comment la négation *succède* à l'affirmation (III, « Par-delà le bien et le mal » : « Après avoir accompli la partie affirmative de

On aurait pu croire que l'âne, l'animal qui dit I-A, était l'animal dionysiaque par excellence. En fait, il n'en est rien ; son apparence est dionysiaque, mais toute sa réalité chrétienne. Il est seulement bon à servir de dieu aux hommes supérieurs : sans doute, il représente l'affirmation comme l'élément qui dépasse les hommes supérieurs, mais il la défigure à leur image et pour leurs besoins. Il dit toujours oui, *mais ne sait pas dire non.* « J'honore les langues et les estomacs récalcitrants et difficiles qui ont appris à dire : moi et oui et non. Mais tout mâcher et tout digérer, c'est bon pour les cochons ! Dire toujours I-A, c'est ce que n'ont appris que les ânes et ceux de leur espèce[1] ! » Il arrive à Dionysos une fois, par plaisanterie, de dire à Ariane qu'elle a de trop petites oreilles : il veut dire qu'elle ne sait pas encore affirmer, ni développer l'affirmation[2]. Mais réellement Nietzsche lui-même se vante d'avoir l'oreille petite : « Cela ne manquera pas d'intéresser quelque peu les femmes. Il me semble qu'elles se sentiront mieux comprises par moi. Je suis l'anti-âne par excellence, ce qui fait de moi un monstre historique. Je suis en grec, et non pas seulement en grec, l'anti-chrétien[3]. » Ariane, Dionysos lui-même ont de petites oreilles, petites oreilles circulaires propices à l'éternel retour. Car les longues oreilles pointues ne sont pas les meilleures : elles ne savent pas recueillir « le mot avisé », ni lui donner tout son écho[4]. Le mot avisé,

cette tâche, c'était le tour de la partie négative… » – Comment la négation *précède* l'affirmation (III, « Ainsi parlait Zarathoustra », 8 ; et IV, 2 et 4).

1. *Z*, III, « De l'esprit de lourdeur ».

2. *Cr. Id.*, « Ce que les Allemands sont en train de perdre », 19 : « Ô Dionysos divin, pourquoi me tires-tu les oreilles ? demanda un jour Ariane à son philosophique amant, dans un de ces célèbres dialogues sur l'île de Naxos. – Je trouve quelque chose de plaisant à tes oreilles, Ariane : pourquoi ne sont-elles pas plus longues encore ? »

3. *EH*, III, 3.

4. *DD*, « Plainte d'Ariane » : « Dionysos : Tu as de petites oreilles, tu as mes oreilles "mets-y un mot avisé". »

c'est oui, mais un écho le précède et le suit qui est non. Le oui de l'âne est un faux oui : oui qui ne sait pas dire non, sans écho dans les ouïes de l'âne, affirmation séparée des deux négations qui devraient l'entourer. L'âne ne sait pas plus formuler l'affirmation que ses oreilles ne savent la recueillir, elle et ses échos. Zarathoustra dit : « Mon couplet ne sera pas pour les oreilles de tout le monde. Il y a longtemps que j'ai désappris d'avoir égard pour les longues oreilles[1]. »

On ne verra pas de contradiction dans la pensée de Nietzsche. D'une part, Nietzsche annonce l'affirmation dionysiaque que nulle négation ne souille. D'autre part, il dénonce l'affirmation de l'âne qui ne sait pas dire non, qui ne comporte aucune négation. Dans un cas, l'affirmation ne laisse rien subsister de la négation *comme puissance autonome ou comme qualité première* : le négatif est entièrement expulsé de la constellation de l'être, du cercle de l'éternel retour, de la volonté de puissance elle-même et de sa raison d'être. Mais dans l'autre cas, l'affirmation ne serait jamais réelle ni complète si elle ne se faisait précéder et suivre par le négatif. Il s'agit alors de négations, mais de négations *comme de puissances d'affirmer*. Jamais l'affirmation ne s'affirmerait elle-même, si d'abord la négation ne brisait son alliance avec les forces réactives et ne devenait puissance affirmative dans l'homme qui veut périr ; et, ensuite, si la négation ne réunissait, ne totalisait toutes les valeurs réactives pour les détruire d'un point de vue qui affirme. *Sous ces deux formes, le négatif cesse d'être une qualité première et une puissance autonome.* Tout le négatif est devenu puissance d'affirmer, il n'est plus que *la manière d'être* de l'affirmation comme telle. C'est pourquoi Nietzsche insiste tant sur la distinction du ressentiment, puissance de nier qui

1. Z, IV, « Entretien avec les rois ». – Et IV, « De l'homme supérieur » : « Les longues oreilles de la populace. »

s'exprime dans les forces réactives, et de l'agressivité, manière d'être active d'une puissance d'affirmer[1]. D'un bout à l'autre de Zarathoustra, Zarathoustra lui-même est suivi, imité, tenté, compromis par son « singe », son « bouffon », son « nain », son « démon[2] ». Or, le démon est le nihilisme : parce qu'il nie tout, méprise tout, il croit lui aussi pousser la négation jusqu'au degré suprême. Mais vivant de la négation comme d'une puissance indépendante, n'ayant pas d'autre qualité que le négatif, il est seulement créature du ressentiment, de la haine et de la vengeance. Zarathoustra lui dit : « Je méprise ton mépris... C'est de l'amour seul que peut me venir la volonté de mon mépris et de mon oiseau avertisseur : mais non du marécage[3]. » Cela veut dire : c'est seulement comme puissance d'affirmer (amour) que le négatif atteint son degré supérieur (l'oiseau avertisseur qui précède et suit l'affirmation) ; tant que le négatif est à lui-même sa propre puissance ou sa propre qualité, il est dans le marécage, et lui-même marécage (forces réactives). C'est seulement sous l'empire de l'affirmation que le négatif est élevé jusqu'à son degré supérieur, en même temps qu'il se vainc lui-même : il subsiste non plus comme puissance et qualité, mais comme manière d'être de celui qui est puissant. Alors, et alors seulement, le négatif est l'agressivité, la négation devient active, la destruction joyeuse[4].

1. *EH*, I, 6 et 7.
2. *Z*, Prologue, 6, 7, 8 (première rencontre avec le bouffon, qui dit à Zarathoustra : « Tu as parlé comme un bouffon »). – II, « L'enfant du miroir » (Zarathoustra rêve que, se regardant dans un miroir, il voit le visage du bouffon. « En vérité, je comprends trop bien le sens et l'avertissement de ce rêve : ma doctrine est en danger, l'ivraie peut s'appeler froment. Mes ennemis sont devenus puissants et ils ont défiguré l'image de ma doctrine »). – III, « De la vision et de l'énigme » (seconde rencontre avec le nain-bouffon, près du portique de l'éternel retour). – III, « En passant » (troisième rencontre : « La parole de fou me fait tort, même lorsque tu as raison »).
3. *Z*, III, « En passant ».
4. *EH*, III, « L'origine de la tragédie », « Ainsi parlait Zarathoustra ».

On voit où Nietzsche veut en venir et à qui il s'oppose. Il s'oppose à toute forme de pensée qui se confie à la puissance du négatif. Il s'oppose à toute pensée qui se meut dans l'élément du négatif, qui se sert de la négation comme d'un moteur, d'une puissance et d'une qualité. Comme d'autres ont le vin triste, une telle pensée a la destruction triste, le tragique triste : elle est et demeure pensée du ressentiment. À une telle pensée, *il faut deux négations pour faire une affirmation*, c'est-à-dire une apparence d'affirmation, un fantôme d'affirmation. (Ainsi le ressentiment a besoin de ses deux prémisses négatives pour conclure à la soi-disant positivité de sa conséquence. Ou bien l'idéal ascétique a besoin du ressentiment et de la mauvaise conscience, comme de deux prémisses négatives, pour conclure à la soi-disant positivité du divin. Ou bien l'activité générique de l'homme a besoin deux fois du négatif pour conclure à la soi-disant positivité des réappropriations.) Tout est faux et triste dans cette pensée représentée par le bouffon de Zarathoustra : l'activité n'y est qu'une réaction, l'affirmation, un fantôme. Zarathoustra lui oppose l'affirmation pure : *il faut et il suffit de l'affirmation pour faire deux négations, deux négations qui font partie des puissances d'affirmer, qui sont les manières d'être de l'affirmation comme telle*. Et d'une autre façon, nous le verrons, il faut deux affirmations, pour faire de la négation dans son ensemble une manière d'affirmer. – Contre le ressentiment du penseur chrétien, l'agressivité du penseur dionysiaque. À la fameuse positivité du négatif, Nietzsche oppose sa propre découverte : la négativité du positif.

11. LE SENS DE L'AFFIRMATION

L'affirmation selon Nietzsche comporte deux négations : mais exactement de la manière contraire à celle de la dialectique. Un problème n'en subsiste pas moins : pourquoi faut-il que l'affirmation pure comporte ces deux négations ? Pourquoi l'affirmation de l'âne est-elle une fausse affirmation, dans la mesure même où elle ne sait pas dire non ? – Revenons à la litanie de l'âne telle que la chante le plus hideux des hommes[1]. On y distingue deux éléments : d'une part, le pressentiment de l'affirmation comme de ce qui manque aux hommes supérieurs (« Quelle sagesse cachée est-ce donc que ces longues oreilles, et qu'il dise toujours oui et jamais non ?... Ton royaume est par-delà le bien et le mal »). Mais d'autre part, un contresens, tel que les hommes supérieurs sont capables de le faire, sur la nature de l'affirmation : « Il porte nos fardeaux, il a pris figure de serviteur, il est patient de cœur et ne dit jamais non. »

Par là, l'âne est aussi bien chameau ; c'est sous les traits du chameau que Zarathoustra, au début du premier livre, présentait « l'esprit courageux » qui réclame les fardeaux les plus lourds[2]. La liste des forces de l'âne et celle des forces du chameau sont voisines : l'humilité, l'acceptation de la douleur et de la maladie, la patience à l'égard de celui qui châtie, le goût du vrai même si la vérité donne à manger des glands et des chardons, l'amour du réel même si ce réel est un désert. Là encore le symbolisme de Nietzsche doit être interprété, recoupé par d'autres textes[3]. L'âne et le chameau n'ont pas seulement des forces pour porter les plus lourds fardeaux, ils ont un dos pour en estimer, pour en évaluer le poids. Ces fardeaux leur semblent avoir le poids du *réel*. Le réel tel qu'il est, voilà comment l'âne éprouve sa charge. C'est pourquoi Nietzsche présente l'âne et le chameau comme

1. *Z*, IV, « Le réveil ».
2. *Z*, I, « Des trois métamorphoses ».
3. Deux textes reprennent et expliquent les thèmes du fardeau et du désert : *Z*, II, « Du pays de la culture », et III, « De l'esprit de lourdeur ».

imperméables à toutes formes de séduction et de tentation : ils ne sont sensibles qu'à ce qu'ils ont sur le dos, à ce qu'ils appellent réel. On devine donc ce que signifie l'affirmation de l'Âne, le oui qui ne sait pas dire non : *affirmer n'est rien d'autre ici que porter, assumer.* Acquiescer au réel tel qu'il est, assumer la réalité telle qu'elle est.

Le réel tel qu'il est, c'est une idée d'âne. L'âne éprouve comme la positivité du réel le poids des fardeaux dont on l'a chargé, dont il s'est chargé. Voilà ce qui se passe : l'esprit de lourdeur est l'esprit du négatif, l'esprit conjugué du nihilisme et des forces réactives ; dans toutes les vertus chrétiennes de l'âne, dans toutes les forces qui lui servent à porter, l'œil exercé n'a pas de peine à découvrir le réactif ; dans tous les fardeaux qu'il porte, l'œil avisé voit les produits du nihilisme ; mais l'âne ne saisit jamais que des conséquences séparées de leurs prémisses, des produits séparés du principe de leur production, des forces séparées de l'esprit qui les anime. Alors, les fardeaux lui semblent avoir la positivité du réel, comme les forces dont il est doué, les qualités positives qui correspondent à une assomption du réel et de la vie. « Dès le berceau, on nous dote déjà de lourdes paroles et de lourdes valeurs ; bien et mal, ainsi se nomme ce patrimoine… Et nous, nous traînons fidèlement ce dont on nous charge, sur des fortes épaules et par-dessus d'arides montagnes ! Et lorsque nous transpirons, on nous dit : Oui, la vie est lourde à porter[1]. » L'âne est d'abord Christ : c'est le Christ qui se charge des plus lourds fardeaux, c'est lui qui porte les fruits du négatif comme s'ils contenaient le mystère positif par excellence. Puis, quand l'homme prend la place de Dieu, l'âne devient libre penseur. Il s'approprie tout ce qu'on lui met sur le dos. On n'a plus besoin de le charger, il se charge lui-même. Il

1. *Z*, III, « De l'esprit de lourdeur ».

récupère l'État, la religion, etc., comme ses propres puissances. Il est devenu Dieu : toutes les vieilles valeurs de l'autre monde lui apparaissent maintenant comme des forces qui mènent ce monde-ci, comme ses propres forces. Le poids du fardeau se confond avec le poids de ses muscles fatigués. Il s'assume lui-même en assumant le réel, il assume le réel en s'assumant lui-même. Un goût effarant des responsabilités, c'est toute la morale qui revient au galop. Mais dans cette issue, le réel et son assomption restent ce qu'ils sont, fausse positivité et fausse affirmation. Face aux « hommes de ce temps », Zarathoustra dit : « Tout ce qui est inquiétant dans l'avenir, et tout ce qui a jamais épouvanté les oiseaux égarés, est en vérité plus familier et plus rassurant que votre *réalité*. Car, c'est ainsi que vous parlez : Nous sommes entièrement attachés au réel, sans croyance ni superstition. C'est ainsi que vous vous rengorgez sans même avoir de gorge ! Oui, comment pourriez-vous croire, bariolés comme vous l'êtes, vous qui êtes des peintures de tout ce qui a jamais été cru... Êtres éphémères, c'est ainsi que je vous appelle, vous les hommes de la réalité !... Vous êtes des hommes stériles... Vous êtes des portes entrouvertes devant lesquelles attendent les fossoyeurs. Et c'est là votre réalité... [1]. » Les hommes de ce temps vivent encore sous une vieille idée : est réel et positif tout ce qui pèse, est réel et affirmatif tout ce qui porte. Mais cette réalité, qui réunit le chameau et son fardeau au point de les confondre dans un même mirage, c'est seulement le désert, la réalité du désert, le nihilisme. Du chameau déjà, Zarathoustra disait : « Sitôt chargé, il se hâte vers le désert. » Et de l'esprit courageux, « vigoureux et patient » : « jusqu'à ce que la vie lui paraisse un désert[2] ». Le réel compris comme objet, but et terme de

1. *Z*, II, « Du pays de la culture ».
2. *Z*, I, « Des trois métamorphoses », et III, « De l'esprit de lourdeur ».

l'affirmation ; l'affirmation comprise comme adhésion ou acquiescement au réel, comme assomption du réel : tel est le sens du braiement. Mais cette affirmation est une affirmation de conséquence, conséquence de prémisses éternellement négatives, un oui de réponse, réponse à l'esprit de lourdeur et à toutes ses sollicitations. L'âne ne sait pas dire non ; mais d'abord il ne sait pas dire non au nihilisme lui-même. Il en recueille tous les produits, il les porte dans le désert et, là, les baptise : le réel tel qu'il est. C'est pourquoi Nietzsche peut dénoncer le oui de l'âne : l'âne ne s'oppose nullement au singe de Zarathoustra, il ne développe pas une autre puissance que la puissance de nier, il répond fidèlement à cette puissance. Il ne sait pas dire non, il répond toujours oui, mais répond oui chaque fois que le nihilisme engage la conversation.

Dans cette critique de l'affirmation comme assomption, Nietzsche ne pense pas simplement ni lointainement à des conceptions stoïciennes. L'ennemi est plus proche. Nietzsche mène la critique contre toute conception de l'affirmation qui ferait de celle-ci une simple fonction, fonction de l'être ou de ce qui est. De quelque manière que soit conçu cet être : comme vrai ou comme réel, comme noumène ou phénomène. Et de quelque manière que soit conçue cette fonction : comme développement, exposition, dévoilement, révélation, réalisation, prise de conscience ou de connaissance. *Depuis Hegel la philosophie se présente comme un bizarre mélange d'ontologie et d'anthropologie, de métaphysique et d'humanisme, de théologie et d'athéisme, théologie de la mauvaise conscience et athéisme du ressentiment.* Car, tant que l'affirmation est présentée comme une fonction de l'être, l'homme lui-même apparaît comme le fonctionnaire de l'affirmation : l'être s'affirme dans l'homme en même temps que l'homme affirme l'être. Tant que l'affirmation est définie par une assomption, c'est-à-dire une prise en charge, elle établit entre l'homme et l'être une relation dite fondamentale, un rapport athlétique et dialectique. Là encore en effet, et pour la dernière fois, on n'a pas de peine à identifier l'ennemi que Nietzsche combat : c'est la dialectique qui confond l'affirmation avec la véracité du vrai ou la positivité du réel ; et cette véracité, cette positivité, c'est d'abord la dialectique qui les fabrique elle-même avec les produits du négatif. L'être de la logique hégélienne est l'être seulement pensé, pur et vide, qui s'affirme en passant dans son propre contraire. Mais jamais cet être ne fut différent de ce contraire, jamais il n'eut à passer dans ce qu'il était déjà. L'être hégélien est le néant pur et simple ; et le devenir que cet être forme avec le néant, c'est-à-dire avec soi-même, est un devenir parfaitement nihiliste ; et l'affirmation passe ici par la négation parce qu'elle est seulement l'affirmation du négatif et de ses produits. Feuerbach poussa très loin la réfutation de l'être hégélien. À une vérité seulement pensée, il substitue la vérité du sensible. À l'être abstrait, il substitue l'être sensible, déterminé, réel, « le réel dans sa réalité », « le réel en tant que réel ». Il voulait que l'être réel fût l'objet de l'être réel : la réalité totale de l'être comme objet de l'être réel et total de l'homme. Il voulait la pensée affirmative, et comprenait l'affirmation comme la position de ce qui est[1]. Mais ce réel tel qu'il est, chez Feuerbach, conserve tous les attributs du nihilisme comme le prédicat du divin ; l'être réel de l'homme conserve toutes les propriétés réactives comme la force et le goût d'assumer ce divin. Dans « les hommes de ce temps », dans « les hommes de la réalité », Nietzsche dénonce la dialectique et le dialecticien : peinture de tout ce qui a jamais été cru.

1. FEUERBACH, Contribution à la critique de la philosophie de Hegel, et Principes de la philosophie de l'avenir (*Manifestes philosophiques*, trad. ALTHUSSER, Presses Universitaires de France).

Nietzsche veut dire trois choses : 1° L'être, le vrai, le réel sont des avatars du nihilisme. Manières de mutiler la vie, de la nier, de la rendre réactive en la soumettant au travail du négatif, *en la chargeant des fardeaux les plus lourds*. Nietzsche ne croit pas plus à l'autosuffisance du réel qu'à celle du vrai : il les pense comme les manifestations d'une volonté, volonté de déprécier la vie, volonté d'opposer la vie à la vie ; 2° L'affirmation conçue comme assomption, comme affirmation de ce qui est, comme véracité du vrai ou positivité du réel, est une fausse affirmation. C'est le oui de l'âne. L'âne ne sait pas dire non, mais parce qu'il dit oui à tout ce qui est non. L'âne ou le chameau sont le contraire du lion ; dans le lion, la négation devenait puissance d'affirmer, mais chez eux l'affirmation reste au service du négatif, simple puissance de nier ; 3° Cette fausse conception de l'affirmation est encore une façon de *conserver* l'homme. Tant que l'être est à charge, l'homme réactif est là pour porter. Où l'être s'affirmera-t-il mieux que dans le désert ? Et où l'homme se conservera-t-il mieux ? « Le dernier homme vit le plus longtemps. » Sous le soleil de l'être, il perd jusqu'au goût de mourir, s'enfonçant dans le désert pour y rêver longtemps d'une extinction passive[1]. – Toute la philosophie de Nietzsche s'oppose aux postulats de l'être, de l'homme et de l'assomption. « L'être : nous n'en avons d'autre représentation que le fait de vivre. Comment ce qui est mort pourrait-il être[2] ? » Le monde

1. Heidegger donne une interprétation de la philosophie nietzschéenne plus proche de sa propre pensée que de celle de Nietzsche. Dans la doctrine de l'éternel retour et du surhomme, Heidegger voit la détermination « du rapport de l'Être à l'être de l'homme comme relation de cet être à l'Être » (cf. *Qu'appelle-t-on penser ?*, p. 81). Cette interprétation néglige toute la partie critique de l'œuvre de Nietzsche. Elle néglige tout ce contre quoi Nietzsche a lutté. Nietzsche s'oppose à toute conception de l'affirmation qui en trouverait le fondement dans l'Être, et la détermination dans l'être de l'homme.

2. *VP*, II, 8.

n'est ni vrai, ni réel, mais vivant. Et le monde vivant est volonté de puissance, *volonté du faux* qui s'effectue sous des puissances diverses. Effectuer la volonté du faux sous une puissance quelconque, la volonté de puissance sous une qualité quelconque, est toujours évaluer. Vivre est évaluer. Il n'y a pas de vérité du monde pensée ni de réalité du monde sensible, tout est évaluation, même et surtout le sensible et le réel. « La volonté de paraître, de faire illusion, de tromper, la volonté de devenir et de changer (ou l'illusion objectivée) est considérée dans ce livre comme plus profonde, plus métaphysique que la volonté de voir le vrai, la réalité, l'être, cette dernière n'étant encore qu'une forme de la tendance à l'illusion. » L'être, le vrai, le réel ne valent eux-mêmes que comme évaluations, c'est-à-dire comme mensonges[1]. Mais, à ce titre, moyens d'effectuer la volonté sous une de ses puissances, ils ont jusqu'à maintenant servi la puissance ou qualité du négatif. L'être, le vrai, le réel lui-même sont comme le divin dans lequel la vie s'oppose à la vie. Ce qui règne alors, c'est la négation en tant que qualité de la volonté de puissance qui, opposant la vie à la vie, la nie dans son ensemble et la fait triompher comme réactive en particulier. Au contraire, une puissance sous laquelle le vouloir est adéquat à toute la vie, une plus haute puissance du faux, une qualité sous laquelle la vie tout entière est affirmée, et sa particularité, devenue active : telle est l'autre qualité de la volonté de puissance. Affirmer, c'est encore évaluer, mais évaluer du point de vue d'une volonté qui jouit de sa propre différence dans la vie, au lieu de souffrir les douleurs de l'opposition qu'elle inspire elle-même à cette vie. *Affirmer n'est pas prendre en charge, assumer ce qui est, mais délivrer, décharger ce qui vit.* Affirmer, c'est alléger : non pas

1. *VP*, IV, 8. – Le « livre » auquel Nietzsche fait allusion est l'*Origine de la tragédie.*

charger la vie sous le poids des valeurs supérieures, mais *créer* des valeurs nouvelles qui soient celles de la vie, qui fassent de la vie la légère et l'active. Il n'y a création à proprement parler que dans la mesure où, loin de séparer la vie de ce qu'elle peut, nous nous servons de l'excédent pour inventer de nouvelles formes de vie. « Et ce que vous avez appelé monde, il faut que vous commenciez par le créer : votre raison, votre imagination, votre volonté, votre amour doivent devenir ce monde[1]. » Mais cette tâche ne trouve pas son accomplissement dans l'homme. Au plus loin qu'il puisse aller, l'homme élève la négation jusqu'à une puissance d'affirmer. Mais *affirmer dans toute sa puissance, affirmer l'affirmation elle-même, voilà ce qui dépasse les forces de l'homme.* « Créer des valeurs nouvelles, le lion même ne le peut pas encore : mais se rendre libre pour des créations nouvelles, c'est là ce que peut la puissance du lion[2]. » Le sens de l'affirmation ne peut se dégager que si l'on tient compte de ces trois points fondamentaux dans la philosophie de Nietzsche : non pas le vrai, ni le réel, mais l'évaluation ; non pas l'affirmation comme assomption, mais comme création ; non pas l'homme, mais le surhomme comme nouvelle forme de vie. Si Nietzsche attache tant d'importance à l'art, c'est précisément parce que l'art réalise tout ce programme : la plus haute puissance du faux, l'affirmation dionysiaque ou le génie du surhumain[3].

La thèse de Nietzsche se résume ainsi : le oui qui ne sait pas dire non (oui de l'âne) est une caricature de l'affirmation. Précisément parce qu'il dit oui à tout ce qui est non, parce qu'il supporte le nihilisme, il reste au service de la puissance de nier comme du démon dont il

1. *Z*, II, « Sur les îles bienheureuses ».
2. *Z*, I, « Des trois métamorphoses ».
3. *VP*, IV, 8.

porte tous les fardeaux. Le oui dionysiaque, au contraire, est celui qui sait dire non : il est l'affirmation pure, il a vaincu le nihilisme et destitué la négation de tout pouvoir autonome, mais cela, parce qu'il a mis le négatif au service des puissances d'affirmer. Affirmer, c'est créer, non pas porter, supporter, assumer. Ridicule image de la pensée, qui se forme dans la tête de l'âne : « Penser et *prendre une chose au sérieux, en assumer le poids*, c'est tout un pour eux, ils n'en ont pas d'autre expérience[1]. »

12. LA DOUBLE AFFIRMATION : ARIANE

Qu'est-ce que l'affirmation dans toute sa puissance ? Nietzsche ne supprime pas le concept d'être. Il propose de l'être une nouvelle conception. L'affirmation est être. L'être n'est pas l'objet de l'affirmation, pas davantage un élément qui s'offrirait, qui se donnerait en charge à l'affirmation. L'affirmation n'est pas la puissance de l'être, au contraire. L'affirmation elle-même est l'être, l'être est seulement l'affirmation dans toute sa puissance. On ne s'étonnera donc pas qu'il n'y ait chez Nietzsche ni analyse de l'être pour lui-même, ni analyse du néant pour lui-même ; on évitera de croire que Nietzsche, à cet égard, n'ait pas livré sa dernière pensée. *L'être et le néant sont seulement l'expression abstraite de l'affirmation et de la négation comme qualités (*qualia*) de la volonté de puissance*[2]. Mais toute la question est : en quel sens l'affirmation est-elle elle-même l'être ?

L'affirmation n'a pas d'autre objet que soi-même.

1. *BM*, 213.

2. Trouver dans l'affirmation et la négation les racines mêmes de l'être et du néant n'est pas nouveau ; cette thèse s'inscrit dans une longue tradition philosophique. Mais Nietzsche renouvelle et bouleverse cette tradition par sa conception de l'affirmation et de la négation, par sa théorie de leur rapport et de leur transformation.

Mais précisément, elle est l'être en tant qu'elle est à elle-même son propre objet. L'affirmation comme objet de l'affirmation : tel est l'être. En elle-même et comme l'affirmation première, elle est devenir. Mais elle est l'être, en tant qu'elle est l'objet d'une autre affirmation qui élève le devenir à l'être ou qui extrait l'être du devenir. C'est pourquoi l'affirmation dans toute sa puissance est double : on affirme l'affirmation. C'est affirmation première (le devenir) qui est être, mais elle ne l'est que comme objet de la seconde affirmation. Les deux affirmations constituent la puissance d'affirmer dans son ensemble. Que cette puissance soit nécessairement double est exprimé par Nietzsche dans des textes de haute portée symbolique : 1° *Les deux animaux de Zarathoustra, l'aigle et le serpent.* Interprétés du point de vue de l'éternel retour, l'aigle est comme la grande année, la période cosmique, et le serpent, comme la destinée individuelle insérée dans cette grande période. Mais cette interprétation exacte n'en est pas moins insuffisante, parce qu'elle suppose l'éternel retour et ne dit rien sur les éléments préconstituants dont il dérive. L'aigle plane en larges cercles, un serpent enroulé autour de son cou, « non pareil à une proie, mais comme un ami[1] » : on y verra la nécessité, pour l'affirmation la plus fière d'être accompagnée, doublée d'une affirmation seconde qui la prend pour objet ; 2° *Le couple divin, Dionysos-Ariane.* « Qui donc sait en dehors de moi, qui est Ariane[2] ! » Et sans doute le mystère d'Ariane a-t-il une pluralité de sens. Ariane aima Thésée. Thésée est une représentation de l'homme supérieur : c'est l'homme sublime et héroïque, celui qui assume les fardeaux et qui vainc les monstres. Mais il lui manque précisément la vertu du taureau, c'est-à-dire le sens de la terre quand il est attelé, et aussi la capacité de

1. *Z*, Prologue, 10.
2. *EH*, III, « Ainsi parlait Zarathoustra », 8.

dételer, de rejeter les fardeaux[1]. Tant que la femme aime l'homme, tant qu'elle est mère, sœur, épouse de l'homme, serait-ce l'homme supérieur, elle est seulement l'image féminine de l'homme : la puissance féminine reste enchaînée dans la femme[2]. Mères terribles, sœurs et épouses terribles, la féminité représente ici l'esprit de vengeance et le ressentiment qui animent l'homme lui-même. Mais Ariane abandonnée par Thésée sent venir une transmutation qui lui est propre : la puissance féminine affranchie, devenue bienfaisante et affirmative, l'Anima. « Que le reflet d'une étoile luise dans votre amour ! Que votre espoir dise : Oh, puissé-je mettre au monde le surhomme[3] ! » Bien plus : par rapport à Dionysos, Ariane-Anima est comme une seconde affirmation. L'affirmation dionysiaque réclame une autre affirmation qui la prend pour objet. Le devenir dionysiaque est l'être, l'éternité, mais en tant que l'affirmation correspondante est elle-même affirmée : « *Éternelle affirmation de l'être, éternellement je suis ton affirmation*[4]. » L'éternel retour « rapproche au maximum » le devenir et l'être, il affirme l'un de l'autre[5] ; encore faut-il une seconde affirmation pour opérer ce rapprochement. C'est pourquoi l'éternel retour est lui-même un anneau nuptial[6]. C'est pourquoi l'univers dionysiaque, le cycle éternel, est un anneau nuptial, un miroir de noces qui attend l'âme (*anima*) capable de s'y mirer, mais aussi de le réfléchir en se mirant[7]. C'est pourquoi Dionysos veut une fiancée : « C'est moi, moi que tu

1. *Z*, II, « Des hommes sublimes ». – « Rester les muscles inactifs et la volonté de dételer : c'est ce qu'il y a de plus difficile pour vous autres, hommes sublimes. »
2. *Z*, III, « De la vertu qui amenuise ».
3. *Z*, I, « Des femmes jeunes et vieilles ».
4. *DD*, « Gloire et éternité ».
5. *VP*, II, 170.
6. *Z*, III, « Les sept sceaux ».
7. *VP*, II, 51 : autre développement de l'image des fiançailles et de l'anneau nuptial.

veux ? Moi, tout entière[1] ?… » (Là encore on remarquera que, suivant le point où l'on se place, les noces changent de sens ou de partenaires. Car, selon l'éternel retour constitué, Zarathoustra apparaît lui-même comme le fiancé, et l'éternité, comme une femme aimée. Mais d'après ce qui constitue l'éternel retour, Dionysos est la première affirmation, le devenir et l'être, mais justement le devenir qui n'est être que comme objet d'une seconde affirmation ; Ariane est cette seconde affirmation, Ariane est la fiancée, la puissance féminine amante.)

3° *Le labyrinthe ou les oreilles.* Le labyrinthe est une image fréquente chez Nietzsche. Il désigne d'abord l'inconscient, le soi ; seule l'Anima est capable de nous réconcilier avec l'inconscient, de nous donner un *fil* conducteur pour son exploration. En second lieu, le labyrinthe désigne l'éternel retour lui-même : circulaire, il n'est pas le chemin perdu, mais le chemin qui nous ramène au même point, au même instant qui est, qui a été et qui sera. Mais plus profondément, du point de vue de ce qui constitue l'éternel retour, le labyrinthe est le devenir, l'affirmation du devenir. Or l'être sort du devenir, il s'affirme du devenir lui-même, pour autant que l'affirmation du devenir est l'objet d'une autre affirmation (le fil d'Ariane). Tant qu'Ariane fréquenta Thésée, le labyrinthe était pris à l'envers, il s'ouvrait sur les valeurs supérieures, le fil était le fil du négatif et du ressentiment, le fil moral[2]. Mais Dionysos apprend à Ariane son secret : le vrai labyrinthe est Dionysos lui-même, le vrai fil est le fil

1. *DD*, « Plainte d'Ariane ».

2. *VP*, III, 408 : « Nous sommes particulièrement curieux d'explorer le labyrinthe, nous nous efforçons de lier connaissance avec M. le Minotaure dont on raconte des choses si terribles ; que nous importent votre chemin qui *monte*, votre fil qui mène *dehors*, qui mène au bonheur et à la vertu, qui mène vers vous, je le crains… vous pouvez nous sauver à l'aide de ce fil ? Et nous, nous vous en prions instamment, pendez-vous à ce fil ! »

de l'affirmation. « Je suis ton labyrinthe[1]. » Dionysos est le labyrinthe et le taureau, le devenir et l'être, mais le devenir qui n'est être que pour autant que son affirmation est elle-même affirmée. Dionysos ne demande pas seulement à Ariane d'entendre, mais d'affirmer l'affirmation : « Tu as de petites oreilles, tu as mes oreilles : mets-y un mot avisé. » L'oreille est labyrinthique, l'oreille est le labyrinthe du devenir ou le dédale de l'affirmation. Le labyrinthe est ce qui nous mène à l'être, il n'y a d'être que du devenir, il n'y a d'être que du labyrinthe lui-même. Mais Ariane a les oreilles de Dionysos : l'affirmation doit être elle-même affirmée pour qu'elle soit précisément l'affirmation de l'être. Ariane met un *mot avisé* dans les oreilles de Dionysos. C'est-à-dire : ayant elle-même entendu l'affirmation dionysiaque, elle en fait l'objet d'une seconde affirmation que Dionysos entend.

Si nous considérons l'affirmation et la négation comme qualités de la volonté de puissance, nous voyons qu'elles n'ont pas un rapport univoque. La négation *s'oppose* à l'affirmation, mais l'affirmation *diffère* de la négation. Nous ne pouvons pas penser l'affirmation comme « s'opposant » pour son compte à la négation : ce serait mettre le négatif en elle. L'opposition n'est pas seulement la relation de la négation avec l'affirmation, mais l'essence du négatif en tant que tel. Et la différence est l'essence de l'affirmatif en tant que tel. L'affirmation est jouissance et jeu de sa propre différence, comme la négation, douleur et travail de l'opposition qui lui est propre. Mais quel est ce jeu de la différence dans l'affirmation ? L'affirmation est posée une première fois comme le multiple, le devenir et le hasard. Car le multiple est la différence de l'un et de l'autre, le devenir est la différence

1. *DD*, « Plainte d'Ariane » : « Sois prudente Ariane ! Tu as de petites oreilles, tu as mes oreilles : Mets-y un mot avisé ! Ne faut-il pas d'abord se haïr si l'on doit s'aimer ?… Je suis ton labyrinthe… »

avec soi, le hasard est la différence « entre tous » ou distributive. Puis l'affirmation se dédouble, la différence est réfléchie dans l'affirmation de l'affirmation : moment de la réflexion où une seconde affirmation prend pour objet la première. Mais ainsi l'affirmation redouble : comme objet de la seconde affirmation, elle est l'affirmation elle-même affirmée, l'affirmation redoublée, la différence élevée à sa plus haute puissance. Le devenir est l'être, le multiple est l'un, le hasard est la nécessité. L'affirmation du devenir est l'affirmation de l'être, etc., mais pour autant qu'elle est l'objet de la seconde affirmation qui la porte à cette puissance nouvelle. L'être se dit du devenir, l'un du multiple, la nécessité du hasard, mais pour autant que le devenir, le multiple et le hasard se réfléchissent dans la seconde affirmation qui les prend pour objet. Ainsi, c'est le propre de l'affirmation de revenir, ou de la différence de se reproduire. Revenir est l'être du devenir, l'un du multiple, la nécessité du hasard : l'être de la différence en tant que telle, ou l'éternel retour. Si nous considérons l'affirmation dans son ensemble, nous ne devons pas confondre, sauf par commodité d'expression, l'existence de deux puissances d'affirmer avec l'existence de deux affirmations distinctes. Le devenir et l'être sont une même affirmation, qui passe seulement d'une puissance à l'autre en tant qu'elle est l'objet d'une seconde affirmation. L'affirmation première est Dionysos, le devenir. L'affirmation seconde est Ariane, le miroir, la fiancée, la réflexion. Mais la seconde puissance de l'affirmation première est l'éternel retour ou l'être du devenir. C'est la volonté de puissance comme élément différentiel qui produit et développe la différence dans l'affirmation, qui réfléchit la différence dans l'affirmation de l'affirmation, qui la fait revenir dans l'affirmation elle-même affirmée. Dionysos développé, réfléchi, élevé à la plus haute puissance : tels sont les aspects du vouloir dionysiaque qui sert de principe à l'éternel retour.

13. DIONYSOS ET ZARATHOUSTRA

La leçon de l'éternel retour est qu'il n'y a pas de retour du négatif. L'éternel retour signifie que l'être est sélection. Seul revient ce qui affirme, ou ce qui est affirmé. L'éternel retour est la reproduction du devenir, mais la reproduction du devenir est aussi la production d'un devenir actif : le surhomme, enfant de Dionysos et d'Ariane. Dans l'éternel retour, l'être se dit du devenir, mais l'être du devenir se dit du seul devenir-actif. L'enseignement spéculatif de Nietzsche est le suivant : le devenir, le multiple, le hasard ne contiennent aucune négation ; la différence est l'affirmation pure ; revenir est l'être de la différence excluant tout le négatif. Et peut-être cet enseignement resterait-il obscur sans la clarté pratique où il baigne. Nietzsche dénonce toutes les mystifications qui défigurent la philosophie : l'appareil de la mauvaise conscience, les faux prestiges du négatif qui font du multiple, du devenir, du hasard, de la différence elle-même autant de malheurs de la conscience, et des malheurs de la conscience, autant de moments de formation, de réflexion ou de développement. Que la différence est heureuse ; que le multiple, le devenir, le hasard sont suffisants, par eux-mêmes objets de joie ; que seule la joie revient : tel est l'enseignement pratique de Nietzsche. Le multiple, le devenir, le hasard sont la joie proprement philosophique où l'un se réjouit de lui-même, et aussi l'être et la nécessité. Jamais depuis Lucrèce (exception faite pour Spinoza) l'on n'avait poussé si loin l'entreprise critique qui caractérise la philosophie. Lucrèce dénonçant le trouble de l'âme et ceux qui ont besoin de ce trouble pour asseoir leur puissance ; Spinoza dénonçant la tristesse, toutes les causes de la tristesse, tous ceux qui fondent leur puissance au sein de cette tristesse – Nietzsche dénonçant le ressentiment, la mauvaise conscience, la puissance du négatif qui leur sert de principe : « inactualité » d'une philosophie qui se donne pour objet de libérer. Il n'y a pas de conscience malheureuse qui ne soit en même temps l'asservissement de l'homme, un piège pour le vouloir, l'occasion de toutes les bassesses pour la pensée. Le règne du négatif est le règne des bêtes puissantes, Églises et États, qui nous enchaînent à leurs propres fins. Le meurtrier de Dieu avait le crime triste parce qu'il motivait son crime tristement : il voulait prendre la place de Dieu, il tuait pour « voler », il restait dans le négatif en assumant le divin. Il faut du temps pour que la mort de Dieu trouve enfin son essence et devienne un événement joyeux. Le temps d'expulser le négatif, d'exorciser le réactif, le temps d'un devenir-actif. Et ce temps est précisément le cycle de l'éternel retour.

Le négatif expire aux portes de l'être. L'opposition cesse son travail, la différence commence ses jeux. Mais où est l'être, qui n'est pas un autre monde, et comment se fait la sélection ? Nietzsche appelle *transmutation* le point où le négatif est converti. Celui-ci perd sa puissance et sa qualité. La négation cesse d'être une puissance autonome, c'est-à-dire une qualité de la volonté de puissance. La transmutation rapporte le négatif à l'affirmation dans la volonté de puissance, il en fait une simple manière d'être des puissances d'affirmer. Non plus travail de l'opposition ni douleur du négatif, mais jeu guerrier de la différence, affirmation et joie de la destruction. Le non destitué de son pouvoir, passé dans la qualité contraire, devenu lui-même affirmatif et créateur : telle est la transmutation. Et ce qui définit essentiellement Zarathoustra, c'est cette transmutation des valeurs. Si Zarathoustra passe par le négatif, comme en témoignent ses dégoûts et ses tentations, ce n'est pas pour s'en servir comme d'un moteur, ni pour en assumer la charge ou le produit, mais pour atteindre le point où le moteur est changé, le produit surmonté, tout le négatif vaincu ou transmué.

Toute l'histoire de Zarathoustra tient dans ses rapports avec le nihilisme, c'est-à-dire avec le démon. Le démon est l'esprit du négatif, la puissance de nier qui remplit des rôles divers, en apparence opposés. Tantôt *il se fait porter par l'homme*, lui suggérant que le poids dont il le charge est la positivité même. Tantôt, au contraire, *il saute par-dessus l'homme*, lui retirant toutes forces et tout vouloir[1]. La contradiction n'est qu'apparente : dans le premier cas, l'homme est l'être réactif qui veut s'emparer de la puissance, substituer ses propres forces à la puissance qui le dominait. Mais en vérité le démon trouve ici l'occasion de se faire porter, de se faire assumer, de poursuivre sa besogne, déguisé sous une fausse positivité. Dans le second cas, l'homme est le dernier des hommes : être réactif encore, il n'a plus la force de s'emparer du vouloir ; c'est le démon qui retire à l'homme toutes ses forces, qui le laisse sans forces et sans vouloir. Dans les deux cas, le démon apparaît comme l'esprit du négatif qui, à travers les avatars de l'homme, *conserve sa puissance et garde sa qualité*. Il signifie la volonté de néant qui se sert de l'homme comme d'un être réactif, qui se fait porter par lui, mais aussi bien qui ne se confond pas avec lui et « saute par-dessus ». De tous ces points de vue la transmutation diffère de la volonté du néant, comme

1. Sur le premier aspect du démon, cf. la théorie de l'âne et du chameau. Mais aussi, *Z*, III, « De la vision et de l'énigme », où le démon (l'esprit de lourdeur) s'est assis sur les épaules de Zarathoustra lui-même. Et IV, « De l'homme supérieur » : « Si vous voulez monter haut, servez-vous de vos propres jambes ! Ne vous faites pas porter en haut, ne vous asseyez pas sur le dos et sur le chef d'autrui. » – Sur le deuxième aspect du démon, cf. la scène célèbre du Prologue, où le bouffon rattrape le funambule et saute par-dessus. Cette scène est expliquée en III, « Des vieilles et des nouvelles tables » : « On peut arriver à se surmonter par des chemins et des moyens nombreux : c'est à toi d'y parvenir. Mais le bouffon seul pense : on peut aussi sauter par-dessus l'homme. »

Zarathoustra de son démon. C'est avec Zarathoustra que la négation perd sa puissance et sa qualité : au-delà de l'homme réactif, *le destructeur des valeurs connues* ; au-delà du dernier des hommes, *l'homme qui veut périr ou être surmonté*. Zarathoustra signifie l'affirmation, l'esprit de l'affirmation comme puissance qui fait du négatif un mode, et de l'homme, un être actif qui veut être surmonté (non pas « sur-sauté »). Le signe de Zarathoustra est le signe du lion : le premier livre de Zarathoustra s'ouvre sur le lion, le dernier se ferme sur le lion. Mais le lion, c'est précisément le « non sacré » devenu créateur et affirmatif, ce non que l'affirmation sait dire, dans lequel tout le négatif est converti, transmué en puissance et en qualité. Avec la transmutation, la volonté de puissance cesse d'être enchaînée au négatif comme à la raison qui nous la fait connaître, elle tend sa face inconnue, la raison d'être inconnue qui fait du négatif une simple manière d'être.

Aussi bien Zarathoustra a-t-il avec Dionysos, et la transmutation avec l'éternel retour, un rapport complexe. D'une certaine manière, Zarathoustra est cause de l'éternel retour et père du surhomme. L'homme qui veut périr, l'homme qui veut être surmonté, est l'ancêtre et le père du surhomme. Le destructeur de toutes les valeurs connues, le lion au non sacré prépare sa dernière métamorphose : il devient enfant. Et les mains plongées dans la toison du lion, Zarathoustra sent que ses enfants sont proches ou que le surhomme arrive. Mais en quel sens Zarathoustra est-il père du surhomme, cause de l'éternel retour ? Au sens de condition. D'une autre manière, l'éternel retour a un principe inconditionné auquel Zarathoustra lui-même est soumis. L'éternel retour dépend de la transmutation du point de vue du principe qui le conditionne, mais la transmutation dépend plus profondément de l'éternel retour du point de vue de son principe inconditionné. Zarathoustra est soumis à Dionysos : « Que suis-je ? J'en attends un plus digne que moi ; je ne suis pas digne même de me briser contre lui[1]. » Dans la trinité de l'Antéchrist, Dionysos, Ariane et Zarathoustra, Zarathoustra est le fiancé conditionnel d'Ariane, mais Ariane est la fiancée inconditionnée de Dionysos. C'est pourquoi Zarathoustra, par rapport à l'éternel retour et au surhomme, a toujours une position inférieure. Il est cause de l'éternel retour, mais cause qui tarde à produire son effet. Prophète qui hésite à livrer son message, qui connaît le vertige et la tentation du négatif, qui doit être encouragé par ses animaux. Père du surhomme, mais père dont les produits sont mûrs avant qu'il soit mûr pour ses produits, lion qui manque encore d'une dernière métamorphose[2]. En vérité, l'éternel retour et le surhomme sont à la croisée de deux généalogies, de deux lignées génétiques inégales.

D'une part, ils renvoient à Zarathoustra comme au principe conditionnant qui les « pose » de manière seulement hypothétique. D'autre part, à Dionysos comme au principe inconditionné qui fonde leur caractère apodictique et absolu. Ainsi dans l'exposé de Zarathoustra, c'est toujours l'enchevêtrement des causes ou la connexion des instants, le rapport synthétique des instants les uns avec les autres, qui sert d'hypothèse au retour du même instant. Mais du point de vue de Dionysos au contraire, c'est le rapport synthétique de l'instant avec soi, comme présent, passé et à venir, qui détermine absolument son rapport avec tous les autres instants. Revenir n'est pas la passion d'un instant poussé par les autres, mais l'activité de l'instant, qui détermine les autres en se déterminant lui-même à partir de ce qu'il affirme. La constellation de Zarathoustra est la constellation du lion, mais celle de

1. *Z*, II, « L'heure la plus silencieuse ».

2. *Z*, II, « L'heure la plus silencieuse » : « Ô Zarathoustra, tes fruits sont mûrs, mais tu n'es pas mûr encore pour tes fruits. » – Sur les hésitations et dérobades de Zarathoustra à dire l'éternel retour, cf. II, « Des grands événements », et surtout « L'heure la plus silencieuse » (« C'est au-dessus de mes forces ») ; III, « Le convalescent ».

Dionysos est la constellation de l'être : le oui de l'enfant-joueur, plus profond que le non sacré du lion. Zarathoustra tout entier est affirmatif : même quand il dit non, lui qui sait dire non. Mais Zarathoustra n'est pas l'affirmation tout entière, ni le plus profond de l'affirmation.

Zarathoustra rapporte le négatif à l'affirmation dans la volonté de puissance. Encore faut-il que la volonté de puissance soit rapportée à l'affirmation comme à sa raison d'être, et l'affirmation à la volonté de puissance comme à l'élément qui produit, réfléchit et développe sa propre raison : telle est la tâche de Dionysos. Tout ce qui est affirmation trouve en Zarathoustra sa condition, mais en Dionysos son principe inconditionné. Zarathoustra détermine l'éternel retour ; bien plus, il détermine l'éternel retour à produire son effet, le surhomme. Mais cette détermination ne fait qu'un avec la série des conditions qui trouve son terme ultime dans le lion, dans l'homme qui veut être surmonté, dans le destructeur de toutes les valeurs connues. La détermination de Dionysos est d'une autre nature, identique au principe absolu sans lequel les conditions resteraient elles-mêmes impuissantes. Et précisément, c'est le suprême déguisement de Dionysos, de soumettre ses produits à des conditions qui lui sont elles-mêmes soumises, et que ces produits dépassent. C'est le lion qui devient enfant, c'est la destruction des valeurs connues qui rend possible une création des valeurs nouvelles ; mais la création des valeurs, le oui de l'enfant-joueur ne se formeraient pas sous ces conditions s'ils n'étaient justiciables en même temps d'une généalogie plus profonde. On ne s'étonnera donc pas que tout concept nietzschéen soit à la croisée des deux lignées génétiques inégales. Non seulement l'éternel retour et le surhomme, mais le rire, le jeu, la danse. Rapportés à Zarathoustra, le rire, le jeu, la danse sont les puissances affirmatives de transmutation : la danse transmue le lourd en léger, le rire, la souffrance en joie, le jeu du lancer (les dés), le bas en haut. Mais rapportés à Dionysos, la danse, le rire, le jeu sont les puissances affirmatives de réflexion et de développement. La danse affirme le devenir et l'être du devenir ; le rire, les éclats de rire affirment le multiple et l'un du multiple ; le jeu affirme le hasard et la nécessité du hasard.

Conclusion

La philosophie moderne présente des amalgames, qui témoignent de sa vigueur et de sa vivacité, mais qui comportent aussi des dangers pour l'esprit. Bizarre mélange d'ontologie et d'anthropologie, d'athéisme et de théologie. Dans des proportions variables, un peu de spiritualisme chrétien, un peu de dialectique hégélienne, un peu de phénoménologie comme scolastique moderne, un peu de fulguration nietzschéenne forment d'étranges combinaisons. On voit Marx et les présocratiques, Hegel et Nietzsche, se donner la main dans une ronde qui célèbre le dépassement de la métaphysique et même la mort de la philosophie proprement dite. Et il est vrai que Nietzsche se proposait expressément de « dépasser » la métaphysique. Mais Jarry aussi, dans ce qu'il appelait « pataphysique », invoquant l'étymologie. Nous avons essayé dans ce livre de rompre des alliances dangereuses. Nous avons imaginé Nietzsche retirant sa mise d'un jeu qui n'est pas le sien. Des philosophes et de la philosophie de son temps, Nietzsche disait : peinture de tout ce qui a jamais été cru. Peut-être le dirait-il encore de la philosophie actuelle, où nietzschéisme, hégélianisme et husserlianisme sont les morceaux de la nouvelle pensée bariolée.

Il n'est pas de compromis possible entre Hegel et Nietzsche. La philosophie de Nietzsche a une grande portée polémique ; elle forme une antidialectique absolue, se propose de dénoncer toutes les mystifications qui trouvent dans la dialectique un dernier refuge. Ce que Schopenhauer avait rêvé, mais non réalisé, pris comme il était dans le filet du kantisme et du pessimisme, Nietzsche le fait sien, au prix de sa rupture avec Schopenhauer. Dresser une nouvelle image de la pensée, libérer la pensée des fardeaux qui l'écrasent. Trois idées définissent la dialectique : l'idée d'un pouvoir du négatif comme principe théorique qui se manifeste dans l'opposition et la contradiction ; l'idée d'une valeur de la souffrance et de la tristesse, la valorisation des « passions tristes », comme principe pratique qui se manifeste dans la scission, dans le déchirement ; l'idée de la positivité comme produit théorique et pratique de la négation même. Il n'est pas exagéré de dire que toute la philosophie de Nietzsche, dans son sens polémique, est la dénonciation de ces trois idées.

Si la dialectique trouve son élément spéculatif dans l'opposition et la contradiction, c'est d'abord parce qu'elle reflète une fausse image de la différence. Comme l'œil du bœuf, elle réfléchit de la différence une image inversée. La dialectique hégélienne est bien réflexion sur la différence, mais elle en renverse l'image. À l'affirmation de la différence en tant que telle, elle substitue la négation de ce qui diffère ; à l'affirmation de soi, la négation de l'autre ; à l'affirmation de l'affirmation, la fameuse négation de la négation. – Mais ce renversement n'aurait pas de sens s'il n'était pratiquement animé par des forces qui ont intérêt à le faire. La dialectique exprime toutes les combinaisons des forces réactives et du nihilisme, l'histoire ou l'évolution de leurs rapports.

L'opposition mise à la place de la différence, c'est aussi bien le triomphe des forces réactives qui trouvent dans la volonté de néant le principe qui leur correspond. Le ressentiment a besoin de prémisses négatives, de deux négations, pour produire un fantôme d'affirmation ; l'idéal ascétique a besoin du ressentiment lui-même et de la mauvaise conscience, comme le prestidigitateur avec ses cartes truquées. Partout les passions tristes ; la conscience malheureuse est le sujet de toute la dialectique. La dialectique est d'abord la pensée de l'homme théorique, en réaction contre la vie, qui prétend juger la vie, la limiter, la mesurer. En second lieu, elle est la pensée du prêtre qui soumet la vie au travail du négatif : il a besoin de la négation pour asseoir sa puissance, il représente l'étrange volonté qui mène les forces réactives au triomphe. La dialectique en ce sens est l'idéologie proprement chrétienne. Enfin, elle est la pensée de l'esclave, exprimant la vie réactive en elle-même et le devenir-réactif de l'univers. Même l'athéisme qu'elle nous propose est un athéisme clérical, même l'image du maître, une figure d'esclave. – On ne s'étonnera pas que la dialectique produise seulement un fantôme d'affirmation. Opposition surmontée ou contradiction résolue, l'image de la positivité se trouve radicalement faussée. La positivité dialectique, le réel dans la dialectique, c'est le oui de l'âne. L'âne croit affirmer parce qu'il assume, mais il assume seulement les produits du négatif. Au démon, singe de Zarathoustra, il suffisait de sauter sur nos épaules ; ceux qui portent sont toujours tentés de croire qu'ils affirment en portant, et que le positif s'évalue au poids. L'âne sous la peau du lion, c'est ce que Nietzsche appelle « l'homme de ce temps ».

Grandeur de Nietzsche d'avoir su isoler ces deux plantes, ressentiment et mauvaise conscience. N'aurait-elle que cet aspect, la philosophie de Nietzsche serait de la plus grande importance. Mais, chez lui, la polémique est seulement l'agressivité qui découle d'une instance plus profonde, active et affirmative. La dialectique était sortie de la Critique kantienne ou de la fausse critique. Faire la critique véritable implique une philosophie qui se développe pour elle-même et ne retient le négatif que comme manière d'être. Aux dialecticiens, Nietzsche reprochait d'en rester à une conception abstraite de l'universel et du particulier ; ils étaient prisonniers des symptômes, et n'atteignaient pas les forces ni la volonté qui donnent à ceux-ci sens et valeur. Ils évoluaient dans le cadre de la question : Qu'est-ce que… ?, question contradictoire par excellence. Nietzsche crée sa propre méthode : dramatique, typologique, différentielle. Il fait de la philosophie un art, l'art d'interpréter et d'évaluer. Pour toutes choses, il pose la question : « Qui ? » Celui qui…, c'est Dionysos. Ce qui…, c'est la volonté de puissance comme principe plastique et généalogique. La volonté de puissance n'est pas la force, mais l'élément différentiel qui détermine à la fois le rapport des forces (quantité) et la qualité respective des forces en rapport. C'est dans cet élément de la différence que l'affirmation se manifeste et se développe en tant que créatrice. La volonté de puissance est le principe de l'affirmation multiple, le principe donateur ou la vertu qui donne.

Que le multiple, le devenir, le hasard soient objet d'affirmation pure, tel est le sens de la philosophie de Nietzsche. L'affirmation du multiple est la proposition spéculative, comme la joie du divers, la proposition pratique. Le joueur ne perd que parce qu'il n'affirme pas assez, parce qu'il introduit le négatif dans le hasard, l'opposition dans le devenir et le multiple. Le vrai coup de dés produit nécessairement le nombre gagnant, qui reproduit le coup de dés. On affirme le hasard, et la nécessité du hasard ; le devenir, et l'être du devenir ; le multiple, et l'un du multiple. L'affirmation se dédouble, puis redouble, portée à sa plus haute puissance. La différence se réfléchit, et se répète ou se reproduit. L'éternel retour est cette plus haute puissance, synthèse de l'affirmation qui trouve son principe dans la Volonté. La légèreté de ce qui affirme, contre le poids du négatif ; les jeux de la volonté de puissance, contre le travail de la dialectique ; l'affirmation de l'affirmation, contre cette fameuse négation de la négation.

La négation, il est vrai, apparaît d'abord comme une qualité de la volonté de puissance. Mais au sens où la réaction est une qualité de la force. Plus profondément la négation n'est qu'une face de la volonté de puissance, la face sous laquelle elle nous est connue, dans la mesure où la connaissance elle-même est l'expression des forces réactives. L'homme n'habite que le côté désolé de la terre, il en comprend seulement le devenir-réactif qui le traverse et le constitue. C'est pourquoi l'histoire de l'homme est celle du nihilisme, négation et réaction. Mais la longue histoire du nihilisme a son achèvement : le point final où la négation se retourne contre les forces réactives elles-mêmes. Ce point définit la transmutation ou transvaluation ; la négation perd sa puissance propre, elle devient active, n'est plus que la manière d'être des puissances d'affirmer. Le négatif change de qualité, passe au service de l'affirmation ; il ne vaut plus que comme préliminaire offensif ou comme agressivité conséquente. La négativité comme négativité du *positif* fait partie des découvertes antidialectiques de Nietzsche. De la transmutation, il revient au même de dire qu'elle sert de condition à l'éternel retour, mais aussi qu'elle en dépend du point de vue d'un principe plus profond. Car la volonté de puissance ne fait revenir que ce qui est affirmé : c'est elle à la fois qui convertit le négatif et qui reproduit l'affirmation. Que l'un soit pour l'autre, que l'un soit dans l'autre, signifie que l'éternel retour est l'être, mais l'être est sélection. L'affirmation demeure comme seule qualité de la volonté de puissance, l'action, comme seule qualité de la force, le devenir-actif, comme identité créatrice de la puissance et du vouloir.

Table analytique

Cet ouvrage a été composé par IGS-CP
à L'Isle-d'Espagnac (16)

DANS LA COLLECTION « QUADRIGE »

Philosophie

ALAIN, *Propos sur des philosophes*
— *Propos sur les Beaux-Arts*
Ferdinand ALQUIÉ, *Le désir d'éternité*
Louis ALTHUSSER, *Lire Le Capital*
— *Montesquieu, la politique et l'histoire*
Hannah ARENDT, *La vie de l'esprit*
ARISTOTE, *Métaphysique. Livre Alpha*
— *Métaphysique. Livre Bêta*
— *Métaphysique. Livre Gamma*
— *Métaphysique. Livre Delta*
Mohammed ARKOUN, *La pensée arabe*
Paul-Laurent ASSOUN, *L'École de Francfort*
— *Freud, la philosophie et les philosophes*
— *Freud et Nietzsche*
Pierre AUBENQUE, *Le problème de l'être chez Aristote*
— *La prudence chez Aristote*
Sylvain AUROUX, *La pensée chinoise*
Gaston BACHELARD, *La dialectique de la durée*
— *Le droit de rêver*
— *La flamme d'une chandelle*
— *Le matérialisme rationnel*
— *Le nouvel esprit scientifique*
— *La philosophie du non*
— *La poétique de la rêverie*
— *La poétique de l'espace*
— *Le rationalisme appliqué*
Alain BADIOU, *Métaphysique du bonheur réel*
— *Saint Paul. La fondation de l'universalisme*
Jean BEAUFRET, *Parménide. Le Poème*
Henri BERGSON, *L'âme et le corps*
— *Le cerveau et la pensée*
— *La conscience et la vie*
— *Les deux sources de la morale et de la religion*
— *Durée et simultanéité*
— *Écrits philosophiques*
— *L'énergie spirituelle*
— *Essai sur les données immédiates de la conscience*
— *L'évolution créatrice*
— *Introduction à la métaphysique*
— *L'intuition philosophique*
— *Matière et mémoire*
— *La pensée et le mouvant*
— *La perception du changement*
— *La philosophie de Claude Bernard*
— *Le possible et le réel*
— *Le rêve suivi de Fantômes de vivants*
— *Le rire*
— *Le souvenir du présent et la fausse reconnaissance*
— *Sur le pragmatisme de William James*
— *La vie et l'œuvre de Ravaisson*
Robert BLANCHÉ, *L'axiomatique*
Richard BODÉÜS, Marie-Hélène GAUTHIER-MUZELLEC, Annick JAULIN, Francis WOLFF, *La philosophie d'Aristote*
Pierre BOUTANG, *Ontologie du secret*
Luc BRISSON (dir.), Francesco FRONTEROTTA (dir.), *Lire Platon*
Gérald BRONNER, Étienne GÉHIN, *L'inquiétant principe de précaution*
Georges CANGUILHEM, *Le normal et le pathologique*

Georges CANGUILHEM, Georges LAPASSADE, Jacques PIQUEMAL, Jacques ULMANN, *Du développement à l'évolution au XIXe siècle*
Monique CANTO-SPERBER, *Éthiques grecques*
Vincent CARRAUD, *L'invention du moi*
— *Pascal et la philosophie*
Anne CAUQUELIN, *À l'angle des mondes possibles*
— *L'invention du paysage*
— *Le site et le paysage*
Pascal CHABOT, *Global burn-out*
— *Exister, résister. Ce qui dépend de nous*
Philippe CHOULET, *Méthodologie philosophique*
— *Méthodologie philosophique. Tome II*
Auguste COMTE, *Premiers cours de philosophie positive*
André COMTE-SPONVILLE, *Traité du désespoir et de la béatitude*
— *Du tragique au matérialisme (et retour)*
— *Bonjour l'angoisse ! et autres impromptus*
Marcel CONCHE, *Essais sur Homère*
— *Montaigne ou la conscience heureuse*
— *Présence de la nature*
François DAGOGNET, *Le corps*
Marie-Magdeleine DAVY, *La connaissance de soi*
Gilles DELEUZE, *Le bergsonisme*
— *Nietzsche*
— *Nietzsche et la philosophie*
— *La philosophie critique de Kant*
Jacques DERRIDA, *La voix et le phénomène*
Jean-Toussaint DESANTI, *Introduction à l'histoire de la philosophie*
René DESCARTES, *Méditations métaphysiques*
— *La Recherche de la Vérité par la lumière naturelle*
Vincent DESCOMBES, *Le platonisme*
Vincent DESCOMBES, Charles LARMORE, *Dernières nouvelles du Moi*
Laurence DEVILLAIRS, *Guérir la vie par la philosophie*
Cora DIAMOND, *L'importance d'être humain*
Elsa DORLIN, *Sexe, genre et sexualités. Introduction à la philosophie féministe*
Émile DURKHEIM, *L'éducation morale*
Jacques ELLUL, *Islam et judéo-christianisme*
Emmanuel FALQUE, *Dieu, la chair et l'autre*
Luc FERRY, Alain RENAUT, *Philosophie politique*
Henri FOCILLON, *Vie des formes*
Michaël FŒSSEL, *Récidive. 1938*
Geneviève FRAISSE, *À côté du genre. Sexe et philosophie de l'égalité*
Tristan GARCIA, *Forme et objet. Un traité des choses*
Hugo GROTIUS, *Le droit de la guerre et de la paix*
Georges GUSDORF, *La parole*
Georg Wilhelm Friedrich HEGEL, *Le magnétisme animal*
— *Principes de la philosophie du droit*
Martin HEIDEGGER, *Qu'appelle-t-on penser ?*
Michel HENRY, *La barbarie*
— *Voir l'invisible. Sur Kandinsky*
Roland JACCARD, *La tentation nihiliste suivi de Le cimetière de la morale*
Vladimir JANKÉLÉVITCH, *Henri Bergson*
— *Philosophie première*
Chantal JAQUET, *Philosophie de l'odorat*
Denis KAMBOUCHNER, *Les Méditations métaphysiques de Descartes. I*
Emmanuel KANT, *Critique de la raison pratique*
— *Critique de la raison pure*
— *La religion dans les limites de la seule raison*
— *La raison pure. Textes choisis*
— *Le jugement esthétique. Textes choisis*
Richard KEARNEY, Joseph Stephen O'LEARY, *Heidegger et la question de Dieu*
Jean-Francois KERVÉGAN, *Hegel, Carl Schmitt*
Shûzô KUKI, *La structure de l'iki*
LAOTSEU, *Tao Te king*

Guillaume LE BLANC, *Canguilhem et la vie humaine*
Dominique LECOURT, *L'Amérique entre la Bible et Darwin*
— *Contre la peur*
— *Humain, posthumain*
Clotilde LEGUIL, *L'être et le genre*
— *Je. Une traversée des identités*
Emmanuel LEVINAS, *Le temps et l'autre*
Alain de LIBERA, *La philosophie médiévale*
Jean-François LYOTARD, *La phénoménologie*
— *Pourquoi philosopher ?*
Nicolas MACHIAVEL, *Le Prince*
Alasdair MACINTYRE, *Après la vertu*
Moïse MAÏMONIDE, *Le livre de la connaissance*
Catherine MALABOU, *Les nouveaux blessés. De Freud à la neurologie : penser les traumatismes contemporains*
— *Métamorphoses de l'intelligence. Du QI à l'IA*
— *Avant demain. Épigenèse et rationalité*
Pierre MANENT, *La loi naturelle et les droits de l'homme*
Jean-Luc MARION, *La croisée du visible*
— *De surcroît*
— *Dieu sans l'être*
— *Étant donné*
— *Réduction et donation*
— *Sur la théologie blanche de Descartes*
Karl MARX, *Le Capital. Livre I*
Jean-François MATTÉI, *La barbarie intérieure*
— *Platon et le miroir du mythe*
Maurice MERLEAU-PONTY, *La structure du comportement*
Michel MEYER, *De la problématologie*
Yves MICHAUD, *La crise de l'art contemporain*
John Stuart MILL, *L'utilitarisme. Essai sur Bentham*
Emmanuel MOUNIER, *Le personnalisme*
Hisayasu NAKAGAWA, *Introduction à la culture japonaise*
Philippe NEMO, *La belle mort de l'athéisme moderne*
— *Qu'est-ce que l'Occident ?*
— *La philosophie de Hayek*
Robert NOZICK, *Anarchie, État et utopie*
Corine PELLUCHON, *L'autonomie brisée*
Henri PEÑA-RUIZ, *Dieu et Marianne*
Jean PIAGET, *L'épistémologie génétique*
— *Le structuralisme*
Roger POUIVET, *Philosophie contemporaine*
John RAWLS, *Libéralisme politique*
Stéphane RIALS, *Oppressions et résistances*
Camille RIQUIER, *Archéologie de Bergson. Temps et métaphysique*
— *Nous ne savons plus croire*
Claude ROMANO, *L'événement et le temps*
Clément ROSSET, *L'anti-nature*
— *Logique du pire*
— *La philosophie tragique*
— *Propos sur le cinéma*
— *Schopenhauer, philosophe de l'absurde*
RUE DESCARTES, *Emmanuel Levinas*
— *Gilles Deleuze*
Henri SAINT-SIMON, *Œuvres complètes* (4 volumes sous coffret)
Jean-Paul SARTRE, *L'imagination*
Carl SCHMITT, *Le nomos de la Terre*
— *Théorie de la Constitution*
Arthur SCHOPENHAUER, *Aphorismes sur la sagesse dans la vie*
— *De la Volonté dans la nature*
— *Le monde comme volonté et comme représentation*
Jean-Pierre SÉRIS, *La technique*
Adam SMITH, *Théorie des sentiments moraux*

Philippe SOULEZ, Frédéric WORMS, *Bergson*
Leo STRAUSS, *Qu'est-ce que la philosophie politique ?*
— *Joseph CROPSEY, Histoire de la philosophie politique*
Léon TOLSTOÏ, *Qu'est-ce que l'art ?*
Jean-Pierre VERNANT, *Les origines de la pensée grecque*
Stéphane VIAL, *Court traité du design*
— *L'être et l'écran*
Jean VIOULAC, *La logique totalitaire. Essai sur la crise de l'Occident*
Frédéric WORMS, *Bergson ou les deux sens de la vie*
— *Le moment du soin. À quoi tenons-nous ?*
Patrick WOTLING, *Nietzsche et le problème de la civilisation*
— *« Oui, l'homme fut un essai ». La philosophie de l'avenir selon Nietzsche*
Yves Charles ZARKA, *L'islam en France*
— *La philosophie en France aujourd'hui*

Imprimé en France
par DUPLIPRINT
733, rue Saint-Léonard, 53100 Mayenne
février 2026 - N° 3003711R

DUPLIPRINT est titulaire du label imprim'vert®